Daniela Michaelis (Hg.)

# Integrale Bildung:
# Spiraltanz der Befreiung?

# INTEGRALE PÄDAGOGIK

herausgegeben von Daniela Michaelis

ISSN 1869-7607


1   *Daniela Michaelis und Gerhild Bachmann (Hg.)*
    Lebenslanges Lernen – freudvoll und integral
    ISBN 978-3-8382-0063-7

2   *Claudia Dostal*
    Qualitätsverbesserung des Schulunterrichts durch
    "lerntypenorientierte Suggestopädie"
    ISBN 978-3-8382-0136-8

3   *Daniela Michaelis (Hg.)*
    Bildung: integral
    Integrale Modelle für eine innovative Lehr- und Lernkultur
    ISBN 978-3-8382-0443-7

4   *Daniela Michaelis (Hg.)*
    Integrale Bildung: Spiraltanz der Befreiung?
    ISBN 978-3-8382-0898-5

Daniela Michaelis (Hg.)

# Integrale Bildung: Spiraltanz der Befreiung?

*ibidem*-Verlag
Stuttgart

**Bibliografische Information der Deutschen Nationalbibliothek**
Die Deutsche Nationalbibliothek verzeichnet diese Publikation in der Deutschen Nationalbibliografie; detaillierte bibliografische Daten sind im Internet über http://dnb.d-nb.de abrufbar.

**Bibliographic information published by the Deutsche Nationalbibliothek**
Die Deutsche Nationalbibliothek lists this publication in the Deutsche Nationalbibliografie; detailed bibliographic data are available in the Internet at http://dnb.d-nb.de.

∞

Gedruckt auf alterungsbeständigem, säurefreien Papier
Printed on acid-free paper

ISSN: 1869-7607

ISBN-13: 978-3-8382-0898-5

© *ibidem*-Verlag
Stuttgart 2015

# Inhaltsverzeichnis


**Vorwort** / Daniela Michaelis ........................................................ 7


**Bildung als Offenbarung des Menschseins –**
**eine integrale Annäherung** / Anja Theresa Burghardt ....................... 9

**Selbstwert im integral - pädagogischen**
**Kontext** / Michaela Scheucher ......................................... 59

**Kampfkunst fürs Integrale –**
**Ein Praxisweg** / Michael Okorn ............................................ 101

**Integrale Pädagogik: Stärken der Persönlichkeit**
**durch suggestopädisches Lernen** / Gundula Leodolter ............... 137


**Literatur** ..................................................................... 221

**Abbildungsverzeichnis** ............................................... 231

**Herausgeberin** ........................................................... 233

**Autor/innen** ............................................................... 233

# Vorwort

Man kann sich ja wirklich fragen: Was hat Persönlichkeitsentwicklung und integrale Bildung miteinander zu tun? Was ist überhaupt so eine integrale Bildung? Und dann noch dazu vertikal?

Wie schon im Band eins dieser Reihe betont wurde, reichen die alten Lösungsvorschläge bei weitem nicht mehr aus, um den Anforderungen einer heutigen Pädagogik gerecht zu werden!

Wo auch immer eine aufmerksame Person hinschaut – es gibt Konflikt und Missverständnisse – mehr als den meisten von uns lieb ist. Außerdem fehlen auch noch die jeweiligen Handlungsstrategien, um erfolgreich einen neuen Kurs einzuschlagen.

Von einem theoriegeleiteten Handeln ganz zu schweigen.

Selbstreflexion, Hinterfragen von eigenem Handeln, Bereitschaft, vor sich selber einzugestehen, was man doch missverstanden oder falsch gemacht hat, ist nicht gerade weit verbreitet! Man muss ja immer perfekt sein!!!

Aber weit gefehlt! Es ist schlicht gar nicht möglich! Der Mensch - ein lernendes Wesen! Schon in der Gestaltpädagogik der 70 Jahre hieß es „Machst du einen Fehler – feiere ein Fest!" Ja, aber wer macht das denn noch?

Gut geraten wäre uns schon, denn dann hätten wir eine ganz andere Bildungslandschaft, einen ganz anderen Selbstwert und viel mehr persönliche Ressourcen ...

So hat es sich diese Schriftenreihe zur integralen Pädagogik zur Aufgabe gemacht, ein Sprachrohr zu sein für das, was neue Wege in einer innovativ zu gestaltenden Bildungslandschaft sein könnten – und zwar sowohl theoretisch wie auch praktisch!

Dieser Reihe liegt das fundamentale Wissen einer Theorie vor allem von Ken Wilber und seinen Vorreitern zugrunde, sodass wir ein weites Spektrum von Ost und West, von vertikal und horizontal hier mit herein nehmen dürfen, um allmählich etwas fundierter und letztlich zufriedener in einer sich ständig entwickelnden Bildungslandschaft die Prozesse begreifen zu können. Schließlich ist Bildung das Allerwichtigste in einem Land, das auf Fortschritt und innerer Zufriedenheit baut. Demokratie und Selbstbewusstsein können nur aus einer fundierten Weiterentwicklung der Persönlichkeit sowie einem wachen Interesse an dem, was sich in einer offenen Gesellschaft ereignet, wachsen.

Damit auch wir Anschluss finden an die nordeuropäischen Länder wie Finnland und Dänemark, die uns wegweisende Modelle für eine fördernde und persönlichkeitsbildende Pädagogik sind, und zwar vom Kindergarten an, ist es mehr und mehr dringend notwendig, kompetente und selbstbewusste LehrerInnen und KindergartenpädagogInnen zu haben, die liebevoll und gleichzeitig klar und in einer begleitenden und wertschätzenden Haltung Kindern, Jugendlichen und Erwachsenen von heute Wegweiser sein können. Genährt von einem Vertrauen, das auf Kompetenz und Herzweisheit beruht.

Wie dieses alles im Genaueren zu verstehen ist, sei in diesem Buch näher erläutert.

Wir laden nun ein, die unterschiedlichen Denk-und Handlungszugänge zu einer Bildung als Offenbarung des Menschseins (A. Burghardt), einer Reise zu mehr Selbstwert im pädagogischen Kontext (M. Scheucher), einer Überlegung, welchen Stellenwert körperliche, asiatische Kampfkunst auf einem Weg in ein integrales Verständnis hat (M. Okorn) und last but not least wie durch neue Lernzugänge die Persönlichkeit gestärkt werden kann (G. Leodolter).

So bleibt mir als Herausgeberin dieser Reihe nur noch diesem Buchprojekt viel Erfolg zu wünschen.

Mögen die Beiträge in diesem Buch zur Anregung dienen, sodass Diskussionen und Gespräche sowie der Mut für neue eigene Wege die erfreulichen nächsten Schritte sein könnten?


Daniela Michaelis

(2015)

# Bildung als Offenbarung des Menschseins – eine integrale Annäherung

Anja Theresa BURGHARDT

## Inhaltsverzeichnis


Einleitung ........................................................................................ 11

Qualitative Sozialforschung ............................................................ 13

Integrale Pädagogik und ihre Grundlagenmodelle .......................... 16

Das Spiralmodell ............................................................................ 19

Bewusstseinszustände .................................................................. 30

Entwicklungslinien .......................................................................... 30

Typen .............................................................................................. 31

Das Quadrantenmodell ................................................................... 31

Zurück zum Anfang ......................................................................... 35

Einblick in die historische Entwicklung ........................................... 36

Historische Entwicklung der integralen Pädagogik ......................... 39

Wichtige Grundbegriffe ................................................................... 42

Der integrale Ansatz - ein Weg zu umfassenderer Bildung? ........... 47

Resümee ......................................................................................... 50

# Einleitung

Neue pädagogische Ansätze, wie die der integralen Pädagogik, gewinnen in der heutigen Zeit immer mehr an Bedeutung. Aufgrund von unterschiedlichsten gesellschaftlichen Anforderungen ist es nun an der Zeit, jene in die pädagogische Arbeit und in unseren Alltag zu integrieren.

Dieser Beitrag mit dem Titel „Bildung als Offenbarung des Menschseins - eine integrale Annäherung" entstand im Zuge des Seminars *Methoden pädagogischer Handlungsfelder (integrale Pädagogik - Einführung in Theorie und Praxis)* unter der Leitung von Dr.[in] Daniela Michaelis. Sie soll einen Einblick in die umfassende, ausgewogene und ganzheitliche Weltsicht der integralen Pädagogik geben.

In einer sich stets weiter entwickelnden Welt ist es von großer Bedeutung, das Lernen bewusst zu gestalten. Dies sollte das Ziel von Bildung, Erziehung und Pädagogik sein. Alle Menschen dieser Welt sind von Geburt an fixe Bestandteile der Entwicklungen, die in unserer Welt vonstattengehen. Rücken wir uns doch in den Mittelpunkt!

Nur aus einem Grund ist es uns allen möglich, Entwicklungen in jeglicher Form auf der Erde zu bewältigen: indem wir lernen. Nicht nur als Individuen, sondern auch in Systemen, zum Beispiel als Lehrkräfte, Eltern, pädagogische PartnerInnen und in staatlichen Institutionen. Das Erreichen des Zustandes der Verinnerlichung der integralen Lebensweise scheint sich als Ziel für Leben und Beruf anzubieten.

Die Methode, das Interview, wurde von der Verfasserin aus dem Grund ausgewählt, um die Individualität und Komplexität des Menschen besser erläutern zu können. Nur durch den persönlichen Austausch zwischen zwei Menschen scheint es möglich zu sein, mit dem Individuum in direkten Kontakt zu treten.

Die Befragungen, die einen wichtigen Bestandteil dieser Arbeit darstellen, erfolgten an der Universität Graz, im Anschluss an das Seminar *Methoden pädagogischer Handlungsfelder*. Die Aufzeichnungen der mündlichen Befragungen erfolgten mittels Videokamera (Kamera wurde aus Gründen der Anonymität weggedreht) und konnten so anschließend Wort für Wort transkribiert werden.

*„Transkription ist die Verschriftlichung von gesprochener Sprache."* (Kittl, 2005, S. 216).

Um das Interview für den Leser und die Leserin verständlicher zu gestalten, entschied sich die Verfasserin, ein kommentiertes Protokoll hinzuzufügen. Dabei werden Aspekte wie Mimik, Pausen im Gespräch, Lachen, Gestik etc. berücksichtigt und ebenso verschriftlicht.

Die Schwerpunktsetzung während der Interviewführung erfolgte hinsichtlich der Fragen:

Bestehen Vorerfahrungen mit dem integralen Ansatz?
Ist der integrale Zugang geeignet, sich einander näher zu bringen bzw. sich selbst? Der persönliche Lernprozess steht dabei im Vordergrund.

Sind neue Blickwinkel auf die pädagogische Arbeit entstanden? Wodurch war das der Fall?

Wäre es auch zukünftig vorstellbar, die Methoden zu verwenden?

Daraus ergibt sich für diese Arbeit folgende Haupthypothese:

*„Wird der Mensch durch integrale Maßnahmen der umfassenderen Bildung näher gebracht?"*

Es geht zu Beginn um die theoretische und methodische Auseinandersetzung mit der integralen Pädagogik. Das Spiralmodell und das Quadrantenmodell werden an dieser Stelle als für die Verfasserin wichtige integrale Grundlagenmodelle angeführt.

Des Weiteren beinhaltet die Arbeit wichtige Definitionen und einen für diesen Beitrag relevanten Diskurs um die aktuellen Bildungs- und Erziehungswissenschaften. Ebenso beschäftigt er sich mit einem Einblick in den historischen Hintergrund der humanistischen Pädagogik, besonders wird die Entwicklung der integralen Pädagogik thematisiert.

Nicht zu vergessen sei der Versuch der Integrierung der erhobenen Daten in die gesamte Arbeit.

Als InterviewpartnerInnen fungierten StudentInnen der Universität Graz und TeilnehmerInnen der Seminare der integralen Pädagogik bei Dr.[in] Daniela Michaelis. Deren Alter liegt zwischen zwanzig und fünfzig Jahren.

Die Auseinandersetzung mit der Hypothese befindet sich gegen Ende der Arbeit.

Das Resümee rundet diesen Beitrag ab.

Mit der vorliegenden Arbeit möchte die Autorin mittels Theorie und selbst erhobenen Daten einen Einblick in den in Österreich kaum bekannten integralen Ansatz geben.

Ebenso möchte sie dazu beitragen, einerseits die Relevanz der Unterscheidung von esoterischen Ansätzen und dem integralen Ansatz deutlich zu machen, als auch mehr Interesse für die wissenschaftliche Seite der integralen Pädagogik wecken.

Dabei ist es ihr ein großes Anliegen nicht nur zu demonstrieren, welche Bedeutung die integrale Pädagogik für ihre VertreterInnen und für jene, die mit diesem Ansatz arbeiten, hat, sondern dass es sich dabei um viel mehr als nur eine intensiv betriebene Freizeitbeschäftigung handelt. Im Vordergrund stehen neben dem grundsätzlichen Interesse zu lernen, das Bedürfnis aktiv mitzudenken und eigene Interessen und Gedanken einzubringen und auch erleben zu können.

## Qualitative Sozialforschung

Im integralen Kontext zu arbeiten und zu forschen beinhaltet, wie bei anderen geisteswissenschaftlichen Studien, die qualitative Sozialforschung. Interviews zu führen, dabei in Kontakt mit Menschen zu treten und ihrem Wissen und ihren Erfahrungen Bedeutung einzuräumen, bildet einen großen Teil dieser Arbeit. Ein weiterer Abschnitt besteht darin, das Erfahrene auszuwerten und damit die Theorie mit der Praxis zu verbinden, um sie einerseits zu bestärken und andererseits aufmerksam zu machen, dass es bereits zu Weiterentwicklungen gekommen ist.

Qualitative Forschungsarbeit wurde lange Zeit als nicht wissenschaftliche Methode betrachtet. In der jetzigen Zeit findet wieder ein Trend in Richtung qualitatives Arbeiten statt. Quantitative und qualitative Forschungen sollen sich nicht gegenseitig ausschließen, sie sollten einander ergänzen. Nicht nur schriftliche Quellen lassen sich analysieren, sondern ebenso Audiodateien (Interviews), audiovisuelle Daten (Filme) und grafisches Material (Bilder) (vgl. Kittl 2005, S. 215).

Qualitative Verfahren wollen weder auf die Quantifizierung, noch auf die Anwendung passender statistischer Auswertungsverfahren verzichten. Der wichtigste Unterschied resultiert aus der Art und Weise der Annäherung an die soziale Realität: durch offene Verfahren nämlich, d. h. ohne standardisierte Erhebungsinstrumente (vgl. Hopf/Weingarten 1984, S. 14).

Typische qualitative Vorgehensweisen sind nach Hopf und Weingarten:

❖ Die unstrukturierte oder wenig strukturierte Beobachtung

❖ Das qualitative Interview oder das geführte Experteninterview

❖ Die Erhebung und Analyse von Dokumenten unterschiedlichster Natur (z. B. Biographien, Zeitungen, Protokollen etc.) (Hopf/Weingarten 1984, S. 14-15).

Für diese Arbeit steht besonders die Methode des qualitativen Interviews im Vordergrund.

Mit großem Respekt gegenüber dem Interviewpartner oder der Interviewpartnerin muss es dem Interviewer oder der Interviewerin gelingen, sowohl möglichst Tiefgreifendes als auch eine große Datenmenge in Erfahrung zu bringen (vgl. Hermanns 2004, S. 363).

Der Interview-Leitfaden ist vor allem zur Herstellung der gleichen Bezugspunkte für einen Vergleich besonders wichtig. Nur so kann man sich vergewissern, dass die Daten im gleichen Zusammenhang zu den gleichen Hypothesen stehen (vgl. Hopf/Weingarten 1984, S. 184-185).

Oft wird der Leitfaden auch zu streng genommen, wobei er für den Interviewer oder die Interviewerin wie eine Zwangsjacke wirkt. Der Leitfaden sollte jedoch nur Anregungen zu den Fragestellungen liefern. Oft kann es durch den „Missbrauch" des Interview- Leitfadens dazu kommen, dass vielleicht schon ein Thema angesprochen wird, das für den Interviewten oder die Interviewte noch kein Thema war und deshalb als noch unpassend erscheint; ein unweigerlicher Bruch des Interviewverlaufs könnte die Folge sein.

Für die InterviewerInnen ist es daher unumgänglich, sich auf den implizierten Gehalt einer Frage zu konzentrieren, weshalb die Formulierung einer Frage, nämlich aus dem Stegreif, daher leichter fällt (vgl. Hopf/Weingarten 1984, S. 185).

Die verbalen Daten werden während des Interviews mittels Videokamera, Tonbandgerät etc. aufgenommen. Somit stehen die erhoben Daten zur Verfügung und können nun transkribiert werden, d. h. die Audiodateien werden in eine schriftliche Form gebracht. Dieser Vorgang ist wahrlich kein einfacher, denn die Umgangssprache, das Verschlucken von Lauten oder abgebrochene Sätze, um nur einige der Probleme des Transkribierens zu erwähnen, machen ihn zu einem langwierigen und komplexen Prozess (vgl. Kittl 2005,S. 215-216).

Selbstverständlich gibt es auch unterschiedliche Arten, den ganzen Interviewverlauf zu protokollieren:

- ❖ Das selektive Protokoll
- ❖ Das zusammenfassende Protokoll
- ❖ Das wörtliche Protokoll
- ❖ Das kommentierte Protokoll

Bei den in dieser Arbeit durchgeführten Transkriptionen wurden die wörtliche Protokollart und zusätzlich auch die kommentierte Protokollart verwendet, d. h. auf einer Seite wurde Wort für Wort der erhobenen Audiodaten (wörtliches Protokoll) transkribiert, andererseits wurden auch die Mimik, die nonverbalen Gesten und Pausen (kommentiertes Protokoll) hervorgehoben (vgl. Kittl 2005, S. 218-219).

Ein besonderer Stellenwert wurde bei der Transkription auf die Anonymisierung der KollegInnen gelegt. Fakten, durch die mögliche Rückschlüsse gezogen werden könnten, wie zum Beispiel Name, Wohnort oder Institutionen müssen anonymisiert bleiben. Dies kann bereits während dem Interview durchgeführt werden, oder im Anschluss an die Transkription (vgl. Kittl 2005, S. 223).

*„Zur Aufgabe des Interviewers gehört es, nicht nur dem Gesprächspartner einen klaren Auftrag zu erteilen, wie er sich aus der jeweiligen Interviewmethodik ergibt, sondern ein Gesprächsklima zu schaffen, in dem die gewünschte Darstellungsweise geradezu „ in der Luft liegt"* (Hermanns 2004, S. 363).

„Regieanweisung zur Interviewführung" nach Hermanns:

- ❖ Der Rahmen muss rechtzeitig klar gemacht werden
- ❖ Schaffen Sie ein gutes Klima
- ❖ Gewähren Sie dem Gegenüber Raum sich zu darzustellen
- ❖ Lassen Sie Möglichkeiten für Entwicklungen zu
- ❖ Entdecken Sie die Lebenswelt des Interviewpartners oder der Interviewpartnerin

(vgl. Hermanns 2004, S. 367-368)

## Integrale Pädagogik und ihre Grundlagenmodelle

Im Zuge des Seminars *Methoden pädagogischer Handlungsfelder* bei Dr.[in] Daniela Michaelis an der Karl-Franzens- Universität Graz lernten 30 StudentInnen die Methodenvielfalt der integralen Pädagogik kennen. Fünf Blockeinheiten ermöglichten einen intensiven Einstieg in die komplexe Thematik der integralen Bildung. Eine der Aufgaben während des Seminars bestand darin, ein Protokoll über jede Einheit zu verfassen. Dies sollte uns als Unterstützung für die darauffolgende Reflexion dienen und ebenso als Hilfe bei der Umsetzung in die Praxis. Die Einheiten waren geprägt von abwechslungsreichen und vielfältigen Methoden. Nicht nur übersichtliche theoretische Inputs halfen den StudentInnen, sich in der Komplexität der integralen Pädagogik zu orientieren, sondern vor allem auch direkte praktische Umsetzungen ließen dieses Seminar zu einer einzigartigen und neuen Erfahrung im Universitätsstudium werden.

Auf dem integralen Bildungsweg ist der erste Schritt genauso wichtig wie jene, die folgen:

*„Der integrale, unvorhersehbare Bildungsprozess wird und bleibt selbst unausweichliche, lebendige Aufgabe"* (Girg 2007, S. 15-16).

In der integralen Wissenschaft stellen private und berufliche Lebenspraxis eine Einheit dar und nur deshalb ist es möglich, dass das unmittelbare Leben als integrale Schule dient.

Dies fordert von uns allen eine ständige bewusste Präsenz, nicht nur in geistiger, sondern auch in jeglicher anderer Form, um das Leben aktiv miterleben zu können. Jene Wege, die wir in der integralen Pädagogik beschreiten, gehen wir nicht alleine. *„Integrale Wege sind Wege des Ichs im unabsehbaren, kosmischen Wir"* (ebd., S. 16).

Dass man die integralen Wege nicht alleine betritt, wurde auch einigen InterviewpartnerInnen im Verlauf der Befragung immer klarer:

*„Also ich kann jetzt auf jeden Fall sagen, dass i viel mehr auf andere Leute eingehen kann (…). (…) weil in dem Seminar sind wir wirklich a Gruppe, im Gegensatz zu den anderen...da kämpft jeder irgendwie für sich selber..."* (Interview 6).

*„Ja also ich find es ist immer angenehm, wenn du die Leute vorher schon kennst... eben durch die ganzen Spiele und so, …. Anscheinend geht's auch*

*nur so… man kommt sich irgendwie blöd vor , aber nachher, wenn man irgendwie die Leute ein bissal kennt, und dadurch, dass man viel miteinander redet, hab ich mich wohler gefühlt… da hast halt doch irgendwie einen Bezug dazu… zuerst hab ich mir gedacht, was für ein Blödsinn, aber ich muss zugeben, es hat doch was gebracht (lacht)… ich muss sagen, das hat mir doch was gebracht… ich habs einfach schön gfunden, dass wir uns halt… naja… keine Ahnung… es war halt verbundener miteinander…"* (Interview 14).

Veränderungen führen in der integralen Pädagogik zu einem Mehr an Arbeit, wie zum Beispiel: durch verändertes Wissenschaftsverhältnis, veränderte Wissenschaftsmethode, veränderte Sprache, veränderte Vorstellung von Lehren und Lernen und vor allem aber durch die veränderte Lebenspraxis.

Die befragten SeminarteilnehmerInnen betrachten das Integrale aus unterschiedlichen Blickwinkeln, natürlich auch nicht immer nur auf positive Art und Weise:

*„Na,… na… überhaupt ned…i man , wenn i mi mit sowas beschäftigen will, dann beschäftig i mi privat damit…und das hat für mi momentan gar nix mitn Studium zu tun…"* (Interview 4).

Die meisten jedoch sehen in der integralen Bildung etwas Einzigartiges und die Möglichkeit, neue Dinge auszuprobieren:

*„(…), also der integrale Zugang, also das Offene, das werd ich mir schon beibehalten!"* (Interview 1).

*„Jaaaa… würd ich schon sagen, es hat auf jeden Fall ein bisschen mehr geordnet in meinem Kopf, das was ma sich halt ab und zu so denkt (lacht)…, (…) ist relativ klass gewesen, wenn so wie bei uns ein bissal a Theaterstück dabei ist…das ist glaub ich viel einfacher zu merken…(…)"* (Interview 2).

*„(…) ok… das hat mir jetzt eigentlich voll viel gebracht… aber kann das jetzt eigentlich gar nicht benennen warum… und ich versuch mich wirklich auf das einzulassen, wurscht ich versuch das rund um mich auszublenden… und versuch wirklich, a so wie sie das immer sagt, … zu mir selber zu finden und wirklich ganz bei mir bleiben, … ich versuch das wirklich umzusetzen…weil ich merk, es tut mir eigentlich gut(…), weil im Endeffekt macht mas eh so weils anders nicht funktioniert, irgendwann kommt man drauf, es geht ja gar nicht anders, … und das bestätigt einen, dass das wissenschaftlich auch , … also halt wissenschaftlich auch untermauert ist… dass das jetzt nicht so …*

*wir haben eine Spinnerei , sondern dass das schon irgendwie scho einen wissenschaftlichen Touch hat...“* (Interview 7).

Eine Interviewpartnerin empfand die zur Verfügung gestellte Literatur als sehr ansprechend, empfand sie als weitere Methode, um zu einer umfassenderen Bildung zu gelangen:

*„(...) also was mir total taugt, sind die.... Die Bücherlisten, die wir von Ihr kriegn, weil da sind echt tolle Bücher dabei gewesen, auch das was ich gelesen hab...(...)“* (Interview 15).

An dieser Stelle ist schon zu sehen, dass jeder Mensch neue Ansätze und Gedanken unterschiedlich verarbeitet und verschiedene Aspekte für sich persönlich in den Vordergrund rücken lässt. Die jeweilige Lebensbiographie spielt dabei natürlich eine enorme Rolle, doch die Gewissheit, dass man keine Wege alleine betreten muss, erscheint als Licht am Ende des Tunnels.

Die **Kernaussage der integralen Pädagogik und deren Bildung** lautet:

*„Kinder und Erwachsene lernen gemeinsam in den ungetrennten, nicht- dualistischen Situationen des Lebens aus und in der Tiefe des universellen Einen. Sie erfahren im permanenten Wandel der kosmischen Relationen über die individuell und gemeinsam zu gehenden Wege ihre spezifischen Aufgaben. Im Eingebundensein in diesen Horizont sind Schulen Orte, in denen die integrale Ganzheit des Lebens immer wieder neu berührt, gelebt, erkannt und kreativ als Bildungspraxis gestaltet wird. Kinder, Jugendliche und Erwachsene können dann in ihrem Menschsein erblühen und ihren einzigartigen Beitrag in der Welt leisten“* (Girg 2007, S. 22).

An dieser Stelle ist zu erwähnen, dass der Begriff Schule in der Kernaussage, als entinstitutionalisiert wahrgenommen wird, *„(...) als Schule des ungeteilten Lebens“* (ebd., S. 22).

Integrale Arbeitsweisen sind für alle pädagogischen Aufgabenfelder geeignet und offen. Im Sinne des lebenslangen Lernens sind sie in den frühpädagogischen und förderpädagogischen Feldern, in den schulischen Bereichen wie auch in der Fort- und Weiterbildung und Erwachsenenbildung einzusetzen (vgl. ebd., S. 75).

Die integrale Pädagogik liefert jedem Menschen in jeder Lebenssituation die Unterstützung und den Halt, den er im Moment benötigt. Das Integrale zeigt nicht nur auf, wie wichtig die Individualität des Einzelnen ist, um im Leben zu einer umfassenderen Bildung zu kommen, sondern auch die Wichtigkeit der Kollektivität der Menschheit. Nachfolgend werden daher die Grundlagenmodelle, nämlich das Spiralmodell und das Quadrantenmodell des integralen Ansatzes näher erläutert.

## Das Spiralmodell

Leben heißt, sich verändern. Vollkommen sein heißt, sich oft verändert haben. (Kardinal John Henry Newman)

Das Spiralmodell gibt dem Menschen eine Heimat. Man ist hier; das Sein des Menschen entwickelt sich hier Schritt für Schritt und der Mensch vergisst dabei nicht, dass der Weg das Ziel ist (vgl. Michaelis/Mikula 2007, S. 110-111).

Erst in den letzten 50 Jahren gelang es WissenschaftlerInnen die unterschiedlichen Bewusstseinsgebiete zu erforschen. Dafür gibt es viele unterschiedliche Bezeichnungen: Bewusstseinsstufen, Bedürfnispyramiden, Wertepyramiden, Erkenntnisfelder etc.

Der amerikanische Forscher Clare Graves konnte beweisen, dass sich weltweit und kulturübergreifend immer dieselben Entwicklungsstufen zeigen. Sie sind aufeinander aufgebaut und bilden ganze Systeme. Zum jetzigen Zeitpunkt ist die Bezeichnung jener Erkenntnisse unter „Spiral Dynamics" am meisten verbreitet. Er erkannte acht verschiedene Stufen, weitere beschrieb er theoretisch. Die von Clare Graves beschriebenen Stufen sind weder eng noch statisch. Man kann sie sich als weitläufige Ebenen oder Räume vorstellen. In jenen ist man stets im Austausch zwischen den etwaigen Umweltbedingungen und dem damit konfrontierten sozialen Organismus. Jener braucht geistige und körperliche Bewältigungsmechanismen („conditions for existence"), um somit in der seinigen Umwelt („conditions of existence") zurechtzukommen. Manche Menschen überwinden in dieser Entwicklung Stufen schneller, andere brauchen lange, um ihre Gewohnheiten über Bord zu werfen zur Schaffung einer Umstellung. Sobald eine neue Stufe geschafft ist, stehen neue Möglichkeiten im Bereich der Wahrnehmung und des Verstehens zur Verfügung (vgl. Küstenmacher/Haberer/Küstenmacher 2011, S. 21-22).

Das Spiralmodell stellt die menschliche Entwicklung horizontal und vertikal in 9 Stufen dar. Jede Stufe bzw. jede Farbe beinhaltet eine Entwicklungsstufe. Alle Stufen bis inklusive der grünen Stufe gehören sozusagen zu unserem alltäglichen Leben. Erst am Drehpunkt zwischen Grün und Gelb fangen Lösungen zweiter Ordnung an. Denn ab diesem Zeitpunkt vollzieht sich der Entwicklungsschritt vom Personalen zum Transpersonalen. In der darauffolgenden türkisen Stufe ist es daher möglich, dass sich das autonome Selbst bildet. Auf der letzten Ebene, der korallenfarbigen Stufe, befindet man sich im höchsten Zustand des Bewusstseins, dem „Sosein" (vgl. Michaelis/Mikula 2007, S. 112, 119-121).

Eine besondere Erkenntnis erlangte Clare Graves bei der Ausarbeitung der einzelnen Bewusstseinsebenen. Wirklich große Themen scheinen immer wiederzukehren. Sie schwingen zwischen dem Einzelnen und der Gruppe hin und her, zwischen dem Ich und dem Wir. Einerseits nannte er das Selbst-Unterstützende „self-supporting" und andererseits das Selbst-Opfernde „self-sacrificing".

Die Ich-Stufen sind: Beige, Rot, Orange und Gelb; die Wir-Stufen: Purpur, Blau, Grün, Türkis. Dadurch erhält die Spirale und die Entstehung der Ebenen eine eigene Dynamik, daher der Begriff „Spiral Dynamics" (vgl. Küstenmacher/Haberer/Küstenmacher 2011, S. 37-40).

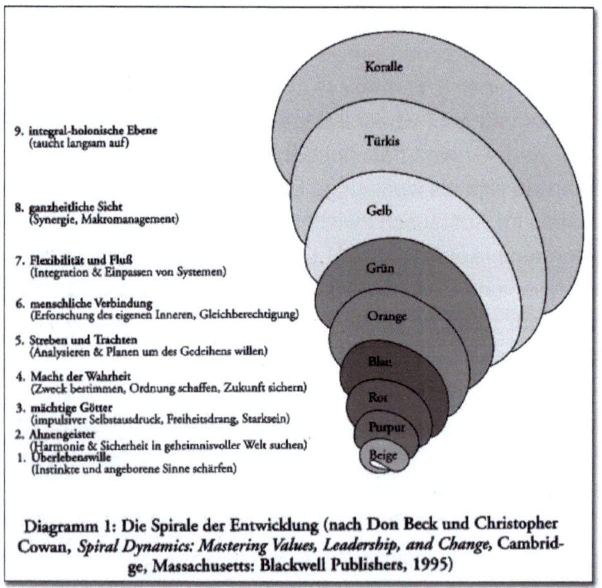


Diagramm 1: Die Spirale der Entwicklung (nach Don Beck und Christopher Cowan, *Spiral Dynamics: Mastering Values, Leadership, and Change,* Cambridge, Massachusetts: Blackwell Publishers, 1995)

Abbildung 1: Das Spiralmodell nach Don Beck und Christopher Cowan, http://integrales-leben.org , 18.11.2014.

*Beige: archaisch-instinktgeleitete Struktur* 

> „Ich lebe, und ihr sollt auch leben" (Jesus in Johannes 14, 19).

Am Beginn des Weges befinden sich die Menschen am Ursprung ihrer Entwicklung. Das Leben lädt ein, erste Erfahrungen und Eindrücke zu sammeln.

In dieser Ebene liegt das Hauptaugenmerk auf unseren Instinkten, die unser Überleben sichern. Sicherheit, Wärme, Nahrung, Wasser etc. befinden sich hier im Mittelpunkt des kindlichen Seins (vgl. Michaelis/Mikula 2007, S. 113).

„Die Welt erscheint als undifferenzierte Masse sensorischer Aktivitäten. Neugeborene Säuglinge - wie der erste Homo Sapiens - haben eine archaische Weltansicht, in der keine Trennung zwischen ihnen und der Welt existiert" (Wilber 2013, S. 126).

Für den Mensch 1.0 steht das reine Überleben an oberster Stelle. Es gibt kein ausgeprägtes Zeitempfinden, man lebt in der reinen Gegenwart. Ebenso hat man als Mensch 1.0. kein Wissen, was Gestalten betrifft. Keine komplexen Denkweisen oder Empathie können ihm in schwierigen Situation weiterhelfen. Bereits auf der ersten Ebene des Bewusstseins finden wir den Ursprung für Autismus, Narzissmus oder Borderlinestörungen. Denn klare emotionale Grenzen zu ziehen zwischen dem Selbst und dem anderen gelingt einem Menschen nicht, dessen Ablöseprozess aus der symbiotischen Einheitsphase nicht gelungen ist (vgl. Küstenmacher/Haberer/Küstenmacher 2011, S. 47).

Wird dieser Drehpunkt nicht bewältigt, erfährt der Mensch Unsicherheit in Bezug auf seine körperlichen Grenzen. Er kann nicht unterscheiden, wo sein Körper aufhört und seine Umwelt beginnt. Schizophrene Psychosen, schwere Depressionen oder bipolare Störungen können die Folge sein (vgl. Weinreich 2005, S. 94ff).

*Purpur: magisch animistische Struktur* 

> „Du großes Geheimnis, dessen Stimme ich in den Winden vernehme, dessen Atem
> der Welt Leben gibt, höre mich" (Überlieferung der Sioux).

Schreitet man nun auf dem integralen Weg weiter voran, so lernt man, dass das „WIR" einen ganz besonderen Stellenwert in dieser Welt hat. Auch wenn sie noch so klein erscheinen mag.

Gute und böse Geister beeinflussen die ganze Welt und alles, was passiert. Soziale Gruppierungen entstehen und beeinflussen somit den sozialen Zusammenhalt in Familien und Gruppierungen. Kinder lernen hier besonders viel am Modell und etwaigen Vorbildern (vgl. Michaelis/Mikula 2007, S. 113-114).

Magische Orte, Gegenstände, Ereignisse und Geschichten sind Stützen für Kinder und ebenso fühlen sie, dass sie sie beschützen müssen. Mystischen Zeichen und Wünschen muss das kindliche Verhalten gerecht werden, denn nur so ist es ihnen möglich, die Sicherheit und das Wohlbefinden der eigenen Gruppierung zu ermöglichen (vgl. Wilber 2013, S. 126).

Im Zauberreich des Kindes befindet man sich als Mensch 2.0. Hier beginnt man zu unterscheiden zwischen Familienangehörigen, der engsten Überlebensgruppe und den anderen weiter draußen. Körperlich kann man schon die Trennung spüren und erleben, doch die seelische Trennung ist noch nicht vollzogen. Daher werden zum Beispiel die Schmusedecke, die beruhigt, oder ein Kuscheltier, das sprechen kann, „animistisch" belebt. Auf der purpurnen Ebene finden wir Märchen, kleine Hexen, Kobolde und Feen wieder. Viele Kinder haben auch unsichtbare Freunde, für die oftmals die Türe offen gelassen wird (vgl. Küstenmacher/Haberer/Küstenmacher 2011, S. 57).

Es kommt hier zu einer Identifikation mit der eigenen Gefühlswelt, wodurch es zu einer Festigung des emotionalen Selbst kommt (vgl. Weinreich 2005, S. 98). Bei Störungen in diesem Bereich kann es zu narzisstischen Persönlichkeitsveränderungen kommen. Auch Borderline - Störungen und Suchterkrankungen sind möglich (vgl. Weinreich 2005, S. 99f).

*Rot: mythische Struktur* 

> „Wir kämpfen, bis die Hölle zufriert. Und dann kämpfen wir auf dem Eis weiter" (Patrick Buchanan).

Angekommen auf der roten Ebene erlebt der Mensch an dieser Stelle das erste Aufbäumen des eigenen Ichs: „Ich kann das alleine, das schaffe ich ohne dich!"

Das Selbst rückt in den Mittelpunkt und wird bis zum Äußersten ausgelebt und genossen. Es ist impulsiv, machtvoll und egozentrisch. Eindeutige Grenzen, die Erwachsene hier den Kindern aufzeigen sollten, sind auf dieser Ebene sehr wichtig für die Orientierung (vgl. Michaelis/Mikula 2007, S. 114).

Der Mensch 3.0 befindet sich auf der roten Ebene wieder auf einer Ich-Stufe. Die innere Urkraft wird entdeckt und das Sich-Ausprobieren steht an erster Stelle. Nun ist es an der Zeit, sich von der Gemeinschaft zu lösen und eigene Erfahrungen zu sammeln, eigene Vorstellungen zu entwickeln. Dazu muss man seine Ängste überwinden und sich vom gemeinschaftlichen Denken abheben.

Um sich selbst zu schützen, kämpft man mit allen Kräften um den eigenen Vorteil und das eigene Wohl. Der Mensch handelt an dieser Stelle impulsiv, manipulativ und egozentrisch (vgl. Küstenmacher/Haberer/Küstenmacher 2011, S. 71).

Das rote Ich versucht des Weiteren, seinem Willen Ausdruck zu verleihen und seine Wünsche sofort zu erfüllen. Sie agieren nicht für die Zukunft, sondern nur für das Hier und Jetzt, die Gegenwart. Erledigungen von Dingen passieren auf dieser Ebene nur durch Einschüchterung und Einsatz von Macht und Druck (vgl. Wilber 2013, S. 126-127).

Das erste kognitive Selbstkonzept entsteht hier. Es kommt zur Differenzierung zwischen mentalen und emotionalen Bereich. Damit wird das Können generiert, den Körper und die Gefühle zu beherrschen (vgl. Weinreich 2005, S. 102). Ein Verhalten von Belohnung und Bestrafung der Bezugspersonen kann hier dazu führen, dass das Kind seine unerwünschten Gefühle unterdrückt und verdrängt. Neurotische Störungen wie z.B. Angstneurosen oder Phobien können sich entwickeln. Unterdrückte Gefühle können aber auch in den Körper verlagert werden und führen so zu psychosomatischen Erkrankungen. Wenn allerdings die Beherrschung von Impulsen und Emotionen von vornherein nicht gelingt, kommt es zu einem Versagen der individuellen Impulskontrolle (vgl. Weinreich 2005, S. 102f).

*Blau: regelkonformistische Struktur*

„Wo ein Staat gedeiht, hat der Gehorsam ihm das Haus gebaut" (Sophokles).

Das Ich hat nun fürs Erste einen Platz auf dem integralen Weg gefunden und die Reise geht weiter, Regeln und Konsequenzen müssen akzeptiert werden.

Das eigene Leben hat nun einen Zweck und einen Sinn, wobei es dabei in Abhängigkeit zu anderen Ordnungen steht. Es werden Verhaltensregeln gelernt und verinnerlicht, man lernt die Unterscheidung zwischen richtig und falsch. Natürlich hat eine Missachtung dieser Regeln schwerwiegende Konsequenzen, im schlimmsten Fall auch lebenslängliche. Das Einhalten des Regelwerkes bringt wiederum Belohnungen und Zustimmung. Der Grundtonus dieser Ebene lautet: Recht und Ordnung, ebenfalls gegenüber den Gesetzmäßigkeiten der Welt (vgl. Michaelis/ Mikula 2007, S. 115).

Wer sich auf dieser Ebene besonders abmüht und gleichzeitig alle Regeln befolgt und auch seine Pflichten als Teil der Gemeinschaft erfüllt, ist absolut ehrbar. Polarisierte, schwarz-weiße und ethnozentrische Denkweisen sind allgegenwärtig. Schuldgefühle sind ebenfalls an der Tagesordnung und kontrollieren die Impulsivität der Individuen (vgl. Wilber 2013, S. 127-128).

Regeln zu lernen und zu befolgen, stellen, wie bereits erwähnt, für den Menschen 4.0 den Schwerpunkt auf der blauen Bewusstseinsebene dar. Um friedlich miteinander auszukommen, muss man die rote Ebene verlassen und lernen, dass die vorgegebenen Regeln verbindlich sind. Angefangen daheim, danach im Kindergarten, Schule und im späteren Leben selbst genauso. Diese Regeln und Strukturen bieten dem Kind wiederum einen sicheren Rahmen und somit kann das Kind ein Zugehörigkeitsgefühl zu einem großen Ganzen, unabhängig von der Familie, entwickeln. „Einer für alle, alle für einen!" (vgl. Küstenmacher/Haberer/Küstenmacher 2011, S. 87).

Die egozentrische Haltung der vorherigen Ebene wird zugunsten einer soziozentrischen aufgegeben durch die Fähigkeit, sich in andere Menschen hineinzuversetzen(vgl. Weinreich 2005, S. 105). Bei Störungen in der Bewältigung dieses Drehpunktes kommt es z.B. durch falsche Vorbilder, zu nichthinterfragten Überzeugungen und dementsprechenden Handlungen, die andere Menschen oft abwerten und herabsetzen. Außerdem kann eine starke Rollendominanz entstehen, die zu einer Störung im sozialen Bereich des Lebens führen kann (vgl. Weinreich 2005, S. 106ff).

*Orange: rational-erfolgsorientierte Struktur*

„Sire, geben Sie Gedankenfreiheit!" (Friedrich Schiller).

Doch können Regeln und vorgegebene Ordnungen alles im Leben sein? Der Mensch versucht während seiner Reise immer öfter,

die gesellschaftlichen Doktrinen zu hinterfragen und seinen eigenen Gedanken und Empfindungen Vorrang zu geben.

Auf dieser Ebene spielt die Individualität eine immer größer werdende Rolle. Das Selbst versucht sich von den gemeinschaftlichen Denkweisen zu lösen, um für sich die Wahrheit und den Sinn zu finden. Die natürlichen Gesetze der Welt werden an dieser Stelle für sich genutzt. Sie steuern die Politik, die Wirtschaft und sogar die menschlichen Ereignisse. Es wird stets Gewinner und Verlierer geben (vgl. Michaelis/Mikula 2007, S.115).

Auf der orangen Ebene möchte man Fortschritt, Erfolg, Leistung, Unabhängigkeit, Status und Wohlstand erreichen. Durch gut durchdachtes und geplantes Handeln kann man, das Ziel stets vor Augen, ein neues Morgen erschaffen. Durch den Erfolg der Wissenschaft und der Technik wird der materielle Lebensstandard auf der ganzen Welt angehoben (vgl. Wilber 2013, S. 128).

Diese Phase 5.0 ist oft auch jene kritische der Pubertät. Die in der blauen Ebene gelernten Regeln werden wie bereits erwähnt hinterfragt und die Rebellion gegen jene und die bisherigen Gewohnheiten steht an erster Stelle. Mit besonders intelligenten Argumenten versuchen die Jugendlichen alles in Frage zu stellen, was ihnen von den Erwachsenen erzählt und nähergebracht wurde. Besonders wichtig dabei ist es für die Jugendlichen, reine Fakten und logische/schlüssige Begründungen zu erhalten. Ebenso im Vordergrund stehen die eigene Identitätsfindung und die Erfüllung eigener Wünsche und Bedürfnisse (vgl. Küstenmacher/Haberer/Küstenmacher 2011, S. 107-108).

Eine Nichtintegration auf dieser Ebene führt zu einer Form der Egozentrik, die sich durch Intoleranz und Überheblichkeit darstellt (vgl. Weinreich 2005, S. 109ff).

*Grün: relativistische Struktur*

> „Der Mensch hat überhaupt nichts gesehen, wenn er nicht gefühlt hat. Güte ist die einzig sichere Kapitalanlage" (Henry David Thoreau).

Da der Weg durch die Spirale ein an sich komplexer und durch Höhen und Tiefen geprägter ist, benötigt der Mensch trotz seiner Individualität und Einzigartigkeit das Zusammensein mit anderen Menschen.

Auf der grünen Ebene rückt das „Wir"-Gefühl in den Vordergrund der menschlichen Entwicklung. Beziehungen und Gruppenfindungen stehen im Mittelpunkt. Hierarchien werden immer öfter hinterfragt und an Stelle dieser etabliert man gleichrangige Bindungen und Verbindungen. Die Denkweisen sind subjektiv, nicht-linear. Wärme, Sensitivität und Fürsorge prägen sie, nicht nur für die Bewohner der Erde, sondern auch für sie selbst (vgl. Michaelis/Mikula 2007, S. 116).

Grün versucht Minderheiten, die unterrepräsentiert sind, in der Gesellschaft zu etablieren und ihnen sowie jeder anderen Ansicht Anerkennung und Vertrauen zu schenken. Auch im politischen Bereich ist es daher von großer Bedeutung, stets korrekt und im Wohle der Gemeinschaft Beschlüsse zu fassen. Ebenso wichtig ist es, den eigenen Blick über den Horizont schweifen zu lassen und sicherzugehen, keiner anderen Menschen Gefühle zu verletzen (vgl. Wilber 2013, S. 128- 129).

Herzenswärme, Verständnis und Empfindsamkeit prägen den Menschen 6.0. Besonders hervorheben muss man auf der grünen Ebene die Herzenswärme. Die Werte verlagern sich, Konkurrenz- und Leistungsdenken stehen nicht mehr im Mittelpunkt, sondern die Chancengleichheit aller. Jede Bewusstseinsebene hängt mit allem zusammen (vgl. Küstenmacher/Haberer/Küstenmacher 2011, S. 139).

Die Pathologie dieser Ebene zeigt sich in einer aperspektivischen Verwirrtheit. Die Möglichkeit, verschiedene Perspektiven einzunehmen, führt zu einer kompletten Wertfreiheit, die wiederum zur Lähmung von Urteilskraft und Willen und letztendlich in den Zynismus führt. Wilber bezeichnet dies als *Boomeritis* (2010, S. 30).

An dieser Stelle gilt es zu erwähnen, dass das „Erste-Rang-Denken" sein Ende gefunden hat und mit der gelben Ebene das „Zweite-Rang-Denken" beginnt (vgl. Michaelis/Mikula 2007, S. 117).


*Gelb: integrale Struktur*   

> „Ich suche nicht, ich finde. Suchen ist das Ausgehen von alten Beständen und ein Findenwollen von bereits Bekanntem. Finden ist das völlig Neue" (Pablo Picasso).

Das kollektive Bewusstsein und das Bewusstsein des eigenen Selbst können nun den Menschen auf seinem Weg begleiten und unterstützen.

Es wird dem Selbst möglich nicht nur horizontal zu denken, sondern auch vertikal. Zum ersten Mal kann man das „ganze Innere" als solches erfassen, genauso wie das Bewusstsein des Zusammenspiels aller Ebenen der Spirale. Jede Ebene geht über die andere hinaus, dennoch wird die untere nicht vergessen oder verdrängt, sie bleibt stets ein Teil unserer Selbst. Reaktivierungen jeglicher Ebenen sind zu jedem Zeitpunkt möglich (vgl. Michaelis/Mikula 2007, S. 117-118).

„Die gesamte Spirale wird von einer Entwicklung erfasst!" (Michaelis/Mikula 2007, S. 118).

An dieser Stelle rückt die Erkenntnis ins Bewusstsein, dass weltzentrische Sichtweisen mehr Tiefe haben als ethnozentrische, die wiederum mehr Tiefe haben als egozentrische. Gelb umfasst sowohl die Breite als auch die Tiefe. Dies führt zu einem gewaltigen Entwicklungssprung. Probleme und Hürden werden als Herausforderungen betrachtet und die Suche beginnt, um positive Lösungswege für alle zu finden. Die Menschen auf dieser Ebene begegnen dem Leben mit einer gesunden Portion an Selbstinteresse und gleichzeitig nehmen sie Anteil am Wohlbefinden anderer (vgl. Wilber 2013, S. 129-130).

Auch das Wegfallen vieler Ängste und Zwänge ermöglicht dem Menschen 7.0 einen Überblick über das Bisherige zu erlangen. Spezifische Ängste werden bewusst einer Stufe zugeordnet und es wird bewusst wahrgenommen, dass sie beim Verlassen dieser Stufe nicht mehr wichtig waren. Auch die Angst vor keiner Gruppenbestätigung löst sich während dem Übergang von Grün nach Gelb auf. Auf der gelben Ebene ist es dem Menschen möglich die verschiedensten Szenen durchzuspielen, dabei werden Herz, Bauch und Kopf gemeinsam benutzt (vgl. Küstenmacher/Haberer/Küstenmacher 2011, S. 171).

Dem Zweite-Rang-Denken ist diese Entwicklung voll bewusst, auch wenn es noch nicht möglich ist, sich konkret mitzuteilen, kann es das Gesamtbild erfassen, es kann alle Ebenen und die in ihnen vorhandenen Systeme begreifen und integrieren (vgl. Michaelis/Mikula 2007, S. 118).

*Türkis: subtil-spirituelle Struktur*

„Richtet euren Blick auf die Einheit. Haltet euch beharrlich an das, was der ganzen Menschheit Wohlfahrt und Ruhe bringt. Diese Handbreit Erde ist eine Heimat und eine Wohnstatt" (Bahá'u'lláh).

Die Reise bringt die Menschen immer näher an ihr Ziel. Sie wollen die Gesamtheit des menschlichen Daseins verstehen und begreifen.

Integrative Energien und die Vereinigung von Fühlen und Wissen der unterschiedlichen Ebenen sind nun zu einem bewussten System verwoben. Die universelle Ordnung steht im Vordergrund unseres Handelns und Tuns. Die türkise Ebene umfasst alles und erkennt die verschiedenen Ebenen der Interaktion (vgl. Michaelis/Mikula 2007, S. 119).

Der Mensch 8.0 empfindet die türkise Ebene als große dynamische Einheit. Der Mensch wird dabei als lebendiges Ökosystem betrachtet. Alle Zellen unseres Körpers kommunizieren miteinander und somit kann eine komplexe Bewusstseinsebene entstehen. Man ist offen für die Weisheit und die Wahrnehmungsfähigkeit des eigenen Körpers. Die ganzen Handlungen finden auf integralen Wegen statt, jenseits des wissenschaftlichen Materialismus (vgl. Küstenmacher/Haberer/Küstenmacher 2011, S. 195-196).

„Türkis sucht nach dem Punkt, an dem sein Ich endgültig zugunsten des Selbst abtritt" (Küstenmacher/Haberer/Küstenmacher 2011, S. 197).

Menschen 8.0. sind sehr gute Gesprächspartner, können sich durch ihre weitentwickelte Empathiefähigkeit gekonnt auf Menschen jeglicher Ebene einstellen. Sie liefern auch durchaus ungewöhnliche Ideen, neue Konzepte und können somit als Inspiration vieler dienen (vgl. Küstenmacher/Haberer/Küstenmacher 2011, S. 197).

*„Selbst in ihrem Alltagsdenken berücksichtigen sie in wachsendem Maße nicht nur unsere multidimensionale Komplexität, sondern auch die grundlegende Einheit aller Menschen, Geschöpfe und lebenden Systeme"* (Wilber 2013, S. 130).

*Koralle: formlos-mystische Struktur* 

„Würdest du mir bitte sagen, wie ich von hier aus weitergehen soll?"
„Das hängt zum großen Teil davon ab, wohin du möchtest, sagte die Katze (...)."
(Lewis Carroll)

„Ist man nun am Ziel der Reise angekommen? Geht es noch weiter?" Diese Gedanken muss man sich an dieser Stelle der Reise nicht mehr machen.

Denn in diesem Zustand befindet sich die Realität aller Zustände selbst. Er ist keine Ebene oder Stufe wie im Sinne der vorangegangen Ebenen (vgl. Michaelis/Mikula 2007, S. 121).

„Der höchste Zustand des Bewusstseins - Non-dual" (Michaelis/Mikula 2007, S. 121).

Das Einfühlungsvermögen des Menschen 9.0 würde hier noch einmal eine enorme Steigerung erfahren. Die korallene Stufe beinhaltet unbegrenzte Akzeptanz gegenüber allen Lebensformen (vgl. Küstenmacher/Haberer/Küstenmacher 2011, S. 222).

„Koralle wird in dem Wissen leben, dass es in Wirklichkeit keine Grenzen gibt, die nicht durch Gedanken, Gefühle, Worte oder Taten erzeugt werden" (Küstenmacher/Haberer/Küstenmacher 2011, S. 222).

Dieser Zustand wird auch geprägt durch die höchst intuitive, flexible und fließende Beziehung zu Erfahrungen und Phänomenen. Ganzheiten werden wahrgenommen, ohne dass ein Individuum sie verbinden muss. Auch die Zeitskala wird in diesem Zustand als sehr elastisch empfunden. Man ruht im Kosmos, im natürlichen Fluss der Welt (vgl. Wilber 2013, S. 131).

Dieses Modell ist ein Wachstumsmodell. Veränderung und Weiterentwicklung ist die Voraussetzung dafür. Hoffnung machen und Energien zu wecken, die in einem schlummern, sind ebenso wichtige Bestandteile des Spiralmodells. Menschen sind im ständigen Wandel, gleich wie die Natur, die uns andauernd umgibt. Darin besteht die eigentliche Identität (vgl. Küstenmacher/Haberer/Küstenmacher 2011, S. 292-294).

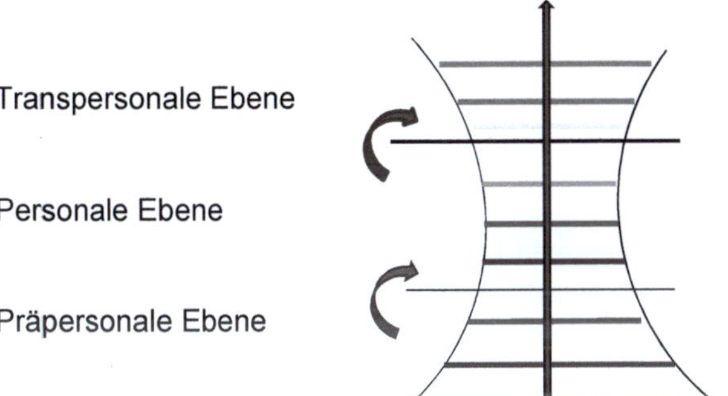


Abbildung 11: vertikale Entwicklung des Bewusstseins

Alle diese verschiedenen Entwicklungsebenen sind innerhalb ihres Wirkungsspektrums und ihrer Grenzen angemessen und berechtigt (vgl. Fuhr/Gremmler-Fuhr 2004, S. 57). Jede nachfolgende Ebene schließt die vorangegangene mit ein und kann auf ihre Ressourcen ebenfalls zurückgreifen. Die unterschiedlichen Entwicklungsmöglichkeiten der Menschen bedingen also eine Vielfalt an Entwicklungsebenen. Deshalb wird aus einer integralen Sichtweise heraus jede einzelne Ebene gewürdigt. Gesundheit und Harmonie der gesamten Entwicklungsspirale stehen im Vordergrund, ebenso das Recht jedes Einzelnen, sich aus seinen Möglichkeiten heraus zu entwickeln, und die Akzeptanz der Grenzen, sowohl der eigenen als auch der der anderen (vgl. Fuhr/Gremmler-Fuhr 2004, S. 57).

Damit eine Entwicklung überhaupt stattfinden kann, ist es notwendig, in seinem Leben präsent und zentriert zu sein. Situationen und Tätigkeiten müssen ganz bewusst wahrgenommen werden können. Der Körper sollte wieder durch Achtsamkeit als Instrument für den Lern- und Entwicklungsprozess Bedeutung erlangen (vgl. Michaelis/Mikula 2007, S. 198). Hierbei kann Breema®-Körperarbeit eine besondere Unterstützung anbieten.

## Bewusstseinszustände

Jeder Mensch hat drei Hauptzustände seines Bewusstseins. Wachen, Träumen und traumlosen Tiefschlaf. Diese Zustände kommen und gehen, und wir können sie nicht willentlich von einem Moment auf den anderen verändern. Darüber hinaus gibt es noch phänomenologische Bewusstseinsänderungen. Darunter fällt traurig, fröhlich, ernst, heiter usw. Diese können wir bedingt beeinflussen. Manchmal kommt einfach Fröhlichkeit, ohne dass wir dies wollen und manchmal entscheiden wir uns dafür. Man kann aber lernen seine Gefühle zu steuern und zu ändern. Dies ist mit etwas Übung relativ einfach, jedoch auch nicht in jeder Situation möglich. Aber man kann auf jeden Fall lernen aus einem schlechten Tag immer noch das Beste herauszuholen (vgl. Habecker 2007, S. 17f).

## Entwicklungslinien

Bis jetzt haben wir in der integralen Landkarte Bewusstseinszustände, die sich ständig verändern und Entwicklungsebenen, die erarbeitet werden müssen, aber dafür dauerhaft sind. Da das menschliche Leben aber sehr komplex ist, braucht es eine viel feinere Kartographierung.

Die Rede ist von Entwicklungslinien. Jeder Mensch hat andere Stärken und Schwächen. Manche besitzen ein sehr gut entwickeltes logisches Denken, aber haben dafür kaum einen Zugang zu den eigenen Gefühlen. Oder jemand ist kognitiv sehr weit fortgeschritten, hat aber kein moralisches Gewissen. Die Rede ist hier von multiplen Intelligenzen. Wilber unterteilt in sexuell, kognitiv, spirituell, emotional, moralisch uvm.. Diese können ganz unterschiedlich weit entwickelt sein, unabhängig auf welcher Entwicklungsebene sich jemand befindet. Wobei darauf hingewiesen werden muss, dass dies nicht unbedingt schlecht ist. Wichtig ist, sich seiner Stärken und Schwächen bewusst zu werden, um sie gezielt einsetzen zu können. (vgl. Wilber 2011, S. 20f). Nur durch Praxis kann es gelingen, eine einzelne Linie, z.B. emotionale Intelligenz, weiterzuentwickeln auf eine permanente höhere Stufe. Ansonsten sind Bewusstseinszustände wie Mitgefühl oder Liebe bloß Zufälle (vgl. Wilber 2011, S. 22).

**Typen**

Unabhängig von den Entwicklungsstufen, Entwicklungslinien und Zuständen gibt es noch unterschiedliche Typen. Zum Beispiel männlich und weiblich. Diese bleiben auch auf höheren Stufen erhalten.

Sowohl Frauen als auch Männer müssen mehrere Ebenen in der Entwicklung der moralischen Linie durchlaufen. Nur verläuft die Entwicklung bei beiden Typen unterschiedlich. Im konkreten Beispiel verwenden Frauen eine Logik, die auf Gemeinschaft, Fürsorge und Verantwortlichkeit beruht. Männer hingegen verwenden eine Logik der Gerechtigkeit, Autonomie und der Gesetze (vgl. Wilber 2011, S. 27). Beide gelangen jedoch letzten Endes auf die letzte Stufe der moralischen Entwicklung, die als integral bezeichnet wird, da sie sowohl die männlichen als auch die weilblichen Anteile völlig aufnehmen kann. Auch hier muss wieder erwähnt werden, dass kein Typ besser oder schlechter ist als ein anderer. (vgl. Wilber 2011, S. 28f.).

**Das Quadrantenmodell**

Dieses Modell nimmt eine besondere Stellung ein, wenn es darum geht, Weltphänomene integral zu begreifen. Alles hat seine Richtigkeit und seinen Platz. Eigene Konzepte können somit aus dem Ruder laufen, aber es ist nicht notwendig, Ärger darüber walten zu lassen. Das Andere, Fremde und das Selbst zu akzeptieren, ist dabei eine große Hilfe (vgl. Michaelis/Mikula 2007, S. 95).

Ken Wilber beschreibt das Quadrantenmodell auch als untrennbare Einheit. Die vier Dimensionen gehören zusammen, keine Innerlichkeit gibt es ohne eine Äußerlichkeit und kein Singular ohne einen Plural (vgl. Weinreich 2005, S. 51 zit. n. Wilber 2004).

*„Diese vier Ecken des Kosmos sind offensichtlich sehr grundlegende Wirklichkeiten"* (Wilber, 2011, S. 107).

Diesen Zusammenhang aller vier Dimensionen gilt es auch für die Wissenschaft zu berücksichtigen. Unabhängig von welchem Schwerpunkt, jeder muss sich der anderen drei Quadranten bewusst sein (vgl. Weinreich 2005, S. 57).

Diese Sichtweise teilen auch einige der Befragten, zum Beispiel:

*„(…) vor allem hinsichtlich der Ganzheitlichkeit… auf die Quadranten zu achten… und nicht auf eine Methode alleine hin zu fokussieren… darauf hinzuschauen, was gibt es noch… was gibt's noch für Ansätze… eben die Perspektiven zu erweitern… und wirklich was Neues genießen (…). (…) so eine Art Work-Life-Balance… also eben auch Selfcare… und so… inwieweit ich das auch in mein Leben besser einbringen kann… und eben wie kann man Leben ohne Burn-out… ein qualitätsvolles Leben haben und wirklich das ist die Kunst, das alles in den Alltag zu integrieren…"* (Interview 12).

Besonders als Pädagoge oder Pädagogin sollte man sich mit diesem Modell befassen, weshalb folgende wichtige Verknüpfungen und Überlegungen aufgezeigt werden:

Abbildung 2: Quadrantenmodell nach Ken Wilber, http://integralesleben.org/, 23.6.2014.

*Der obere linke Quadrant oder*
*die individuelle Innenperspektive (I-IP)*

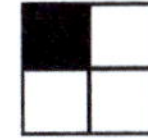

In diesem Quadranten ist alles abhängig von der individuellen Anschauung. Empfindungen, Gefühle, Impulse etc. sind hier angesiedelt. Das Innenleben jedes bewussten Individuums mit seinem zielgerichteten und fühlenden Wesen gepaart mit seinem Selbstgefühl bildet hier die Grundlage für vieles weitere. Was passiert da drinnen? Erschöpfung nach einem langen Tag. Freude beim Anblick der Enkelkinder. Außer einem selbst ist es niemandem möglich, eine Antwort darauf zu geben. Das Innere ist und bleibt für andere Menschen unsichtbar (vgl. Wilber 2013, S. 54-56).

Die Selbsterforschung und Selbstwahrnehmung stehen hier im Mittelpunkt, daher ist dies auch der Ort der Selbstreflexion. Breema®, Theaterarbeit oder Gestaltpädagogik sind Arbeitsweisen, die das Individuum in seiner Selbsterforschung und Entwicklung unterstützen (vgl. Michaelis/Mikula 2007, S. 97).

Auf der linken Seite befinden sich subjektive innere Gewahrwerdungen. Sie haben mit dem Inneren zu tun, mit der inneren Tiefe, dem Bewusstsein jedes Menschen (vgl. Wilber 2011, S. 108-109).

Die pädagogische Aufgabe besteht darin, Bewusstseinsprozesse zu schaffen. Durch diese Erfahrungen und Erkenntnisse entsteht das Selbstwertgefühl ebenso wie Wahrhaftigkeit, Authentizität, Aufrichtigkeit und Integrität (vgl. Michaelis/Suntinger 2010, S. 112).

*Der obere rechte Quadrant oder*
*die individuelle Außenperspektive (I-AP)*

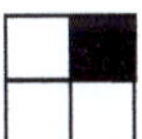

Diesen Quadranten kennt man besonders gut, denn dieser stammt aus der objektiven, wissenschaftlichen Standard-Landkarte (vgl. Wilber, 2011, S. 109).

Die Differenzierung des menschlichen Verhaltens wird hier ermöglicht, wodurch eine gewisse Form der Objektivität und Vergleichbarkeit entsteht. Im Vordergrund stehen der Wissenserwerb und empirisch-naturwissenschaftliche Messverfahren, die nachweisbar überprüfte Ergebnisse bringen (vgl. Michaelis/Mikula 2007, S. 97).

Ebenso vermittelt uns die I-AP auch eine bestimmte „Dinghaftigkeit". Den Raum des „Es" kann man sehen, tasten, berühren, schmecken, hören und benennen. Auch das physische Verhalten, also die Bewegung mit bzw. durch unseren Körper, ist in diesem Quadranten anzusiedeln. Wie bewegt man sich gegenüber anderen, wie findet die nonverbale Kommunikation statt (vgl. Wilber 2013, S. 58-60).

Hier ist es wichtig, Lernprozesse zu fördern und eine angemessene Lernumgebung zu bieten. Die sachliche Ebene wird hier großzügig abgedeckt. Eine kleinere Rolle spielen in diesem Quadranten das Verstehen und der Transfer von Wissen. Daher ist es unbedingt von Nöten, ständig in Verbindung mit den anderen drei Quadranten zu sein (vgl. Michaelis/Suntinger 2010, S. 115).

*Der untere linke Quadrant oder* 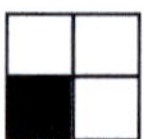
*die kollektive Innenperspektive (K-IP)*

Hier wirken oft stillschweigende oder auch deutlich gekennzeichnete Übereinkünfte in der Familie, der Schule oder an der Arbeitsstätte. Rollenbilder, Wertvorstellungen etc. entfalten ihre Wirkung oft unbewusst bei den Menschen (vgl. Michaelis/Mikula 2007, S. 97-98).

In diesem Quadranten befinden sich alle inneren Bedeutungen, Werte und Identitäten, die wir mit Gemeinschaften, Volksgemeinschaften, Weltgemeinschaften gemeinsam haben. Also beschreibt er eine „kollektive Weltsicht" (vgl. Wilber 2011, S. 110-111).

Besonders wenn es um das „Wir" geht, wird er verwendet. Es entsteht immer dann, wenn Menschen anderen Menschen Beachtung und Anerkennung schenken, vor allem, wenn sie kommunizieren und gemeinsame Ideen vertreten. Diese Verbindung wird durch Emotionen wie zum Beispiel Wünsche, Enttäuschungen, Visionen geprägt. Auch im K-IP gibt es unterschiedliche Räume des „Wir": das Umwelt-Wir, das Familien-Wir, das Hobby-Wir usw. Jeder Raum hat für sich ganz besondere Beziehungen und Verflechtungen, die jeder Mensch wiederum ganz anders wahrnimmt.

Die Kommunikation zwischen den Individuen wird schon zu oft als etwas Selbstverständliches betrachtet, dabei ist die Verbindung zwischen zwei oder mehreren Personen ein unglaubliches Ereignis (vgl. Wilber 2013, S. 56-58).

An dieser Stelle ist eine ethisch-moralische Bildung von großer Bedeutung, wodurch es möglich ist, Sinnfindungsprozesse anzuregen. Erfahrungen und Erlebnisse anzubieten, ist bereits im Kindesalter ein absolutes Muss, denn nur so ist es dem Menschen möglich, gegenseitiges Verständnis und einen Gerechtigkeitssinn zu entwickeln (vgl. Michaelis/Suntinger 2010, S. 118).

*Der untere rechte Quadrant oder die kollektive Außenperspektive (K-AP)* 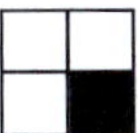

Der Schwerpunkt dieses Quadranten liegt auf äußeren, materiellen, institutionellen Formen der Gemeinschaft. Er zeigt eine materielle Weltansicht auf (vgl. Wilber 2011, S. 110).

Wie funktionieren Systeme? Äußeres und sichtbares Verhalten von Systemen nimmt hier einen bedeutenden Platz ein. Durch Beobachtung kann es gelingen, neue Erkenntnisse zu finden und danach auch in einen neuen Kontext umzusetzen (vgl. Michaelis/Mikula 2007, S. 98).

Es ist unwichtig, in welcher Situation man sich gerade befindet. Man ist stets umgeben von äußeren Dingen, wie zum Beispiel anderen Organismen, Städten, geografischen Formationen, wie Flüssen, Bergen, Seen. Wenn das Bewusstsein, nämlich ein Teil dieser ganzen unterschiedlichen Systeme zu sein, in den Vordergrund rückt, dann wird sich auch das Gefühl der gegenseitigen Verbundenheit rasch einstellen (vgl. Wilber 2013, S. 60-61).

Sozial- und gemeinschaftsorientierte Bildung muss einen fixen Bestandteil in der Bildungsarbeit einnehmen, um somit auch Transferprozesse möglich zu machen. Die dadurch resultierende Kooperationsfähigkeit trägt zu funktionierenden sozialen Systemen bei (vgl. Michaelis/Suntinger 2010, S. 121).

## Zurück zum Anfang

Schon seit Anbeginn der philosophischen und theologischen Darstellungen existieren pädagogische Gedanken. Natürlich nicht in der Form, wie die Menschheit sie heute kennt, nämlich die Pädagogik als Reflexion der Erziehung. Diese Trennung von anderen Formen kultureller Tätigkeiten fand erst relativ spät statt. Auch der Begriff „Pädagogik" ist ein Begriff der Neuzeit, es ist kein Vokabular der damaligen Zeit. Ebenso gab es keine spezifischen „pädagogischen Berufe"; jeder Mensch erzog seine Kinder, aber nicht unter besonderen

Formen, wie zum Beispiel einer pädagogischen Institution (vgl. Musolff/Hellekamps 2006, S. 5-6).

### Einblick in die historische Entwicklung

Grundsätzlich kann man in der Humanistischen Pädagogik zwischen folgenden Hauptbewegungen unterscheiden:

❖ Reformpädagogische Bewegung

Der sich selbst erziehende, schöpferische Mensch in einer demokratischen Gesellschaft ist der Mittelpunkt jener Bewegung.

❖ Humanistische Psychologie

Jene Menschen, die sich selbst erleben, ihrem Leben persönliche Bedeutung verleihen und sich in der Beziehung zu sich selbst und zu anderen Menschen und Gruppen verwirklichen.

❖ Integrative Therapie und Pädagogik

Der Kontakt mit inneren und äußeren Wirklichkeiten steht hier im Mittelpunkt.

❖ Weiterentwicklung der Humanistischen Psychologie zu einer transpersonalen oder integralen Psychologie

Im Mittelpunkt steht der Versuch einer Vermittlung zwischen den empirischen Wissenschaften und den Geisteswissenschaften.

❖ Ansätze aus der Dritten Welt (vgl. Dauber, 2009, S. 67-68)

Schon Kant (1724-1804) stellte sich die Frage:

*„Kann der Mensch seine Freiheit so gebrauchen, dass er sein Leben moralisch gut (Autonomie) führt und sich in seinem Denken und Handeln nur von Dingen leiten lässt, die er selbst als richtig erkannt hat (Mündigkeit)?"* (Dörpinghaus/Poenitsch/Wigger 2009, S. 54).

Dieses Gedankengut begleitete die Epoche der Aufklärung bis hinein ins 19. Jahrhundert. Ist diese Mündigkeit und Autonomie heutzutage noch möglich?

Auch Dilthey (1833-1911) beeinflusste die Pädagogik in großem Maße.

*„Vollkommenheit, Glück und Entfaltung des Menschen sowie seine Selbstverortung in der Geschichte bilden den eigentlichen und allgemeinen Zweck der Pädagogik und aller ihrer Institutionen"* (Musolff/Hellekamps 2006, S. 145).

Schon in frühen Jahrhunderten war es also im Bewusstsein des Menschen verankert, wie wichtig Vollkommenheit, Glück und die Entfaltung des Menschen ist. Wie entwickelte es sich nach den Weltkriegen weiter?

PädagogInnen und LehrerInnen in der heutigen Gesellschaft arbeiten mit einer doppelten Tradition. Auf einer Seite mit der humanistischen Psychologie und auf der anderen Seite hat die durch die Nazis verdrängte Tradition der Reformpädagogik wieder Anklang in der heutigen Zeit gefunden (vgl. Dauber 2009, S. 68).

Die Montessori-Pädagogik und die Waldorf-Pädagogik entwickelte sich schon vor den Weltkriegen. Doch bis es tatsächlich zur Anerkennung und Anwendung kam, vergingen Jahrzehnte. Erst 1952, als Maria Montessori starb, hatte ihre Pädagogik Anklang in der ganzen Welt gefunden. Ähnlich erging es Rudolf Steiner, dem Begründer der Waldorf- Pädagogik. Er begründete die Anthroposophie, die Lehre über den Menschen und seine besonderen Fähigkeiten, geistige und seelische, die die Grundlage seiner Pädagogik wurde (vgl. Hobmair, 2008, S. 414-435).

Auch Elsa Gindler war eine der frühen Entwicklerinnen der Atem- und Bewegungspädagogik; auch sie wurde von den Nazis vertrieben.

Dennoch kann diese „kleine Reformbewegung" auch als eine der „Großmütter" der heutigen Gestaltpädagogik und Gestalttherapie, atem-integrativer Leib- und Bewegungstherapie und weiteren verwandten Ansätzen bezeichnet werden (vgl. Dauber, 2009, S. 73-74).

Nach dem Zweiten Weltkrieg fanden nur wenige der vertriebenen PädagogInnen und SozialwissenschaftlerInnen den Weg nach Deutschland zurück. Durch die Vertreibung wurden viele von ihnen auf eine besondere Art politisiert: Sie stellten die Erforschung von demokratischen Prozessen in den Vordergrund. Diese neuen Entwicklungen wurden deshalb in den 1970er und 1980er in Deutschland anerkannt und bekannt (vgl. Dauber, 2009, S. 69), da viele Deutsche nach Amerika reisten, um dort von den Vertriebenen des Zweiten Weltkrieges zu lernen. Etwa in dieser Zeit entstand in Amerika auch das „Human Potential Movement" (vgl. ebd., S. 75).

Ebenso in den 1970er entwickelte sich eine zweite reformpädagogische Welle, die die Rechte der Kinder auf Selbstregulation ihrer Bedürfnisse in den

Vordergrund stellte. Gründungen von Kinderläden und freien Schulen waren zu dieser Zeit keine Seltenheit. Aus dieser Bewegung entstanden die ersten Bemühungen eines Konzeptes für Alternativschulen.

1972 entstanden erste Modellversuche von freien Schulen, zum Beispiel jene in Frankfurt als Privatschule (vgl. ebd., S. 77).

Pädagogische Veränderungen standen in der Epoche der Reformpädagogik an der Tagesordnung. Noch heute ist sie österreichweit richtungsweisend für viele Lehrmodelle, Methoden, Schulen und Kindergärten. Ein besonderes Kennzeichen der Reformpädagogik ist es eine Möglichkeit zu finden, menschlichere Schulformen und Unterrichtsformen zu entwickeln. Diese Suche ist auch heute noch nicht beendet.

Einen Bildungsprozess angstfrei zu erleben, steht im Mittelpunkt vieler Modelle der Reformpädagogik (http://www.eichelberger.at/, 30.11.2014).

Nach Nohl (1879-1960) hat jede pädagogische Bewegung drei Phasen:

> *„(…) die erste Phase ist immer die des Gegensatzes gegen eine veraltete Bildungsform. (…) Es folgt dann eine zweite Phase, die das, was hier für das einzelne aristokratische Individuum gewonnen wurde, betont. (…) Die allgemeine Formel für beide Phasen heißt: alle Kräfte wecken, und lebendig machen. (…) So setzt die dritte Phase ein. (…) Auch die pädagogische Bewegung unserer Generation ist jetzt in diese dritte Phase eingetreten, (…). Das Schlagwort dieser dritten Phase ist nicht mehr Persönlichkeit und Gemeinschaft, sondern, „Dienst", d. h. die tätige Hingabe an ein Objektives.*
> *(…) so hat aber die Erziehung doch die ewige Aufgabe, (…), denn ihr autonomes Ziel bleibt der Mensch, (…)"* (Musolff/Hellekamps 2006, S. 153).

Ebenso darf nicht vergessen werden, dass bis 1994 kein einziger offizieller Lehrstuhl einer Universität mit dem Schwerpunkt der humanistischen Psychologie/Pädagogik anzufinden war. Die Beschäftigung mit diesem Forschungsschwerpunkt war in der Regel nebenbei und lief meistens parallel zum Hauptprojekt. 1994 schlossen sich etliche ErziehungswisschenschaftlerInnen, die sich der humanistisch-ganzheitlichen Pädagogik verpflichtet fühlten, zusammen. Daraus entstand die Kommission „Humanistische Pädagogik und Psychologie" innerhalb der Deutschen Gesellschaft für Erziehungswissenschaft (vgl. Dauber 2009, S. 70).

Des weiteren entstanden Ende des zwanzigsten Jahrhunderts in Deutschland Ausbildungsinstitute der verschiedenen Richtungen humanistischer Psychologie und Psychotherapie: Gestalttherapie, Integrative Leib- und Bewegungstherapie, Psychodrama, Themenzentrierte Interaktion und Personenzentrierte Gesprächspsychotherapie, sind an dieser Stelle als die wichtigsten zu erwähnen (vgl. Dauber 2009, S. 80).

*„Man darf sich allerdings nicht vorstellen, dass das Bildungssystem in Preußen, Bayern und anderen Ländern mit einem Male geschaffen worden wäre"* (Dörpinghaus/Poenitsch/Wigger 2009, S. 95).

Im 21. Jahrhundert greifen viele Bildungs- und Erziehungskonzepte auf reformpädagogische Anstöße, die sich bereits in den Anfängen des zwanzigsten Jahrhunderts entwickelt haben, zurück. Sie versuchen damit auf die aktuellen Herausforderungen angemessen zu reagieren (vgl. ebd., S. 70).

**Historische Entwicklung der integralen Pädagogik**

Die Entwicklung der integralen Pädagogik ist an dieser Stelle besonders hervorzuheben.

Ausgehend von den Konzepten und Ansätzen von Ken Wilber, einem amerikanischen Philosophen und Wissenschaftshistoriker, wurde ein integraler Gestaltansatz von Reinhard Fuhr und Martina Gremmler-Fuhr entwickelt. Des Weiteren wurde daraus ein integraler Ansatz für pädagogische Praxisentwicklung und Forschung von Reinhard Fuhr und Heinrich Dauber ausgearbeitet (vgl. Fuhr/Dauber 2002, zit. n. Dauber 2009, S. 81).

Besonders im Vordergrund standen die Überwindung der traditionellen Spaltung zwischen „Theorie und Praxis", sowie qualitative und quantitative Forschungsmethoden.

*„Als historische Vorbilder dienten uns der brasilianische Pädagoge Paulo Freire und der polnische Pädagoge und Pädaloge Janusz Korczak"* (Dauber 2009. S. 81).

Noch in der heutigen Gesellschaft ist es besonders schwierig die Theorie mit der Praxis zu vereinen. Qualitative und quantitative Forschungsmethoden dienen kaum dazu sich gegenseitig zu ergänzen, eher dazu, um Forschungsfelder besser voneinander abzugrenzen (vgl. Dauber 2009, S. 81).

„Integrale Forschung bedeutet dann den sich ständig weiterentwickelnden Prozess der praktischen Handlungsentwicklung und deren reflexiver Durchdringung" (Dauber/Kandemiri/u.a. 1998, zit. n. Dauber 2009, S. 81).

Die integrale Forschung ist für die Bildungsarbeit mit Kindern, Jugendlichen und Erwachsenen unumgänglich, denn nur so gelingt es Verknüpfungen zwischen Forscher, Forschung und der Menschheit herzustellen.

*„Dieser Prozess bezieht die Person des Forschers, seinen Verstand ebenso wie seine Empfindungen, Gefühle, Intuitionen und Vorurteile mit ein. Pädagogische Praxis wiederum wird dabei zu einem Forschungsprozess, der zu neuen und kritischen Fragen und Sichtweisen der Wirklichkeit sowie zu neuartigen Erkenntnissen führt: „Pädagogische Praxis nimmt auf diese Weise eine generative Qualität an. Im Zentrum einer „befreienden" Bildungsarbeit steht kritische Bewusstseinsbildung"* (Dauber 2009, S. 82).

Schon vor 150 Jahren war es Rudolf Steiner bewusst, welche Bedeutung die ganzheitliche Lehre hat und wie wichtig das ganzheitliche Lernen ist. Nur so schafft man es das Kind dort abzuholen, wo es sich befindet und auf seine Bedürfnisse einzugehen.

Die integrale Pädagogik schafft es die verschiedensten Ansätze (Montessori, Waldorf, Pestalozzi etc.) zu vereinen und Modelle zu erarbeiten, die Bildung der Kinder somit enorm zu bereichern. Die Lehre nach Pestalozzi, nämlich mit Herz, Kopf und Hand, steht dabei im Mittelpunkt der integralen Bildungsarbeit, denn nur durch die gleichmäßige Verwendung aller drei Ressourcen wird Harmonie entstehen (vgl. Dhanani 2012, S. 63).

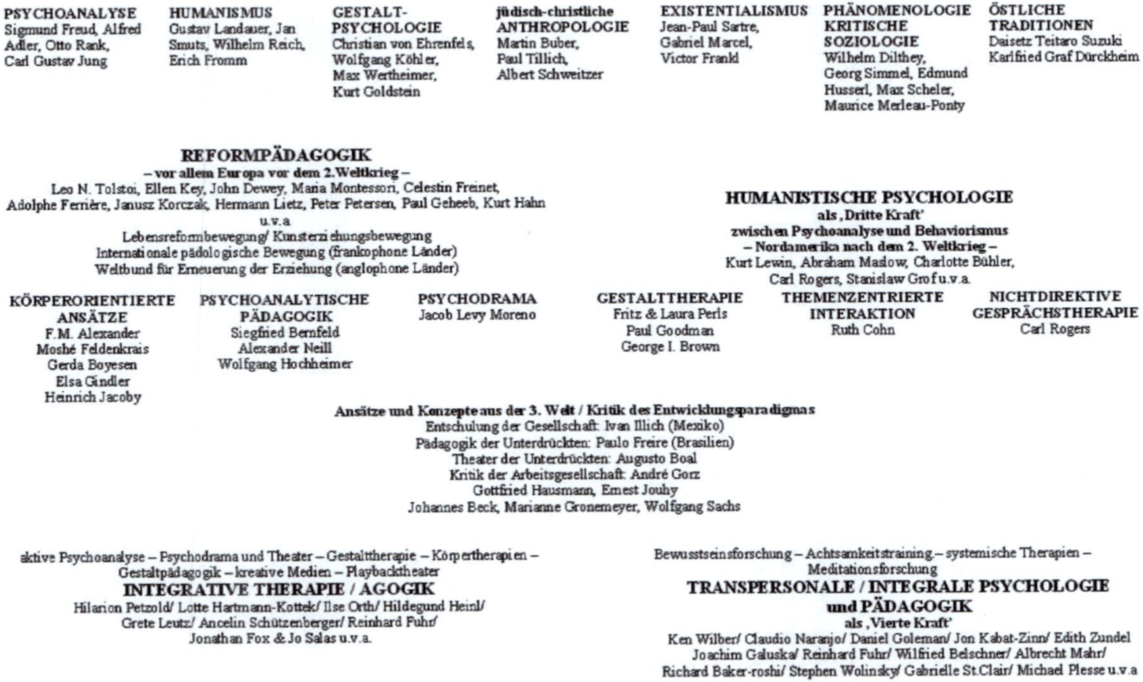

**PSYCHOANALYSE**
Sigmund Freud, Alfred Adler, Otto Rank, Carl Gustav Jung

**HUMANISMUS**
Gustav Landauer, Jan Smuts, Wilhelm Reich, Erich Fromm

**GESTALT-PSYCHOLOGIE**
Christian von Ehrenfels, Wolfgang Köhler, Max Wertheimer, Kurt Goldstein

**jüdisch-christliche ANTHROPOLOGIE**
Martin Buber, Paul Tillich, Albert Schweitzer

**EXISTENTIALISMUS**
Jean-Paul Sartre, Gabriel Marcel, Victor Frankl

**PHÄNOMENOLOGIE KRITISCHE SOZIOLOGIE**
Wilhelm Dilthey, Georg Simmel, Edmund Husserl, Max Scheler, Maurice Merleau-Ponty

**ÖSTLICHE TRADITIONEN**
Daisetz Teitaro Suzuki Karlfried Graf Dürckheim

**REFORMPÄDAGOGIK**
– vor allem Europa vor dem 2.Weltkrieg –
Leo N. Tolstoi, Ellen Key, John Dewey, Maria Montessori, Celestin Freinet, Adolphe Ferrière, Janusz Korczak, Hermann Lietz, Peter Petersen, Paul Geheeb, Kurt Hahn
u.v.a
Lebensreformbewegung/ Kunsterziehungsbewegung
Internationale pädologische Bewegung (frankophone Länder)
Weltbund für Erneuerung der Erziehung (anglophone Länder)

**HUMANISTISCHE PSYCHOLOGIE**
als ,Dritte Kraft'
zwischen Psychoanalyse und Behaviorismus
– Nordamerika nach dem 2. Weltkrieg –
Kurt Lewin, Abraham Maslow, Charlotte Bühler, Carl Rogers, Stanislaw Grof u.v.a.

**KÖRPERORIENTIERTE ANSÄTZE**
F.M. Alexander
Moshé Feldenkrais
Gerda Boyesen
Elsa Gindler
Heinrich Jacoby

**PSYCHOANALYTISCHE PÄDAGOGIK**
Siegfried Bernfeld
Alexander Neill
Wolfgang Hochheimer

**PSYCHODRAMA**
Jacob Levy Moreno

**GESTALTTHERAPIE**
Fritz & Laura Perls
Paul Goodman
George I. Brown

**THEMENZENTRIERTE INTERAKTION**
Ruth Cohn

**NICHTDIREKTIVE GESPRÄCHSTHERAPIE**
Carl Rogers

Ansätze und Konzepte aus der 3. Welt / Kritik des Entwicklungsparadigmas
Entschulung der Gesellschaft: Ivan Illich (Mexiko)
Pädagogik der Unterdrückten: Paulo Freire (Brasilien)
Theater der Unterdrückten: Augusto Boal
Kritik der Arbeitsgesellschaft: André Gorz
Gottfried Hausmann, Ernest Jouhy
Johannes Beck, Marianne Gronemeyer, Wolfgang Sachs

aktive Psychoanalyse – Psychodrama und Theater – Gestalttherapie – Körpertherapien – Gestaltpädagogik – kreative Medien – Playbacktheater
**INTEGRATIVE THERAPIE / AGOGIK**
Hilarion Petzold/ Lotte Hartmann-Kottek/ Ilse Orth/ Hildegund Heinl/ Grete Leutz/ Ancelin Schützenberger/ Reinhard Fuhr/ Jonathan Fox & Jo Salas u.v.a.

Bewusstseinsforschung – Achtsamkeitstraining – systemische Therapien – Meditationsforschung
**TRANSPERSONALE / INTEGRALE PSYCHOLOGIE und PÄDAGOGIK**
als ,Vierte Kraft'
Ken Wilber/ Claudio Naranjo/ Daniel Goleman/ Jon Kabat-Zinn/ Edith Zundel Joachim Galuska/ Reinhard Fuhr/ Wilfried Belschner/ Albrecht Mahr/ Richard Baker-roshi/ Stephen Wolinsky/ Gabrielle St.Clair/ Michael Plesse u.v.a

Abbildung 3: Traditionslinien und Querverbindungen Humanistischer Pädagogik und Psycho-logie, Dauber, http://www.heinrichdauber.de/, 8.5.2014.

**Wichtige Grundbegriffe**

Auch die Definitionen wichtiger bildungswissenschaftlicher Grundbegriffe sollen zum besseren Verständnis dieser Arbeit dienen und ein besseres Verständnis für die Verknüpfung zwischen integraler Bildung und der Bildung aus gesellschaftlicher Sicht bewirken:

### *Pädagogisches Handeln*

*„Das Nachdenken, das durch Modernisierungsprozesse im Zuge der Ausdifferenzierung spezifischer Rationalitäten möglich ist"* (Hörster, 2004, S. 35).

Pädagogisches Handeln orientiert sich an der Entwicklung der zu Erziehenden. Trotzdem hat das pädagogische Handeln, so wie jede andere Handlung auch, eine zeitliche Struktur. Dieser Umgang stellt sich als methodisches Problem des pädagogischen Handelns heraus. Strategien zu entwickeln, um so sein vollendetes Handeln zu visualisieren, ist eine Möglichkeit damit umzugehen. Es ist ein Wagnis, das pädagogische Handeln selbst an der Strategie zu messen und zu bewerten. Dies stets zu bedenken ist für das pädagogische Handeln unumgänglich (vgl. Hörster, 2004, S. 38-40).

Ein wichtiger Teil dieser Arbeit zielt auf den Begriff der **Erziehung** ab:

*„Die geplante Beeinflussung Heranwachsender"* (Helsper, 2004, S. 80).

In der heutigen Zeit gilt der Begriff Erziehung als umstritten, denn zu allererst kommen Erinnerungen zu Tage, die die eigenen Erfahrungen - seien sie positiv oder negativ - in den Vordergrund rücken. Deshalb ist es besonders schwierig, an dieser Stelle objektiv und vorurteilsfrei zu handeln. Dennoch ist die Erziehung unumgänglich, ob in der Familie oder darauffolgend in einem institutionellen Rahmen. Der kulturelle und soziale Wandel, welcher die Auflösung und Veränderung soziokultureller und moralischer Werte bedingt, trägt dazu bei, dass professionelle ErzieherInnen - besonders aber Eltern - eine tiefe Verunsicherung spüren. Gesellschaftliche Ansprüche hingegen scheinen immer größer und komplexer zu werden (vgl. Winkler, 2004, S. 57-59).

Diese Situation sollte daher anregen darüber nachzudenken, welche Vorstellungen und Maßstäbe für die Arbeit zwischen Subjekten gelten sollten.

Ist es an der Zeit, auf eine radikale und neue Art und Weise die Erziehung zu modernisieren? (vgl. Winkler, 2004, S. 75-76).

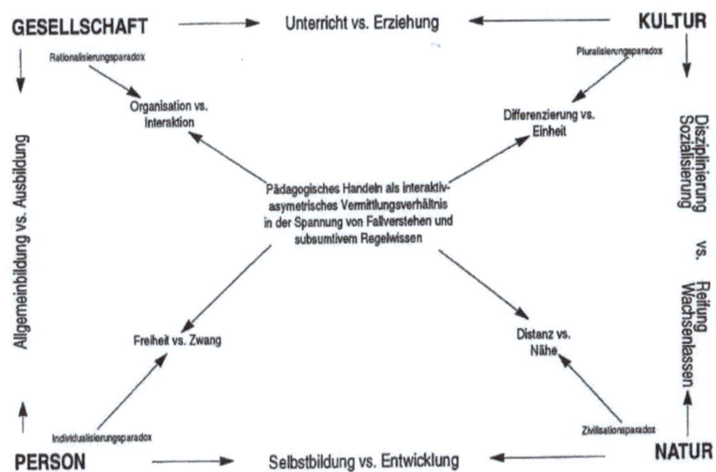



Abbildung 4: Schema der Antinomien pädagogischen Handelns (Helsper, 2004, S. 31).

Einen besonderen Stellenwert erhält auch der Begriff der **Sozialisation.**

Der Begriff der Sozialisation ist umfassender als jener der Erziehung. Sozialisation steht für:

> „(…) die Auswirkungen, die von sozialen, personalen und gegenständlichen Umwelten auf die Person ausgehen, etwa auch für die „unerwünschten Wirkungen" von Erziehungsinstitutionen" (Luhmann 1987, zit. n. Helsper, 2004, S. 80).

Die Sozialisation dient nicht nur *„der Übertragung der moralischen-normativen Ordnung auf Personen"* (Fend 1969, zit. n. Helsper, 2004, S. 80), sondern auch zur Entwicklung der individuellen Lebensgeschichte. Dadurch erlangt die Sozialisation eine erneuernde Bedeutung (vgl. Helsper 2004, S. 80).

> „Sozialisation bezeichnet den Gesamtzusammenhang der kognitiven, sprachlichen, emotionalen und motivationalen Entstehung und lebenslangen Veränderung der Person im Rahmen sozialer, interaktiver und gegenständlicher Einflüsse" (Helsper, 2004, S. 80).

### *Lernen*

ist ein sehr vieldeutiger Begriff, da er einen großen Gebrauch im Alltagsleben hat. Daher ist es für die Wissenschaft kaum möglich auch nur annähernd eine Definition zu finden, die alle bewussten und unbewussten, von außen oder von innen kommenden Prozesse berücksichtigen und inkludieren kann.

Lernen zu lernen ist eine der Hauptaufgaben des Lebens an sich und dabei gibt es viele Varianten dieses zu schaffen, zum Beispiel: Leben heißt lernen, lernen aus Erfahrung, lernen durch Gewöhnung oder eben auch die bewusste Entscheidung, etwas zu lernen (vgl. Treml/ Becker, 2004, S. 103).

Ein Versuch einer Definition wäre:

> *„(…) Lernen als Sammelname für nicht unmittelbar zu beobachtende Vorgänge im Organismus, vor allem im Gehirn, zu bezeichnen, die durch Erfahrung entstanden sind und zu relativ dauerhaften Veränderungen im Verhalten führen können"* (Treml/ Becker, 2004, S. 107).

An dieser Stelle möchte ich nicht verabsäumen den Begriff der

### *Bildung*

zu erwähnen und besonders hervorzuheben. Schon Adorno sagte,

> „(…) dass Bildung zu einer Halbbildung verkommt… Schwäche zur Zeit, zur Erinnerung, durch welche allein jene Synthesis des Erfahrenen im Bewußtsein geriet, welche einmal Bildung meinte. Halbbildung zeichnet sich aus durch die punktuelle, unverbundene, auswechselbare und ephemere Informiertheit, der schon anzumerken ist, daß sie im nächsten Augenblick durch andere Informationen weggewischt wird" (Adorno 1975, S. 88, zit. n. Hörster, 2004, S. 50).

Aufgrund von neuen Entwicklungen der Gesellschaft entstanden Disziplinierungsmittel, die sich in vielen Bereichen der beruflichen Sozialisation, der medialen Überformung oder der Neuordnung des familiären wie gesellschaftlichen Zusammenlebens und ebenso der Pädagogisierung des Alltags - als Beispiele dafür - etabliert haben.

Die Pädagogik passte sich diesen Gegebenheiten an. Dabei entstanden nicht nur lebensunterstützende Entwürfe, sondern ebenso Entwürfe, die sich als lebensfern, lebensfeindlich oder gar lebensuntauglich erwiesen (vgl. Nießeler, 2005, S. 7).

Inzwischen ist das Hauptproblem aber nicht jenes, *„dass Bildung nicht lebenstauglich ist und nicht lebenstauglich macht"* (Nießeler, 2005, S. 8), sondern immer mehr die Gedanken Anklang finden, dass Bildung die Aufgabe hat, nur auf das berufliche Leben vorzubereiten. Daher rückt das Problem der fehlenden und kaum noch thematisierten Lebenspraxis in den Vordergrund.

Denn in einem Bildungssystem, das die Disziplin des Lernens als Hauptbestandteil integriert hat, wird sie kaum noch als erwähnenswert betrachtet. Die drohende Deformation der Bildung, bzw. die Deformation des Nachdenkens über Bildung sollte für uns alle im Mittelpunkt unserer Betrachtungsweisen stehen (vgl. Nießeler, 2005, S. 8-9).

Auch die Teilnehmerinnen des Seminars sind sich dieser wachsenden Gefahr bewusst, zum Beispiel:

> *„(…) ein Schulabschluss hat noch lange nichts mit Bildung zu tun…(…). (…) da sitzen jetzt so viel junge Leute… die an und für sich unter Anführungszeichen gebildet sind, ja,… aber genauso zumachen, dass keine Möglichkeit da rein zu dringen gibt, wenns nicht wollen…"* (Interview 7).

Auch der internationale Vergleich der europäischen Bildungssysteme von Barbara Friehs, zeigt, dass „70% sowohl der deutschen als auch der österreichischen und französischen Lehrer den Stellenwert des Konzeptes des „gebildeten Menschen" als Leitprinzip für Lehrpläne und Unterrichtsgestaltung im eigenen Schulsystem als hoch erachten" (Friehs, 2008, S. 58).

„Welchen Stellenwert hat Ihrer Meinung nach das Konzept des "gebildeten Menschen" als Leitprinzip für Lehrpläne und Unterrichtsgestaltung in Ihrem eigenen Schulsystem?"

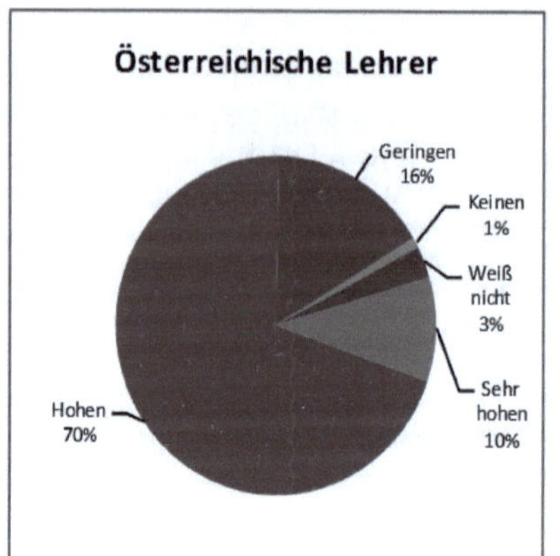


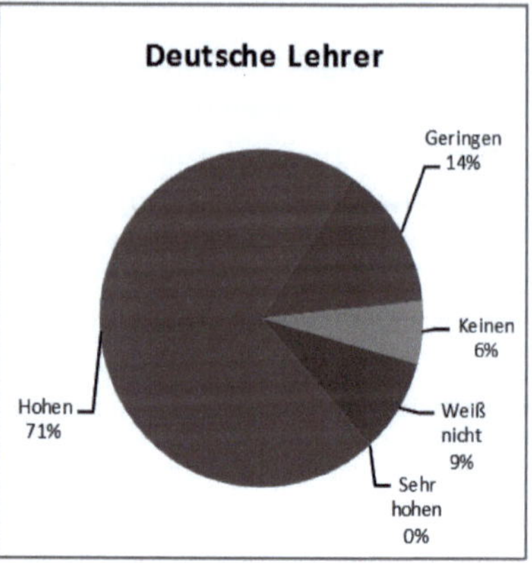


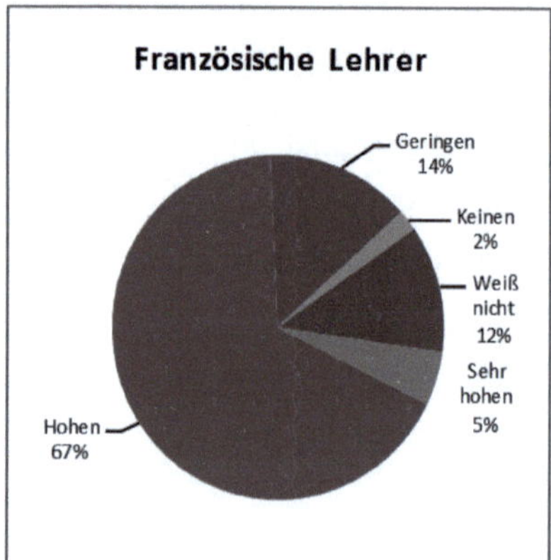


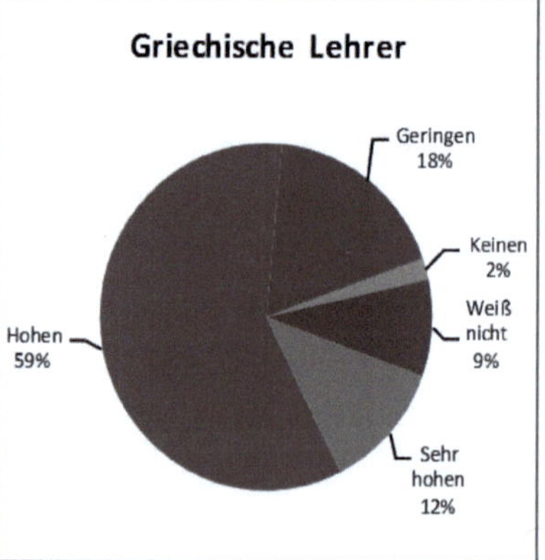


Abbildung 5: Fragebogenergebnisse (nach Friehs 2008, S. 59).

Die Schlüsselprobleme, um sie an dieser Stelle zu konkretisieren, so wie sie Klafki bezeichnet, sind in unserer heutigen Gesellschaft folgende:

*„… die Friedensfrage und das Ost-West-Verhältnis, die Umweltfrage, Möglichkeiten und Gefahren des naturwissenschaftlichen, technischen und ökonomisch-gesellschaftlich-politischen Bedeutung und in ihrer Bedeutung für die individuelle und soziale Identität des einzelnen, Arbeit und Freizeit, das Verhältnis der Generationen zueinander, Deutsche und Ausländer in Deutschland, Möglichkeiten und Problematik der Massenmedien und ihre Wirkung"* (Friehs, 2008, S. 60).

Dieser Katalog ist durchaus weiter ausführbar, die meisten Lehrer sehen auch ihre Aufgaben darin, die Schüler und Studenten für diese „Schlüsselprobleme" zu sensibilisieren. Bei der Befragung der Lehrer im internationalen Vergleich kristallisierten sich noch einige interessante Ergänzungen heraus:

> „…Verantwortungsbewusstsein für die Mitmenschen und sich selbst gegenüber, Kommunikation, Umwelt, Umgang mit Ausländern und Minderheiten und interkulturelle Bildung und Erziehung" (Friehs, 2008, S. 60).

Aber nicht nur die „Ausbildung" sollte der Meinung einiger Lehrer nach im Vordergrund stehen, sondern auch die **„Herzensbildung"**. Rund 7% der griechischen und 5% der deutschen und der österreichischen Lehrer schreiben dieser Bildung Bedeutung zu (vgl. Friehs, 2008, S. 60).

Zusammenfassend ist an dieser Stelle zu erwähnen, dass die Bildungsfrage und Diskussion erst begonnen hat. Unterschiedliche Theorien und Zugänge, gesellschaftliche Entwicklungen und Ansprüche zeigen unterschiedliche Umgänge und Wege. Daraus ist zu schließen, dass wir nie eine letztgültige Theorie der Bildung finden werden (Dörpinghaus/Poenitsch/Wigger, 2009, S. 148-149).

Dennoch scheint mir dieser Versuch der **Definition der Bildung** als sehr gelungen:

> „Nach Humboldt können nur solche Tätigkeiten bildend wirken ‚die eine Hinwendung zu Fremdem, noch Unbekanntem so gestatten, daß wir uns selbst fremd werden und Neues so lernen, daß von dem Neu- Erfahrenen Anregungen zu fortschreitender Entfremdung und Weltaneignung ausgehen können" (Benner 1990, zit. n. Hörster, 2004, S. 52).

## Der integrale Ansatz - ein Weg zu umfassenderer Bildung?

Ist es für Menschen in der heutigen Gesellschaft möglich, aus dem Kreis der konstruierten Wirklichkeit der Menschheit auszubrechen, um sich auf eine weitaus höhere Ebene zu begeben?

Wird der Mensch durch integrale Maßnahmen mehr zur umfassenden Bildung gebracht?

Wie bereits erwähnt verbinden die Menschen mit dem Thema der Bildung hauptsächlich den Gedanken der Nützlichkeit und Brauchbarkeit im späteren

Berufsleben. Dies geschieht auf den Ebenen bis hin zur gelben Ebene der Spirale.

Doch ist es der Beruf, der unser Leben und unser Handeln lenken soll, oder sollte es nicht umgekehrt stattfinden? Das Leben, unsere Fähigkeiten und innersten Bedürfnisse stellen den Motor für ein glückliches zukünftiges Geschehen dar. Ab diesem Zeitpunkt schaffen wir es, stets in Verbindung mit allen vier Quadranten, uns über die Schwelle der gelben Ebene zu wagen. Dort wagen wir es, Herausforderungen anzunehmen, Veränderungen positiv und in ihrer Ganzheit zu betrachten:

> *„(...) also dass ich auf der Uni zu einer Meditation komm, hätt ich mir nie im Leben gedacht... (lacht). Dadurch dass ich selber zu wenig dazu komm, find ich das natürlich einen geeigneten Anlass, dass ich jetzt sag... ich kann mich ein bisschen fallen lassen.... Spür natürlich auch die, ich sag einmal die 70% Ablehnung und (... das empfind ich natürlich dann doch wieder ein wenig störend... ja, aber das versuch ich wegzublenden, ... genieß das einfach (...)"* (Interview 7).

Um dieses Bewusstsein wieder ins Zentrum der Menschheit zu rücken, bietet der integrale Ansatz „Grundkulturen" an.

Ursprünglich aus dem sorgfältigen Umgang mit Dingen entwickelte sich die Kultur der Achtsamkeit. Jene erweiterte das Umgehen auf alle Lebensvorgänge der Menschen und ihrer Kulturen. Aus dieser Achtsamkeit heraus entstehen verschiedene und sehr tiefgehende Wahrnehmungsebenen, auch sich selbst gegenüber. Dadurch ist es möglich, die „Ratio" auszuschalten und die eigene „Intuitio" freizugeben. Die Menschen sind durch die ihnen bereitstehende intuitive Wahrnehmung bereit sich zu wandeln und sich weiterzuentwickeln.

Durch die vielseitige Aufnahme von Eindrücken und Erfahrungen rückt jedes Individuum ins Zentrum der Wahrnehmung, als etwas ganz Besonderes und Spezielles. Dabei ist er durch sein bloßes Dasein akzeptiert. Ohne Verurteilungen ist es möglich, Menschen anzunehmen, wie sie sind. Genauso wichtig ist es auch, die jeweiligen Lebenssituationen zu betrachten und anzunehmen, um aktiv auf den Menschen reagieren zu können. Das führt uns nun zur nächsten integralen Kultur, nämlich die des Wachsenlassens (vgl. Girg 2007, S. 239-250).

Dabei spielt die Kultur des intuitiven Wahrnehmens eine besondere Rolle, denn durch sie ist es möglich zu erkennen, in welchem Tempo ein Individuum „wächst". Die Entwicklung eines Menschen kann unterschiedlich schnell oder langsam vonstattengehen. Deshalb ist das Zulassen eine der Fähigkeiten, die für andere Menschen wachstumsfördernd wirkt. Egal in welcher Situation man sich als Mensch befindet, man wird ständig mit einer Handlungsaufgabe konfrontiert. Durch unser Leben befinden wir uns ständig in der Situation des Lernenden, daher entwickelt sich auch eine Handlungsdynamik. Dies führt nun weiter zu einer weiteren integralen Kultur, die des fließenden Dialogs. *„Man kann nicht nicht kommunizieren"* (Watzlawick/Beavis/Jackson 1990, S. 50, zit. n. Girg 2007, S. 253). Man ist im ständigen Austausch mit sich selbst und den anderen Menschen dieser Welt. Die Kommunikation findet auf non-verbaler Ebene und verbaler Ebene und stets gleichzeitig statt. In allen Situationen wirken dabei Menschen zusammen. Menschen können in den unterschiedlichsten Gruppierungen zusammenfinden und wirken. Jede Situation der Begegnung ist dafür geeignet (vgl. Girg 2007, S. 250-260).

Zusammenfassend ist zu sagen, dass die Grundkulturen der integralen Pädagogik unterstützend wirken auf dem Weg durch die Spirale. Wenn sie im Bewusstsein des Menschen verankert sind, ist es möglich weiter aufzusteigen und sich auf höheren Ebenen (gelb, türkis, korallenfarbig) wiederzufinden. Die Quadranten spielen auf jeder Ebene, egal ob noch im „Ersten-Rang-Denken" oder später im „Zweiten-Rang-Denken", eine ganz besondere und individuelle Rolle.

Auf manchen Ebenen stehen die inneren Quadranten im Vordergrund, denn die Arbeit mit sich selbst und an sich selbst ist eine der wichtigsten.

„Selfcare" wird in Zukunft immer mehr an Bedeutung gewinnen, denn „Burn-in" statt „Burn-out" rückt immer mehr ins Bewusstsein aller Menschen.

Wie bei allen Ansätzen, Gedankengängen und Theorien ist es auch so, dass nicht jeder augenblicklich die Toleranz und Offenheit gegenüber neuen Überlegungen und Denkweisen aufbringt. Nachfolgend wird das jetzige „Bildungsinteresse" durch die Antwort einer Befragten auf den Punkt gebracht:

> *„(…) es ist nur so…die meisten sind „Almgeher", oder, oder… Spaziergeher… und sie will uns jetzt aufn Mount Everest aufischleppen und das werdens nicht packen… Gell…" (Interview 7).*

Auch wenn diese Aussage sehr direkt ist, scheint sie doch dazu anzuregen, über das aktuelle Bildungsgeschehen nachzudenken. Ist man „Spaziergeher" oder schafft man es, den höchsten Berg der Welt zu erklimmen?

Ebenso werden „ältere" Erwachsene oftmals als offenere und zugänglichere Menschen beschrieben, zum Beispiel:

*„also ein bissal umgeformt, so dass zu der jeweiligen Zielgruppe dann passt... aber ja, weil das lustige ist... weil mit Erwachsenen kann man relativ gut spielen... ab einem gewissen Alter... denen macht das eher einen Spaß und die sind... eher zugänglich für solche Themen wie jüngere Leute..."* (Interview 8).

Ist es erst mit den Jahren möglich, das System der Bildung zu hinterfragen? Selbstverständlich spielen der Erfahrungsschatz eines Menschen und seine Lebensgeschichte eine wichtige Rolle. Doch grundsätzlich erscheint es als kaum lösbare Aufgabe:

*„(...) das, was sie eigentlich sagt, wir sollen kritisch sein, wir sollen die Chance haben, ahm... also was anderes zu machen... und das ist halt ganz, ganz schwer... gell... aus diesem einfachen System auszubrechen... (...)"* (Interview 7).

Daher ist die Auseinandersetzung mit den Bildungsgedanken dieser Welt schon in frühem Alter unumgänglich. Durch integrale Bildung schafft man es über den Horizont zu blicken, das Bewusstsein zu erweitern, für sich selbst und für alle Lebewesen dieser Erde. Die Welt wird als sinnvolles Ganzes betrachtet und somit der Grundstein für eine Zukunft voller Offenheit, Meinungsfreiheit, Zeit, Liebe und Frieden gelegt.

## Resümee

> „To know you exist, a different education is needed.
>
> „Knowing" by thought isn't sufficient.
>
> Knowing by **taste** is needed.
>
> (John Schreiber)

Mit diesem Einblick in die integrale Thematik ist offenkundig klar geworden, dass das heutige Bildungssystem noch eine lange Reise vor sich hat. Im Vordergrund sollten dabei stets die Menschen an sich und besonders die Verantwortlichen stehen. Denn sie sind die, die Mut und Neues verbreiten und neuen Generationen den Bildungsgedanken begreiflich machen. Wenn wir neue Generationen ausbilden, muss es uns bewusst sein, dass dies nur in systemischer Zusammenarbeit mit dem Menschen in seiner Gesamtheit möglich ist. Doch diese Zusammenarbeit verlangt sehr viel mehr: nämlich ein harmonisches Selbst und eine umfassende Bildung. Nur durch Bildung, nämlich die der Liebe zum Menschen, der Achtsamkeit, der Kommunikation und des Mitgefühls, können Stress, Konflikte und Zwänge vertrieben werden.

Die integrale Pädagogik stellt dafür wunderbare Möglichkeiten zur Verfügung. Ob für die Bildung der Kleinsten von uns in Kinderkrippe/Kindergarten oder für Schulen und Universitäten. Hier ist alles möglich, denn Kreativität, Freude und Leidenschaft, Individualität, Akzeptanz und Offenheit finden großen Zuspruch. Besonders die integralen Methoden lassen keine Wünsche offen. Breema® stellt für mich eine ganz besondere, ja außergewöhnliche Methode dar, sie ist aber nur eine von unzähligen anderen.

> *„(…) es war auf jeden Fall mehr Aufwand… als andere Präsentationen… vom Umfang her und den Gedanken her…aber ich sag, es hat mir persönlich so einen Spaß gemacht… das zu machen… mir über das Gedanken zu machen… dass das eigentlich unterm Strich… eher für mich positiv war die Vorbereitung… ich das nicht als Aufwand empfunden hab… ich habs nicht als anstrengend empfunden… sonst ist halt oft wenn man so ein trockenes Ding hat… so einen trockenen Text zum Bearbeiten dann sträubt man sich… und so hab ich mich schon gfreut"* (Interview 8).

> *„(…) man ist halt vielleicht motivierter dass man sich auch wieder zuhause hinsetzt und ein bissal meditiert, dass man einfach wieder mehr auf sich selbst schaut… oder mehr zu sich selbst findet…. (…) irgendwie jede Präsentation für sich war etwas Besonderes und Schönes und ich versuch einfach das was im Moment ist einfach so anzunehmen…"* (Interview 10).

Der Bildungsgedanke in der integralen Pädagogik sollte vor allem in der Brust des Menschen schlagen:

> *„(…) es gibt wirklich vieles zum Nachdenken…. Und eben eher, dass ich mehr auf mein Herz hören sollt, bei Dingen die ich noch machen will, und nicht zu sehr auf meinen Kopf (lacht)"* (Interview 13).

In der heutigen rationalen Welt ist es von großer Bedeutung, dem Herzen wieder mehr Bedeutung zuzuschreiben. Denn das ist es, was uns hilft, aus dem System auszubrechen.

Der aktuelle Bildungsgedanke muss auf jeden Fall auch weiterhin immer wieder überdacht werden, denn der eigentliche (Bildungs-)Sinn ging in den letzten Jahrzenten verloren. Integrale Bildung vermittelt nicht nur Weisheiten für das Berufsleben, sondern auch jene Kompetenzen, die uns als Menschen ausmachen. Es wird jeder Mensch miteinbezogen und als etwas Spezielles betrachtet. Daher ist es auch möglich, sich in Höhen zu begeben, die zuvor unerreichbar schienen. Wann machen Sie den ersten Schritt?

> *„(…) … ganz kleine Schritte… aber in die richtige Richtung… hoffentlich (lacht)"* (Interview 14).

## Interview-Beispiele

*I = Interviewer, IP = Interviewpartner*

*Im Vorfeld wurde erklärt, dass das Interview anonymisiert wird und die Kamera weggedreht wird. Dass sie auch jeder Zeit abbrechen können, wenn sie sich unwohl fühlen und auch jeder Zeit nachfragen können, wenn sie die Frage nicht verstanden haben.*

*Interview 7*

IP: Ok... ich bin 50 ...hab mit Jugendlichen zu tun, als auch mit Erwachsenen.... ahm ich studier jetzt Pädagogik im vierten, hab aber mein altes Studium wieder aufgenommen,... mach Jus...wobei als Spaß...

I:  Wow, ok, danke ...schaun wir jetzt auf den Integralen Ansatz... Hast du dich da vorher schlau gemacht, bzw. hast du das überhaupt vorher gekannt?

IP: ahm... Ich habs vom Hören und Sagen her zwar gekannt...ich bin aber jetzt drauf kommen, dass es im Endeffekt etwas ist was permanent eh selber betreib...

I:  Also eh intuitiv

IP: Ich hab nur keinen Namen dafür ghabt...

I:  Das ist ja schon mal ein guter Anfang für das Seminar... und hast du das Gefühl, dass die Methoden und Sachen die wir im Seminar gmacht haben, dass das für dich was positives war, also das du das Gefühl hast, ok... jetzt kann ich mich a bissal mehr auf mich selber konzentrieren... und dadurch ein Prozess entstanden ist...

IP: Also ich finds grundsätzlich... also dass ich auf der Uni zu einer Meditation komm, hätt ich mir nie im Leben gedacht... (lacht). Dadurch dass ich selber zu wenig dazu komm find ich das natürlich einen geeigneten Anlass dass ich jetzt sag... ich kann mich ein bisschen fallen lassen.... Spür natürlich auch die, ich sag einmal die 70% Ablehnung...in der Gruppe zu solchen Sachen...und das empfind ich natürlich dann doch wieder ein wenig störend...ja, aber das versuch ich wegzublenden, ... genieß das einfach und i muss sagen, ... ich sag zu 99% alles was sie sagt hat diese Berechtigung...es ist nur so...die meisten sind Almgeher, oder, oder...Spaziergeher...und sie will uns jetzt aufn Mount Everest aufischleppen und das werdens nicht packen... Gell...

I:   Mhmm...

IP: Aber wie gsagt für mich ist das eine Bereicherung... (lacht)

I:   Also du hast ja gsagt du machst das ja quasi eh schon intuitiv...und jetzt
kannst ja alles ein bissal besser benennen und a bissal mehr Struktur...
und hast du eigentlich noch mehr neue Blickwinkel erhalten? ... wirst du
das vielleicht auch in deine zukünftige Arbeit einbauen?

IP: Ahm... also so wie letztens die Paradigmen...die waren schon mal der
Hammer...boah, ja weil da findest du dich einfach selber... und eben dieses Zaudern, ihr Rückmeldung dass sie halt auch immer schon ihrn
eigenen Weg gegangen ist... ja... ahm... muss ich sagen, dass nimm ich
mir schon mit... oder wie sie einmal gesagt hat: wie kann ich mir ,.... Oder
wieviel kann ich jemanden anderen von mir zumuten. .... Schon einmal
alleine diese Ausdrucksweise hat mir sehr gut gfallen... und wie gesagt
ich kann mir sehr wohl was mitnehem...ich nimm mir jetzt eigentlich vom
Seminar ... da sitzen jetzt so viel junge Leute...die an und für sich unter
Anführungszeichen „gebildet" sind, ja,....aber genauso zumachen, dass
keine Möglichkeit darein zu dringen gibt, wenns nicht wollen... und ich
arbeit mit ... mit stark verhaltensauffälligen Jugendlichen... die halt sagen
„is ma wurscht i wü ned" oder sonst was... wo ich mir denke: ah... das ist
wirklich Mangel in der Bildung... aber ein Schulabschluss hat noch lange
nichts mit Bildung zu tun...

I:   Ja so ist es ... mhmm.. hast du schon eine tolle Erfahrung gmacht die dir
jetzt sicher noch länger im Kopf bleiben wird?

IP: Also eben der Satz „Wieviel kann ich jemanden anderen von mir zu
muten" also das ist etwas was ich ganz bewusst mitnimm... sonst bin ich
ja eigentlich aus einer Generation herauskommen... wo man eher sehr
zurückhaltender ist und sich nicht in den Vordergrund stellen willst...und
das war für mich eher super, so dass i sag, ... ok... wenns für mich passt
mach ichs so... gell... und das muss ich sagen... das find ich schon gut...
und eben die Möglichkeit in diesen heiligen Hallen einmal ... i hab
gsagt... wenn wir schon einmal sowas machen... hab i gsagt, dann mach
mas wirklich mit Action und da hat jeder gsagt... ja OK... das ist sicherlich
für den ein oder anderen gewöhnungsbedürftig war... aber eigentlich ,...
eigentlich für das was sie eigentlich sagt, wir sollen kritisch sein, wir sollen
die Chance haben, ahm.. also was anderes zu machen... und das ist halt
ganz  ganz  schwer...  gell...  aus  diesem  einfachen  System

auszubrechen... obwohl auf der anderen Seite ist es wieder so, wo ich wieder ein bissal das Problem hab... nicht mit Protokoll und Reflexion ... aber die Zeitschiene... auf einmal bin ich ... irgendwie würd ich mich gern in dem Seminar fallen lassen... jetzt bin ich permanent auf die Uhr gerichtet.. also das ist etwas... da mach ich einen Ablauf...aber ich hab keine Zeitlinie. Weil du kannst dich sonst nicht konzentrieren...i weiß nicht wie ich das ganz genau hingriegn werd...aber das schreib ich rein... also in die Refelxion...das mich das extrem stresst...

I:  Ja ist verständlich...

IP: Willst du sonst etwas wissen? (lacht)

I:  Nein, danke (lacht)... das war wirklich sehr ausführlich... herzlichen Dank!

*Interview 8*

I:  Bitteschön (lacht)

IP: (lacht) also ich bin 43 Jahre alt, studier Pädagogik...im vierten Semester, das ist mein einziges Studium...und nebenbei arbeit i beim Person- und Unternehmensberater...

I:  Wieviele Stunden arbeitest du da?

IP: ja, also zwischen 10 und 15...wie sichs halt grad ausgeht...

I:  Ok. Danke... hast du vom integralen Ansatz schon irgendwas vorm Seminar ghört?

IP: Nein, noch gar nie...

I:  Warst du dann so neugierig und hast dich erkundigt? (lacht)

IP: Ich muss gestehen ich habs schon gegooglet, aber ich hab nicht wirklich was gefunden... was... was mich weiterbracht hat...

I:  Ok...Hast du das Gefühl, dass die Methoden die du kennenlernen konntest, dir was gebracht haben, für einen Prozess?

IP: Ja das muss ich schon sagen... also das merk ich immer wieder, ich hab bis zu dem Zeitpunkt...wo das Seminar angefangen hat...eine sehr große Unlust ghabt... es war nur Stress und es war nur... von einem Termin zum anderen hetzen... und das lernen und den schwierigen Text lesen und das war immer nur Kopf...und irgendwann hab i mir dann dacht, ... NA, ich mag eigentlich nicht mehr...warum tu ich das?...Bis zu dem Seminar, das war ganz lustig... und dann bin ich Heim, obwohls sehr anstrengend war... und sehr gewöhnungsbedürftig ... und hab das Gefühl ghabt... ok... das hat mir jetzt eigentlich voll viel gebracht... aber kann das jetzt eigentlich gar nicht benennen warum... und ich versuch mich wirklich auf das einzulassen, wurscht ich versuch das rund um mich auszublenden... und versuch wirklich, a so wie sie das immer sagt, ... zu mir selber finden und wirklich ganz bei mir bleiben, ... ich versuch das wirklich umzusetzen...weil ich merk, es tut mir eigentlich gut...

I:   Spannend, ja...

IP: Ja ich finds einfach lustig (lacht).

I:   Was man so im universitären Umfeld noch lernen kann, gell... (lacht).

IP: Ja das stimmt, ich muss ja auch zugeben, dass das nicht meine erste Wahl war... das muss ich schon sagen, ich wollt eigentlich in die Erwachsenenbildung gehen... und da war ich auf der Warteliste, und da hab ich mir gedacht bevor ich da jetzt irgendwo zugeteilt werde wo ich keine Zeit hab, schau ich noch, was ich mir selber noch aussuchen kann...

I:   Dann wars von dem her, eh eine total positive Überraschung?

IP: Ja schon, ja... nachdem man die Stimmen die man immer so gehört hat, ich mein, die muss man eh ausblenden (lacht)... man muss sich immer selber ein Bild machen... aber ich sich das nicht so... aber eben wahrscheinlich deshalb weil ich älter bin...ich glaub dass das eine große Rolle spielt...

I:   Ja sicher auch... Also hast du durch das Seminar schon ein paar neue Blickwinkel kennengelernt?

IP: Ja unbedingt... das bestätigt mich eigentlich in dem ... weil im Endeffekt macht mas eh so weils anders nicht funktioniert, irgendwann kommt man drauf, es geht ja gar nicht anders, ... und das bestätigt einen, dass das wissenschaftlich auch , ... also halt wissenschaftlich auch untermauert ist... dass das jetzt nicht so ... wir haben eine Spinnerei , sondern dass das schon irgendwie scho einen wissenschaftlichen Touch hat...

I:   Hast du das Gefühl dass die integralen Methoden einfach umzusetzen sind? Oder halt ansprechend sind?

IP: also... einfach umzusetzen, das kann ich jetzt so nicht sagen, es war auf jeden Fall mehr Aufwand... als andere Präsentationen... vom Umfang her und den Gedanken her...aber ich sag, es hat mir persönlich so einen

Spaß gemacht… das zu machen … mir über das Gedanken zu machen…
dass das eigentlich unterm Strich… eher für mich positiv war die
Vorbereitung… ich das nicht als Aufwand empfunden hab…ich habs
nicht als anstrengend empfunden…sonst ist halt oft wenn man so ein
trockenes Ding hat… so einen trockenen Text zum bearbeiten dann
sträubt man sich … und so hab ich mich schon gfreut.

I: Kannst du glaubst, weil du vorher gsagt hast dass du in die Erwachsenenbildung gehen willst, auch die integralen Methoden umsetzen
kannst?

IP: Ja natürlich… ahm, ahhh… also ein bissal umgeformt, so dass zu der
jeweiligen Zielgruppe dann passt…aber ja, weil das lustige ist… weil mit
Erwachsenen kann man relativ gut spieln… ab einem gewissen Alter…
denen macht das eher einen Spaß und die sind… eher zugänglich für
solche Themen wie jüngere Leute…

I: Also findest du dass die schwierigste Gruppe zwischen 20 und 30 ist
(lacht)?

IP: Ja könnt man eigentlich schon sagen… weil Kinder sind sicher offener,
natürlich ist es unterschiedlich, aber … dann halt wieder ab einem gewissen Alter…

I: Na gut… vielen Dank…


*Interview 15*

IP: Also ich bin 22 Jahr alt… studier eben Pädagogik, im vierten Semester,
sollte aber schon im sechsten sein… (lacht)… und studier nebenbei noch
Psychologie… da bin ich aber viel, viel weiter hinten nach… und arbeiten
tu ich auch nebenbei, da tu ich Kellnern, aber öhm… je nachdem wie ich
Zeit hab… also meistens halt am Wochenende oder im Sommer….

I: Also…. Du hast jetzt auch das Seminar bei da Fr. Prof. Michaelis
gmacht… hast du das Integrale vorher gekannt?

IP: Also gar nicht, ich kenns zwar vom letzten Semester, aber vorher eben,
gar nicht…. Integral ist für zwar ein Begriff aber eben nur aus der Mathematik (lacht)… aber das hat ja Gott sei Dank überhaupt nichts damit zu
tun…

I:  Wirst du die Methoden die du in beiden Semestern kennengelernt hast
    auch in Zukunft anwenden?

IP: ähhh…. Ich kanns mir eigentlich schon vorstellen… weil… naja prinzipiell
    bin ich… eigentlich jemand der das echt lieber hat… eini setzen, Fronta-
    lunterricht und auswendiglernen… ist mir oft wirklich lieber… weil ich halt
    so ein Mensch bin… weil ich mir halt ganz schnell blöd vorkomm wenn
    ich da irgendwie schauspielern muss… und kreativ bin ich auch über-
    haupt nicht… mir kommt vor da kommt nur Blödsinn daher… (lacht)…
    aber irgendwie bin ich dann draufkommen dass es echt voll lustig, eigent-
    lich… wenn man sich so dann mit den Leuten trifft… dann redet gleich
    jeder einmal Quatsch daher… und dann ist es eh witzig und die Zeit
    vergeht auch viel schneller… und ich glaub es ist für die anderen Leute
    auch viel angenehmer und deshalb denk ich mir, vielleicht ist doch nicht
    so ein Blödsinn wie ich mir gedacht habe….(lacht) Und man wird's viel-
    leicht wenns möglich ist… anwenden, ja… ich denk schon…

I:  Also spürst du für dich schon einen Prozess?

IP: Ja das auf jeden Fall…vor allem beim ersten Mal , also im letzten Semes-
    ter, da hab ich mir gedacht, OH MEIN Gott, was ist das…und jetzt, auch
    wenn ich oft herkomm mit keiner guten Laune, dann ist es mir aber wirk-
    lich ab und zu aufgefallen, … ja ok… ist vielleicht echt nicht so blöd, ist
    vielleicht echt nicht so falsch… vielleicht müsste ich darüber mal na-
    chdenken und so?… Also ich hab schon gmerkt dass ich mich ein
    Stückerl weit schon besser drauf einlassen kann irgendwie…

I:  Also ist das gesamte schon mehr in dein Bewusstsein gekommen?

IP: Ja voll, würd ich schon sagen… Ich weiß jetzt nicht ob es ein riesen Schritt
    war, aber mir kommt schon vor dass es sich schon ein bisschen verändert
    hat…

I:  Irgendwas was dir noch positiv in Erinnerung geblieben ist?

IP: Ja eigentlich … also was mir total taugt, sind die…. Die Bücherlisten die
    wir von Ihr griegn weil da sind echt tolle Bücher dabei gewesen, auch das
    was ich gelesen hab… da muss ich auch im Alltag ganz viel dran denken
    und ich freu mich jetzt schon, wenn ich das mit meiner Seminararbeit
    verknüpfen kann… und das ist eigentlich das was mir am meisten taugt…

I:  Vielen Dank für deine Offenheit!

# Selbstwert im integral - pädagogischen Kontext

„Inwieweit fördern integrales Denken und Handeln selbstbewusstes Leben?"

Michaela SCHEUCHER

## Inhaltsverzeichnis


**Einleitung**.................................................................................**61**

Forschungsleitende Frage ...................................................62

**Selbstwert**.............................................................................**65**

**Integrale Pädagogik**...........................................................**71**

**BREEMA®**..............................................................................**73**

Selbst-Breema® ....................................................................73

Die neun Breema®Prinzipien .............................................73

Anwendung  ............................................................................78

**Der Übergang zum Tun** ......................................................**79**

Modell zur Stärkung des Selbstwertes................................79

Forschung und Praxis ..........................................................84

Quantitative vs. qualitative Forschungsmethoden .............85

Qualitative Einzelfallanalyse ..............................................86

Einzelfallbeschreibung ........................................................86

**Fazit**.......................................................................................**97**

# Einleitung

Im Sommersemester 2014 kam ich das erste Mal mit integraler Pädagogik in Berührung. Das Seminar „Methoden pädagogischer Handlungsfelder", geleitet von Frau Dr.[in] Daniela Michaelis gab mir dazu die Möglichkeit. Das Kennenlernen von Breema®-Übungen und den neun Prinzipien, die Beschäftigung mit dem Quadrantenmodell nach Ken Wilber und der erstmalige Einblick in die Ebenen des Bewusstseins ließen in mir den Wunsch aufkeimen, zu diesem Thema einen Beitrag zu verfassen. Als ich mit dem Schreiben dieser Arbeit begann, ahnte ich noch nicht, wie sehr die Beschäftigung mit dem Integralen mein Leben nachhaltig verändern würde. Ein klarer Arbeitsplan war bereits in meinem Kopf und wartete nur darauf, umgesetzt zu werden. Der Anfang war bald getan und ich war voller Tatendrang. Das Schreiben ging mir flüssig von der Hand und ich war guter Dinge, die Arbeit noch vor Weihnachten fertigstellen zu können. Rational gesehen sprach nichts dagegen (II Quadrant). Ich hatte jedoch die Auswirkungen, die die Beschäftigung mit integraler Literatur mit sich bringt, nicht bedacht. Da sich forschendes Arbeiten nicht von der Person der Forscherin trennen lässt, kam es im Kontext des integralen Verständnisses auch zu einer Weiterentwicklung und Auseinandersetzung mit meinem eigenen Lebensbereich (vgl. Girg 2007, S. 39). Dies hatte eine längere Schreibpause zur Folge; in meinem Gehirn herrschte kurzfristig Ausnahmezustand. Ich begann ganz langsam zu begreifen, was eine integrale Lebenspraxis überhaupt bedeutet und welche Möglichkeiten sich dadurch erschließen. Diese beginnende Erkenntnis war momentan einfach zu viel für meinen Verstand und mir wurde bewusst, dass ich mich intensiver damit beschäftigen musste, um tieferes Verständnis und Klarheit entwickeln zu können. Nur so ist es möglich, einen integralen Ansatz an andere Personen weiterzugeben; er muss zuerst selbst gelebt werden. Eine Arbeit im integralen Verständnis erfordert mehr Zeit als etwas, das im traditionell-mechanistischen Paradigma entsteht. Es braucht vor allem eigene innere Arbeit, Auseinandersetzung und Anerkennung der eigenen Emotionen und Befindlichkeiten. Dies ist ein sehr individueller Prozess, der nicht gesteuert werden kann, sondern einfach geschieht. Diese Arbeit zu verfassen bereitete mir sehr viel Freude und manchmal auch Schmerz. Die Loslösung von althergebrachten Sichtweisen hin zu einer Vielperspektivität der Wahrnehmung ermöglichte mir einen überwältigenden Ausblick mit einer noch nie wahrgenommenen Tiefe.

Meine persönliche Erfahrung in der Beratung bzw. im Training von arbeitsuchenden älteren Menschen veranlasste mich, ein Konzept mit integralem Ansatz zur Anwendung in genau diesem Bereich zu entwickeln. Das Quadrantenmodell nach Ken Wilber diente auch hier als Grundgerüst und wurde entsprechend modifiziert. Zusätzlich sollten Teile des Konzeptes von den Menschen individuell angewandt werden können, egal ob sie sich in einer Schulungsmaßnahme befinden oder nicht. Denn diese Maßnahmen haben, wie ich selbst erfahren habe, eine kurze Lebensdauer und werden unabhängig von ihrer Effektivität die persönliche Entwicklung der Menschen betreffend, zugunsten der vermeintlichen Innovation abgesetzt. Ein integrales Modell ist aber nicht ersetzbar, sondern muss wachsen und braucht Zeit (vgl. Wilber/Patten/Leonard/Morelli 2013, S. 46).

Die Arbeit korrelierte stark mit meiner eigenen persönlichen Entwicklung und veranlasste mich, diese Erfahrungen in Form einer qualitativen Einzelfallbeschreibung miteinzubeziehen.

### Forschungsleitende Frage

Die Zahl der arbeitslosen Personen über 50 Jahren, ist in den letzten Jahren stark angestiegen. Im Jahr 2013 waren in dieser Altersgruppe über 77.000 Menschen betroffen (vgl. Leidl-Krapfenbauer/Richter 2015, S. 10). In unserer heutigen Leistungsgesellschaft sind ältere Arbeitsuchende schon ab 45 Jahren von Ausgrenzung am Arbeitsmarkt bedroht. Der Weg zurück in den Arbeitsprozess gestaltet sich schwierig. Das ist sehr schade, zumal diese Menschen viel Berufs- und Lebenserfahrung anzubieten haben.

AMS-Umfragen in Österreich haben ergeben, dass ArbeitgeberInnen Menschen ab einem Alter von 45 Jahren vorzeitig aus ihren Bewerbungsverfahren ausschließen und ihnen damit die Chance auf ein Bewerbungsgespräch von vornherein nehmen. Trotzdem müssen diese arbeitsuchenden Personen gewappnet sein, um im Bedarfsfall selbstbewusst und souverän auftreten zu können.

Hervorgerufen durch meist langandauernde Arbeitslosigkeit haben diese Menschen oft ein geringes Selbstwertgefühl. Souveränes Auftreten ist nicht mehr selbstverständlich. Im Fokus der Erwachsenenbildung liegt deshalb die Stärkung des Selbstwertes, die Entfaltung vorhandener und die Entwicklung neuer Ressourcen, um die individuellen Chancen am Arbeitsmarkt zu verbessern.

Aufgrund der Tatsache, dass österreichweit in wenigen Jahren fast die Hälfte der Arbeitskräfte über 40 Jahre alt sein wird (vgl. AMS Österreich 2014), bedarf es gezielter Strategien, um älteren Menschen den Verbleib bzw. den Wiedereinstieg in den Arbeitsprozess zu ermöglichen. In meiner Arbeit möchte ich mich auf die Suche nach einem ganzheitlichen Konzept zur Stärkung des Selbstwertes bei arbeitsuchenden Menschen ab 45 Jahren begeben und auch der Frage nachgehen, inwieweit integrales Denken und Handeln den Selbstwert von arbeitsuchenden Menschen ab 45 Jahren stärken und ein selbstbestimmtes Leben fördern können.

In der Erwachsenenbildung gilt es - speziell in der Arbeit mit älteren arbeitsuchenden Menschen - herauszufinden, wie integral-pädagogische Maßnahmen zur Stärkung des Selbstwertes und zur Kultivierung der Achtsamkeit eingesetzt werden können. Einerseits um die Chancen auf eine Wiedereingliederung zu erhöhen und andererseits den Menschen Wege für Neues zu eröffnen. Die neue Lebenssituation ist als ein Ort, an dem Bildungsprozesse stattfinden zu verstehen und befindet sich im Wandel. Alle die daran beteiligt sind, sind Lernende (vgl. Girg 2007, S. 22). Entsprechend dem Übergang vom traditionell-mechanistischen Paradigma zum prä-transpersonalen Paradigma wird den Menschen dabei die Wichtigkeit der Eigenverantwortung vor Augen geführt, um in der Auseinandersetzung mit der eigenen Person festgefahrene Denkweisen zu analysieren, zu reflektieren und damit positive Veränderungen anzuregen. Im Jahr 2012 waren in Österreich im Jahresdurchschnitt monatlich rund 60.000 Personen als arbeitslos gemeldet, die mindestens 50 Jahre alt waren (vgl. Putz 2013).

Viele Unternehmen haben Vorurteile gegenüber älteren ArbeitnehmerInnen. Beispielhaft ist zu erwähnen:

- ❖ Ältere sind zu teuer
- ❖ Ältere werden öfter krank
- ❖ Ältere sind nicht belastbar und unflexibel
- ❖ Ältere schaffen das Arbeitspensum nicht mehr

In den 1970er Jahren wurden diese Vorurteile zwar durch Studien widerlegt, doch das entstandene Bild hält sich bis dato hartnäckig. Dies hat natürlich Folgen für die älteren ArbeitnehmerInnen. Das Risiko, im Zuge von Umstrukturierungen den Arbeitsplatz zu verlieren ist gegenüber jüngeren ArbeitnehmerInnen deutlich höher, das Risiko länger arbeitslos zu bleiben ebenfalls.

Aufgrund fehlender Strukturen in den Firmen können Ältere nicht mehr an Weiterbildungen teilnehmen und daher auch karrieremäßig nicht mehr weiter aufsteigen (vgl. AMS Österreich 2014, S. 10).

Menschen mit einem hohen Selbstwert können auf natürlich vorhandene Kompetenzen wie Ehrlichkeit, Liebe, Mitgefühl und Verantwortlichkeit zurückgreifen. Das Vertrauen in die eigene Person ist vorhanden. Sie fühlen sich frei und können diese Freiheit auch einsetzen. Wenn der eigene Wert erkannt wird, ist es möglich den Wert der Anderen zu respektieren und anzuerkennen. Im Gegensatz dazu werden Menschen mit geringem Selbstwert leicht zu Opfern und neigen dazu, sich hinter dicken Mauern zu verstecken. Dies birgt die Gefahr der Einsamkeit und der Gleichgültigkeit in sich. Die Klarheit ist für diese Menschen nicht zu erkennen und sie neigen dazu, andere Menschen ebenfalls gering zu schätzen und allem und jedem zu misstrauen. Dies wiederum führt zu Angst, die lähmt und die Sicht stark einschränkt. Neue Möglichkeiten Probleme zu lösen werden dadurch nicht wahrgenommen. Das Annehmen der eigenen Gefühle, egal ob positiv oder negativ, zeugt von einem hohen Selbstwert (vgl. Satir 1999, S. 42ff.).

Im integral-pädagogischen Kontext spielen Achtsamkeit, Selbstreflexion, als Lehrende lernen von den Lernenden sowie „self-care" eine tragende Rolle.

Mit meiner Arbeit möchte ich herausfinden, inwieweit es möglich ist, mit Hilfe des Quadranten- bzw. des Spiralmodells ein neues Setting in der Erwachsenenbildung (gleichwohl für arbeitslose ältere Menschen als auch für ältere ArbeitnehmerInnen) zu entwickeln.

Die Durchführung einer qualitativen Einzelfallstudie ermöglicht die empirische Darstellung über den Weg zu einem integralen Verständnis mittels Körperarbeit.

Hypothese 1: Durch einen integralen Ansatz in Bildungsmaßnahmen für ältere arbeitslose Personen kommt es zur Stärkung des Selbstwertes.

Hypothese 2: Die Entwicklung eines integralen Verständnisses wird durch Selbst-Breema®-Übungen gefördert.

Anschließend werden die verschiedenen Interpretationen von Selbstwert und deren unterschiedliche, kontextabhängige Bedeutungen dargestellt. Die Erklärung des Quadranten Modells nach Ken Wilber und die Beschreibung des Spiralmodells zum besseren Verständnis finden sich im Beitrag von Anja Burghardt.

Des Weiteren werden ein Modell für die Praxis und persönliche Erfahrungswerte beschrieben. Abschließend wird ein Blick in die integrale Zukunft getätigt.

## Selbstwert

*Was bedeutet Selbstwert?*

Als Selbstwert wird jener Wert bezeichnet, den eine Person sich selbst zuschreibt, gemessen an einem bestimmten, individuellen Wertesystem (vgl. Stavemann 2011, S. 15). Nach einem bestimmten Selbstwertkonzept, das bestimmte Regeln und Normen enthält, wird die Wertigkeit von sich und anderen bestimmt (vgl. ebd., S. 17). Wie solch ein Selbstwertkonzept tatsächlich aussieht, wird unter anderem durch vererbte und erlernte Muster bestimmt. Auch bestimmte Normen, die in der Familie vorherrschen, soziale und kulturelle Normen haben Einfluss auf die Gestaltung des Selbstwertkonzeptes (vgl. ebd., S. 19f). Nach Eva Maria Waibel (2009) ist der Selbstwert durch eine positive Einstellung und Haltung sich selbst und seinen Fähigkeiten gegenüber bestimmt (S. 135). Durch die starke Individualisierung unserer Gesellschaft kommt dem Selbstwert eine große Beachtung und Bedeutung zu. In unserem europäischen Kulturkreis ist deshalb ein hoher Selbstwert etwas wünschenswertes, während ein niedriger Selbstwert als nicht erstrebenswert erachtet wird. (vgl. Lieser 2014, S. 16). Der Selbstwert ist nicht angeboren, sondern muss sich erst entwickeln. Dies geschieht durch die Auseinandersetzung mit sich und seiner Umwelt (vgl. Waibel 2014, S. 1). Auch gibt es einen starken Zusammenhang mit Kommunikationserlebnissen (vgl. Lahninger 2010, S. 23). Virginia Satir (1999) vergleicht den Selbstwert mit einem Topf, der, je mehr Inhalt er aufweisen kann, dabei hilft, sich seiner Fähigkeiten bewusst zu sein, Vertrauen in sich selbst zu haben und Verantwortung für sich und seine Handlungen zu übernehmen. Ein leerer Topf hingegen führt zu Stress und einer geringen Wertschätzung der eigenen Person (vgl. Lahninger 2010, S. 23).

Es existieren verschiedene Strukturen von Selbstwert. Es wird unterschieden zwischen globalem und bereichsspezifischem Selbstwert, wobei hier Tafarodi und Swann (2001) beim globalen Selbstwert noch die Begriffe Selbstkompetenz und Selbstakzeptanz nennen (vgl. Surma 2012, S. 64). Durch die Möglichkeit, Selbstwert aus verschiedenen Blickwinkeln betrachten zu können, eröffnen sich die unterschiedlichsten Quellen, aus denen

Selbstwert bezogen werden kann. Sie sind ein Indikator dafür, ob der Selbstwert hoch oder niedrig ist (vgl. Surma 2012, S. 67). Eva Maria Waibel (2014, S. 1) definiert den Selbstwert aus der Wertschätzung der eigenen Person heraus und unterscheidet dabei zwischen Selbstwert und Selbstwertgefühl, wobei es beim Selbstwert um eine rationale Zuschreibung eines Wertes geht und beim Selbstwertgefühl eben um das Fühlen desselben. Je nachdem, ob eine Person über einen hohen oder niedrigen Selbstwert verfügt, lassen sich verschiedene Verhaltensweisen feststellen. Menschen mit niedrigem Selbstwert haben eher Angst vor Veränderungen, leiden an einer negativen Grundstimmung und erleben ihren Alltag eher mühsamer und beschwerlicher als Menschen mit einem hohen Selbstwert (vgl. ebd., S. 4). Um den Selbstwert zu steigern, ist ein aktives Verhalten notwendig, denn nur wer die eigenen Werte verfolgt, handelt verantwortungsvoll sich selbst und auch anderen gegenüber, und nur wer zu seinen eigenen Bedürfnissen steht, kann auch anderen die jeweiligen individuellen Bedürfnisse zugestehen. Wer Eigenverantwortung übernimmt und nicht mehr zum Spielball der Anderen wird, kann seinen Selbstwert stärken. Achtsamer Umgang mit sich selbst ist Voraussetzung für einen achtsamen Umgang mit seiner Umwelt und bietet außerdem die Grundlage für ein Wachstum des Selbstwertes (vgl. Waibel 2014, S. 8). Selbstwert ist auch ein wichtiger Baustein der Gesundheit, denn mangelnde Erholungspausen können neben weiteren körperlichen Funktionsstörungen, mitunter auch die Abnahme des Selbstwertes und Depressionen zur Folge haben (vgl. Altner 2006, S. 92f). Übungen zur Förderung der Achtsamkeit, wie zum Beispiel Quigong, Yoga, Meditation, Breema® sind Methoden, die den Selbstwert stärken, die Haltung verbessern und die Selbstwahrnehmung fördern können (vgl. Altner 2006, S. 73). Ein achtsames Verhalten sich selbst und der Umwelt gegenüber leistet einen positiven Beitrag zur Stärkung des Selbstwertes (vgl. Altner 2006, S. 255).

*Selbstwert und Achtsamkeit*

Der Begriff der Achtsamkeit wird im Österreichischen Wörterbuch (2007) mit Vorsicht und Wachsamkeit umschrieben. Im Duden (1999) findet man zusätzlich noch die Bedeutungen Wachheit und Sorgfalt.

Alltagssprachlich wird der Begriff also augenscheinlich mit einem großen Bedeutungsspektrum verwendet (vgl. Altner 2006, S. 18). Auch die Wissenschaft hat diesen Begriff bereits aufgenommen und versucht, mittels verschiedener Fragebögen Achtsamkeit empirisch zu erfassen und zu messen.

Doch nach Nils Altner (2006) ist die Haltung der Achtsamkeit weder empirisch quantifizierbar noch kalkulierbar. Altner charakterisiert den Begriff der Achtsamkeit anhand der vier folgenden Qualitäten:

- ❖ Aufmerksamkeit
- ❖ Präsenz
- ❖ Achtung
- ❖ Selbstreferenz

Methoden, die zur Herausbildung von Achtsamkeit dienen können, sind vorwiegend von spirituellen Schulen entwickelt worden (Altner 2006, S. 23). Nach Ralph Girg (2007) lässt sich die Kultur der Achtsamkeit mit dem sorgfältigen Umgang in allen Lebensvorgängen umschreiben. Er stützt sich auf die buddhistischen Orientierungen eines achtsamen Umgangs in allen Lebensbereichen und formuliert nach Julia König (2003) fünf Prinzipien:

- ❖ Freisein
- ❖ wahrnehmendes Bewusstsein
- ❖ Intersein
- ❖ handelndes Bewusstsein
- ❖ auf-dem-Weg sein (vgl. Girg 2007, S. 241)

Zusammenfassend kann die Haltung der Achtsamkeit als ein aufmerksames, bewusst wahrnehmendes, auf den gegenwärtigen Moment gerichtetes, unvoreingenommen wahrnehmendes Selbstgewahrsein formuliert werden. Die Haltung der Achtsamkeit beeinflusst die Art und Weise unserer Wahrnehmung. Sie ist sowohl nach innen als auch nach außen gerichtet und setzt die eigene Person in Beziehung zur Welt. Erst durch diesen Bezug ist überhaupt Interesse möglich (vgl. Altner 2006, S. 259). Wird Achtsamkeit im pädagogischen Kontext betrachtet, ist hier eine nicht abwertende, sondern aufmerksame Haltung gemeint, die Menschen in ihrer Einzigartigkeit und Verschiedenheit akzeptieren kann (vgl. Altner 2006, S. 28).

Auch im prätranspersonalen Paradigma (PTP) ist Achtsamkeit von großer Bedeutung um bewusst im Hier und Jetzt sein zu können (vgl. Michaelis/Bachmann 2010, S. 54). Achtsamkeit ist die bewusste Wahrnehmung von Empfindungen und Gedanken. Deshalb ist es möglich, durch das achtsame Wahrnehmen von z.B. negativen Gefühlen diese zu verändern (vgl. Altner 2009, S. 23). Achtsamkeit ist eine Voraussetzung dafür, dass Selbstwert und

Selbstverantwortung überhaupt erlangt werden können (vgl. Altner 2009, S. 25).

*Selbstwert und Arbeitslosigkeit*

Das Thema Arbeitslosigkeit kann nicht wertfrei diskutiert werden. Sie ist ein prägender Umstand in unserer Gesellschaft. Es geht dabei immer um ein Individuum und um Fähigkeiten, Stärken, Schwächen jedes einzelnen, der davon betroffen ist (vgl. Schweiger 2011, S. 669). Arbeitslosigkeit entsteht aus einem Ungleichgewicht am Arbeitsmarkt. Durch den großen Einfluss auf die Perspektiven eines Menschen verändert sich dessen gesamtes Leben. Das gilt auch für die Integration der Betroffenen in die Gesellschaft. Arbeitslosigkeit muss demnach sowohl vom ökonomischen als auch vom sozialen, individuellen Standpunkt aus betrachtet werden, da sie diesbezüglich das Schicksal der meisten Menschen bestimmt (vgl. Allmendinger/Ludwig-Mayerhofer/Spitznagel 2012, S. 320). Studien haben ergeben, dass die allgemeine Lebenszufriedenheit vor allem bei längerer Arbeitslosigkeit, abnimmt und Depressionen, Angst und ein Verlust des Selbstwertes stark zunehmen (vgl. ebd., S. 340). Mit diesem Verlust steigt wiederum das Risiko einer psychischen Erkrankung und damit auch die Kosten (vgl. Schweiger 2011, S. 669). Arbeitslosigkeit manifestiert sich außerdem in einem geringeren sozioökonomischen Status, einer geringeren Kaufkraft und damit verbunden mit einer geringeren Wertigkeit der eigenen Person. Die Defizitorientierung unserer heutigen westlichen Gesellschaft trägt zusätzlich zu einer Verminderung des Selbstwertgefühls bei. Denn eine anerkennende Haltung sich selbst gegenüber wird oft als arrogant oder überheblich angesehen. Dabei ist gerade eine solche Haltung Grundlage für einen wertschätzenden Umgang mit sich und der Umwelt (vgl. Ellebracht/Lenz/Osterhold 2009, S. 41). In die gleiche Kerbe schlägt Helga Gumplmaier (2007), die vor allem länger andauernde Arbeitslosigkeit für ein geringes Selbstwertgefühl verantwortlich macht, da der sogenannte Marktwert einer Person sich dadurch sehr stark verringert.

Für den Wiederaufbau des Selbstwertgefühls ist eine Wiederherstellung des verlorenen Selbstvertrauens notwendig. Die gesellschaftliche Ausgrenzung und Abwertung durch den Zustand der Arbeitslosigkeit sollen vermindert und das Vertrauen in sich und seine individuellen Fähigkeiten wieder hergestellt werden. Die Entwicklung eines neuen Lebensplans steht im Vordergrund, wobei die arbeitsuchenden Personen eigenverantwortlich und mit einem selbstgewählten Ziel vor Augen agieren sollen. Auch hierbei ist wieder ein achtsamer Umgang mit sich und seiner Umwelt zu beachten (vgl. Hartz/Pet-zold 2014, S. 67). In der Persönlichkeitsentwicklung stellt der Selbstwert eine bedeutende Komponente dar. Denn wie jemand seinen eigenen, persönlichen Wert erlebt ist ausschlaggebend für sein psychisches Wohlbefinden (vgl. Becker 2008, S. 17). Aus einer Studie zum Erleben von Selbstwert, durchgeführt 2005 von Martina Becker geht hervor, dass Beziehungen, vor allem mit den wichtigsten Bezugspersonen, eine wichtige Rolle dabei spielen, wie Selbstwert erlebt wird. Auch hier wird dem achtsamen Umgang mit sich selbst und dem Beachten persönlicher Bedürfnisse große Bedeutung zugeschrieben. Die Akzeptanz des Anderen dient hier als Grundlage für eine positive Selbstwertschätzung. Weitere wichtige Punkte, die sich positiv aus-wirken sind die eigene Handlungskompetenz, das eigene Tun und die Mög-lichkeit, autonom zu handeln (vgl. ebd., S. 24f). Auch Freiheit ist, laut Eva-Maria Waibel, ein wichtiger Punkt, um den eigenen Selbstwert mit allen Sin-nen erkennen zu können (vgl. Waibel 2009, S. 157). Der Selbstwert besteht aus zwei wesentlichen Komponenten, nämlich dem Grundwert und dem Wis-sen, dass das Leben einen gewissen Sinn hat. Ein hoher Selbstwert kann zu einem bedeutenden Antriebsmotor werden. Eine sinnerfüllte Tätigkeit kann zu einem höheren Selbstwert führen und umgekehrt kann ein höherer Selbst-wert die Ausübung von für die jeweilige Person sinnvollen Tätigkeiten ver-stärken (vgl. Waibel 2009, S. 162f). Die Übernahme von Eigenverantwortung und das Treffen eigener Entscheidungen sind wichtige Punkte im Leben ei-nes Menschen. Dazu ist allerdings ein positiv wahrgenommener Selbstwert notwendig. Optimaler Weise sollten arbeitsuchende Menschen dazu ermutigt werden, ihren eigenen Weg zu gehen (vgl. Schweiger 2011, S. 672). Dabei kann ein integrales Verständnis eine große Unterstützung darstellen.

*Integrales Verständnis von Selbstwert*

Die eigentliche Bedeutung des Wortes „Wert" ist Stärke. Stärke wird erst durch ihre Verwendung als Gegenteil von Schwäche zu einem Wert ge-macht. Stärke kann als Essenz von Klarheit betrachtet werden, als eine Klar-heit die keine Ursache hat und deshalb auch kein Ergebnis ist bzw. hat. Erst wenn es zu keiner Bewertung im dualen Sinn mehr kommt, und Ideale für das Leben nicht mehr notwendig sind, entsteht Klarheit. Diese Klarheit kann als Stärke bezeichnet werden (vgl. Krishnamurti 1988, S. 128).

Selbstwert ist die Quelle der individuellen Energie. Je stärker er ist, desto mehr ist eine Veränderung des eigenen Verhaltens möglich (vgl. Satir 1999, S. 56f). Dies ist gerade bei einem Wiedereinstieg ins Berufsleben bzw. bei einer Neuorientierung ein entscheidender Vorteil. Als Grundlage für einen starken Selbstwert ist es wichtig, alle Teile der eigenen Person zu achten und zu akzeptieren, sonst arbeitet man sozusagen gegen sein eigenes Selbst. Die ständige Veränderung, die das Leben so mit sich bringt, erfordert ein ständiges Update des eigenen Seins. Der Selbstwert entwickelt sich aus der Kindheit und korreliert mit einem achtsamen Umgang durch die Erwachsenen (vgl. Satir 1999, S. 58f). Vor allem der Bereich der Kommunikation ist in der Kindheit prägend. Satir unterscheidet hier vier universelle Muster der Kommunikation, die zur Vermeidung von Zurückweisungen eingesetzt werden:

- ❖ Beschwichtigung, um das Gegenüber nicht wütend zu machen

- ❖ Beschuldigung, um seine eigene Schwäche zu verbergen

- ❖ Rationalisierung, wobei die Bedrohung verharmlost und der eigene niedrige Selbstwert mit großen Worten versteckt wird

- ❖ Ablenkung, um die Bedrohung so lange zu ignorieren, bis sie von selbst verschwindet

Diese Muster werden nicht nur verbal, sondern auch über den Körper ausgedrückt. Daran lässt sich der Level des Selbstwertes ablesen, denn mit diesen vier Methoden wird ein niedriges Selbstwertgefühl kompensiert (1999, S. 120). Eine integrale Lösung bietet Virginia Satir mit einer fünften Möglichkeit, einer kongruenten Reaktion, an. Kongruentes Verhalten kann über zwischenmenschliche Streitigkeiten hinwegführen und eine vermittelnde Rolle einnehmen. Es ist ein ganzheitlicher Ansatz, der sowohl Körper, Gedanken, als auch Emotionen miteinbezieht und deshalb der inneren Überzeugung entspricht. Dies hat eine eindeutige Botschaft zur Folge, bei der Körperausdruck und das Gesagte übereinstimmen (1999, S. 131ff).

Durch einen wertschätzenden und liebevollen Umgang mit sich selbst kann zu einem Wachstum der individuellen Energie beigetragen werden. Dies ermöglicht außerdem die Bildung eines starken Fundamentes, von dem aus ein achtsamer und liebender Umgang mit der gesamten Umwelt gelebt werden kann (vgl. Satir 1999, S. 54). Dazu ist in erster Linie die Fähigkeit zur Selbstreflexion notwendig, da diese die Selbstwahrnehmung durch den Miteinbezug der emotionalen Anteile und durch das Wissen über die Zusammenhänge erweitert. Diese Selbstsorge und die damit verbundenen Veränderungsprozesse benötigen viel Zeit, die sich jeder Mensch für seine eigene Entwicklung, sowohl im privaten als auch im beruflichen Leben nehmen und zugestehen sollte (vgl. Michaelis/Bachmann 2010, S. 26). Die Begegnung neuer Situationen mit Entschlossenheit und tiefer Bewusstheit nimmt den Schrecken und die Angst vor dieser Herausforderung. Anzuerkennen was ist, der Situation den eigenen Rhythmus zuzugestehen und auch die Zeit, die dafür benötigt wird zur Verfügung zu stellen, ist eine Haltung, die Übergänge und Veränderungen der Lebenssituation leichter und erfolgreicher gestalten kann (vgl. Satir 1999, S. 437).

Um den Selbstwert stärken zu können ist innere Arbeit zur Entwicklung innerer und vertikaler Kraft nötig. Bereits Comenius (1592-1670) sieht die Weisheit als ein Erziehungsziel an, die eine Hilfestellung dabei bietet, dass der Mensch sich ändert und damit auch seine persönlichen Verhältnisse beeinflussen kann (zit.n. Reble 1993, S. 116). Die Bereitschaft zum Fühlen muss geweckt bzw. gefördert werden. Selbstwert ist eine Kraft im Inneren des Menschen. Angst entsteht, wenn sich die eigene Lebenskraft gegen das Individuum wendet. Unsere Lebensenergie steht mit unseren Emotionen in enger Verbindung. Wir sind selbstverantwortlich für die Verwendung der Energie. Kohärenz hilft beim Sparen. Verschiedene Körpersysteme arbeiten im Einklang. Das Verständnis um die Wirkung der Energie im Denken und Fühlen ist relevant, damit die Energie nicht gegen sich selbst verwendet wird (vgl. Childre/Martin 2010, S. 130ff).

## Integrale Pädagogik

Eine integrale Pädagogik ist wissenschaftlich betrachtet noch ein neues Feld. Sie ist vom Inhalt und von den Methoden her in jeder anderen Pädagogik auch zu finden. Es kommt hierbei zu einer Erweiterung um Qualitäten wie z.B Achtsamkeit, inneres Wahrnehmen, leben im Hier und Jetzt usw., die einem östlichen Verständnis entsprechen (vgl. Michaelis/Bachmann 2010, S. 13). Dabei kommt es zu einer umfassenden Bewusstseinsentwicklung, die alle Quadranten umfasst. Integrale Pädagogik ermöglicht einen ganzheitlichen Zugang zu jedem wissenschaftlichen Bereich (vgl. Michaelis/Mikula 2007, S. 90). Eine vielperspektivische Wahrnehmung dessen, was ist, und eine Überwindung des Entweder-oder-Prinzips ermöglicht die Entwicklung der Potenziale jedes Einzelnen (vgl. Dauber 2008, S. 162).

### Was bedeutet integral?

Es kann davon ausgegangen werden, dass sich Menschen ein Leben lang weiterentwickeln können. Damit diese Entwicklungsprozesse überhaupt stattfinden können sind vor allem bei Erwachsenen bestimmte Voraussetzungen und Bedingungen notwendig. Ein integraler Ansatz kann hierbei sehr gute Dienste leisten (vgl. Fuhr, Gremmler-Fuhr 2004, S. 18). Vor allem im Bereich der arbeitsuchenden Menschen ist Weiterbildung, Weiterentwicklung und lebenslanges Lernen von großer Bedeutung für die Wiedereingliederung in den Arbeitsprozess.

Integral bedeutet nicht, jedem Menschen eine bestimmte Ebene der Entwicklung aufzuzwingen. Vielmehr zeichnet sich ein integrales Modell dadurch aus, die Gesundheit der gesamten Spirale der Entwicklung in den Mittelpunkt der Bemühungen zu stellen. Es geht darum, die Bedingungen, die für eine Weiterentwicklung notwendig sind zu schaffen und zu fördern, damit jeder Einzelne sich in seinen eigenen individuellen Möglichkeiten durch die Spirale bewegen kann (vgl. Wilber 2010, S. 114). Die Einzigartigkeit jedes Menschen wird hier nicht nur akzeptiert, sondern als „notwendiger Bestandteil der Welt" gesehen (vgl. Girg 2007, S. 246). Ein Aspekt, der im Zeitalter der Globalisierung dabei helfen kann, Multikulturalität zu leben und damit ein friedliches Miteinander gewährleistet.

Durch einen integralen Ansatz können die Ressourcen der beteiligten Personen besser genutzt werden, da es zu keiner Wertung des Individuums kommt und somit nichts und niemand ausgeschlossen wird. Alles hat seine Berechtigung. Diese respektvolle Haltung ermutigt auf dem Weg der persönlichen Entwicklung (vgl. Kienzl 2010, S. 94f). Ein integraler Dialog zeichnet sich dadurch aus, dass ein Zusammenwirken aller Beteiligten zu einem kreativen und schöpferischen Prozess führt, bei dem es nicht mehr um Standpunkte und Meinungen geht, sondern um eine gemeinsame Neugestaltung (vgl. Girg 2007, S. 255). Kommunikation ist ein wichtiger Beitrag, um noch nicht genutztes Potential im Gehirn zu aktivieren. Da Denken und Fühlen miteinander verbunden sind, ist dabei die Führung eines achtsamen und einfühlsamen Dialogs wichtig. Sonst kann es zum Rückzug der Person kommen. Das Gehirn denkt in Emotionen. Als Dialog wird ein gegenseitiger Austausch bezeichnet und findet sowohl auf der verbalen- als auch auf der nonverbalen Ebene statt. Im integralen Verständnis wird Kommunikation immer gemeinsam und kreativ gestaltet. Mittelpunkt ist das Neugestalten. Die Ebene des Einnehmens von Standpunkten und des Vertretens von Meinungen wird verlassen (vgl. Michaelis/Bachmann 2010, S. 57ff).

Ein integral-pädagogisches Modell ist gekennzeichnet durch eine Vielfalt an Perspektiven. Zur besseren Umsetzung in der Praxis bietet sich hierfür Breema® als Methode zur Selbsterfahrung an.

## BREEMA®

Breema® (Sanskrit: göttliche Liebe) stammt aus dem Nahen Osten und wurde von Malichek Mooshan nach Kalifornien gebracht. Er gründete das Breema® Zentrum in Oakland, dessen momentaner Leiter Jon Schreiber ist (vgl. Michaelis/Mikula 2007, S. 199). Ziel dieser Körperarbeit ist die Harmonisierung von Körper und Geist. Dabei wird die Aufmerksamkeit auf die Breema®- Prinzipien gelenkt. Dadurch kann neues Denken und Fühlen entstehen und eine neue Haltung dem Leben gegenüber (vgl. Michaelis/Bachmann 2010, S. 37) Die Übungen teilen sich auf in Partner- Übungen und in Selbst-Breema® Übungen, die von jedem selbst ausgeführt werden können (vgl. Michaelis/Mikula 2007, S. 199).

### Selbst-Breema®

Durch Selbst-Breema® ist es möglich, Körper, Geist und Emotionen zu harmonisieren und zu einem gesünderen Leben zu gelangen. Mehr Energie steht dann zur Verfügung, die den Körper wieder ins energetische Gleichgewicht bringen kann. Der Verstand und die Gefühle werden klar.

Selbst-Breema® ist ein Schlüssel zu einem präsenten und damit harmonischen Leben (vgl. Schreiber/Berezonsky 2003, S. 6f). Ziel ist das Lernen mit dem ganzen Körper und die Einbeziehung der Prinzipien in den Alltag (vgl. Michaelis/Mikula 2007, S. 199). Bei regelmäßiger Anwendung dieser Methode ist es möglich, bedrückende Gedanken, Sorgen, Ängste aber auch negative Gefühle loszulassen. Dabei kann sich der Körper entspannen und die Lebendigkeit steigt. Die Übungen sind einfach in den täglichen Ablauf zu integrieren. Jede Tätigkeit im Alltag, vom Schuhe zubinden bis zur Hausarbeit, kann zu Selbst-Breema® werden, wenn sie bewusst durchgeführt wird (vgl. Schreiber/Berezonsky 2003, S. 59).

### Die neun Breema®Prinzipien

Breema® kennt neun Prinzipien, wobei jedes für sich sozusagen als Anleitung durch schwierige Phasen hindurch gesehen werden kann (vgl. Michaelis/Mikula 2007, S. 199). Jedes weist den Weg auf seine Art und Weise, hat viele Perspektiven zu bieten und kann so als Orientierungshilfe dienen (vgl. Michaelis/Bachmann 2010, S. 73). Sind Körper und Geist im Gleichgewicht, lernen auch die Gefühle einen ruhigen und ausgeglichenen Zustand einzunehmen. Dieser Einklang dient als Grundlage für ein erweitertes Bewusstsein, mit dem es möglich ist, Dinge so zu sehen, wie sie sind (vgl. Schreiber 2008, S. 20).

*Eigenerfahrung:*

*„Im Rahmen meiner Tätigkeit als Beraterin in einer Schulungsmaßnahme für arbeitsuchende Personen versuchte ich, meinen TeilnehmerInnen die neun Prinzipien näher zu bringen. Dazu habe ich farbige Kärtchen angefertigt. Auf jedem Kärtchen war ein Prinzip notiert. Ich ließ meine Gruppe aus den Kärtchen auswählen, und bat sie, die Wahl aus dem Bauch heraus zu treffen. Anschließend schlug ich vor, den notierten Satz zu lesen und im Bewusstsein zu verankern. Dann gingen wir zu unserem Tagesprogramm über. Im Anschluss an die Einheit sollten die TeilnehmerInnen beschreiben, wie sie sich gefühlt hatten. Die Hälfte der Gruppe (5 Personen) bemerkte keinen Unterschied, drei Teilnehmerinnen gaben an, die Aufgaben leichter bewältigt zu haben. Zwei Teilnehmerinnen waren von den Prinzipien so sehr angetan, dass sie von mir mehr darüber wissen wollten."*

❖ *Prinzip des Körperlichen Wohlbefindens: Der Körper ist bequem*

„Wenn wir den Körper nicht als etwas Abgetrenntes ansehen, sondern als einen Aspekt einer vereinten Ganzheit, dann gibt es keinen Raum für Unwohlsein" (Schreiber 2008, S. 15).

Einige tiefe Atemzüge im Vorfeld ermöglichen ein bewusstes Wahrnehmen von Körper, Verstand und Emotionen. Es kommt zu einer Momentaufnahme des körperlichen Wohlbefindens (vgl. Bachmann/Michaelis/Tscherny 2010, S. 76).

Durch die Wahrnehmung des eigenen Körpergewichtes und der Atmung lösen sich Verspannungen im Körper und die Energie kann sich erneuern. Es kommt zu einem Wohlfühlen im Körper und zur ganzen Beteiligung (vgl. Schreiber 2008, S. 18).

*Eigenerfahrung:*

*„Bei einer meiner morgendlichen Meditationsübungen durfte ich diese Ganzheit bewusst wahrnehmen und fühlte mich dabei so richtig wohl".*

❖ *Prinzip der Ganzen Beteiligung*

„Die natürlichste Art sich zu bewegen und zu leben ist mit voller Beteiligung. Ganze Beteiligung ist möglich, wenn Körper, Verstand und Gefühle in einem gemeinsamen Ziel vereint sind" (Schreiber/Berezonsky 2003, S. 61).

Dieses Prinzip schließt sich an das Prinzip der Körper ist bequem an und bezieht den ganzen Körper bis hin zur kleinsten Zelle mit ein. Die Kraft kommt nicht nur aus einem Teil des Körpers, sondern aus der Ganzheit (vgl. Schreiber 2008, S. 18).

*Eigenerfahrung:*

*„Dieses Prinzip anzuwenden fiel mir anfangs sehr schwer. Mit Hilfe meines Atems konnte ich mich darauf einstellen."*


❖ *Prinzip von Bestimmtheit und Sanftheit*

„Echte Bestimmtheit ist immer sanft, echte Sanftheit ist immer bestimmt. Wenn wir präsent sind, manifestieren wir auf natürliche Weise gleichzeitig Bestimmtheit und Sanftheit" (Schreiber 2008, S. 15).

Dieses Prinzip beschreibt die Möglichkeit, Geist und Emotionen in Einklang zu bringen. Fühlen und Denken werden in Wechselwirkung wahrgenommen. So wie auch die Atmung durch das Ein- und Ausatmen dieselbe Energie repräsentiert, sind auch Bestimmtheit und Sanftheit Teile einer Energie, dies sich ergänzen (vgl. Schreiber 2008, S. 103). Wenn wir mit unserem Herzen in Kontakt sind, werden auch unsere Gedanken klarer und konzentrierter. Durch die Verbindung von Herz und Gehirn wird der Blick weiter (vgl. Childre/Martin 2010, S. 52).

*Eigenerfahrung:*

*„Den Geschmack dieses Prinzips durfte ich durch regelmäßiges Üben und intensive Beschäftigung mit meiner eigenen Entwicklung kennenlernen".*


❖ *Prinzip der Gegenseitigen Unterstützung*

„Je mehr sich unser Wesen, unser Sein, beteiligt, desto mehr sind wir fähig, das Leben zu unterstützen und zu erkennen, dass das Dasein uns unterstützt. Unterstützung geben und erhalten geschieht gleichzeitig" (Schreiber/Berezonsky 2003, S. 61).

Hier steht die Präsenz im Alltagsleben im Mittelpunkt. Durch diese Präsenz werden auch andere dabei unterstützt, präsent zu sein. Daraus entwickelt sich gegenseitige Unterstützung (vgl. Schreiber 2008, S. 62). Bei einer Breema® Partnerübung unterstützen sich die beiden PartnerInnen gegenseitig. Beides, sowohl Empfangen als auch Praktizieren ist vital und entspannend (vgl. Michaelis/Mikula 2007, S. 200).

*Eigenerfahrung:*

*„Die Erfahrung von gegenseitiger Unterstützung wurde mir in einem integralen Seminar zuteil und erleichterte mir in weiterer Folge die Arbeit mit meinem Selbst".*


❖ *Prinzip von Keine Beurteilung*

*„In der Atmosphäre von ´keine Beurteilung` können wir uns selbst so akzeptieren, wie wir im Augenblick sind. Wenn wir in die Gegenwart kommen, sind wir frei von Beurteilung" (Schreiber/Berezonsky 2003, S. 61).*

Dies ist das Fundament von Breema®. Eine Haltung; die frei von Urteil ist, ermöglicht ein starkes Gefühl der Akzeptanz von sich und den anderen (vgl. Schreiber 2008, S. 19). Eine Sichtweise, die beurteilt, führt dazu, dass alles und jeder bewertet wird, sowohl positiv als auch negativ. Auch wenn eine Selbstbewertung stattfindet öffnet dies einer Haltung der Selbstgerechtigkeit die Tür. Folge dessen wird bei einem Fehler ein zu hoher Preis bezahlt, und bei einem Erfolg kommt es durch die Aufwertung der eigenen Entwicklung automatisch zu einer Abwertung der Anderen (vgl. Childre/Martin 2010, S. 163f). Die Entwicklung einer neutralen Sichtweise kann zu einer nichtbewertenden Wahrnehmung führen (vgl. Childre/Martin 2010, S. 160).

*Eigenerfahrung:*

*„Hier stoße ich immer wieder an meine Grenzen. Die Bewertung und Beurteilung von anderen Menschen geschieht noch automatisiert. Durch die Bewusstwerdung ist es mir möglich, daran zu arbeiten."*


❖ *Prinzip von Keine Eile-Keine Pause*

„Im natürlichen Rhythmus der Lebensenergie gibt es keine Eile und keine Unterbrechung" (Schreiber/Berezonsky 2003, S. 61).

Auch unser Herz schlägt beständig in seinem eigenen Rhythmus und ohne Pause. Für den Verstand ist dies schwer zu fassen. Deshalb bietet dieses Prinzip die Möglichkeit des Entlernens. Alles ist so, wie es ist (vgl. Michaelis/Bachmann 2010, S. 65).

*Eigenerfahrung:*

*„Im Gespräch mit Freunden entdeckte ich die Botschaft dieses Prinzips."*


❖ *Prinzip von Einzelner Augenblick-Einzelne Aktivität*

„Jeder Augenblick ist neu, frisch, ganz lebendig. Jeder Augenblick ist ein Ausdruck unserer wahren Natur, in sich vollendet" (Schreiber/Berezonsky 2003, S. 61).

Hier kommt es zur Verbindung von ich und bin. Es wird nicht nur aufs Denken, auf die Intelligenz beschränkt, sondern findet auch Platz im Herzen (vgl. Schreiber 2008, S. 107). Sowohl Gehirn als auch Herz bestimmen über Körperfunktionen, Emotionen und verbinden mit der Welt außen. Die Funktionsweisen sind allerdings unterschiedlich. Die Arbeitsweise des Gehirns verläuft linear und beschäftigt sich vordergründig mit der Analyse, dem Vergleichen und der Sortierung der Sinneseindrücke.

Durch die Bildung bestimmter Muster wird der Tagesablauf einfacher. Es besteht aber die Gefahr, dass das Gehirn in diesen vorhandenen Mustern steckenbleibt und Dinge, bzw. auch Probleme nur mehr aus einem Blickwinkel betrachtet werden können. Das Herz mit seiner Intelligenz ist durch seine intuitive und direkte Verarbeitungsweise in der Lage, sich für neue Sichtweisen zu öffnen. Die komplexe Verarbeitung von Informationen wirkt sich auch auf das Gehirn aus (vgl. Childre/Martin 2010, S. 51ff). Es geht nie darum, ein Ergebnis zu erzielen. Jede Tätigkeit ist in jedem Augenblick in sich abgeschlossen (vgl. Michaelis/Mikula 2007, S. 203).

*Eigenerfahrung:*

*„In der Anwendung auf die tägliche Hausarbeit, in Verbindung mit meinem Atem, fühle ich mich entspannt und ausgeruht".*


❖ *Prinzip von Keine Kraftanwendung*

„Wenn wir das Konzept vom Getrenntsein loslassen, lassen wir auch Anstrengung los"    (Schreiber/Berezonsky 2003, S. 61).

In einem natürlichen Zustand braucht es keine Kraft. Denn Kraftanwendung bedingt immer auch Widerstand. Mit Kraftanstrengung zu arbeiten heißt zu manipulieren. Dies bringt keinen Vorteil, sondern nur Verlust (vgl. Schreiber 2008, S. 69). Wenn es gelingt, präsent zu sein und uns mit dem Dasein in Einklang zu bringen, können wir Körper, Geist und Emotionen miteinander verbinden und dadurch die Kraftaufwendung minimieren (vgl. Michaelis/Bachmann 2010, S. 66).

*Eigenerfahrung:*

*„Bei der Durchführung der Breema® Partnerübungen kam ich in Kontakt mit diesem Prinzip. Die Umsetzung fällt mir nicht immer leicht".*

❖ *Prinzip von Nichts Extra*

„Um unser wahres Wesen, unser Sein, auszudrücken, ist nichts Zusätzliches notwendig"  (Schreiber/Berezonsky 2003, S. 61).

Bewertungen sind Extras, die dem „Ich bin" zugefügt werden. Nichts Extra spiegelt unser ureigenstes Wesen wider und kann auf duale Attribute wie z.B. gut oder schlecht verzichten (vgl. Bachmann/Michaelis/Tscherny 2010, S. 77).

*Eigenerfahrung:*

*„Hier kommen die alten Muster meiner Erziehung leider immer noch zum Tragen. Intensive Arbeit mit meinem inneren Ich ist der Weg".*

**Anwendung**

Breema®-Übungen sind besonders gut dazu geeignet, schwierige Situationen besser zu meistern. Vor allem bei außergewöhnlichen Belastungen, wie sie auch eine längere Arbeitslosigkeit darstellt, kann die Durchführung von Selbst-Breema® eine wichtige Unterstützungsfunktion bekommen. Durch die Harmonisierung von Körper, Geist und Seele und die Steigerung der Lebendigkeit ist die Gefahr des Selbstwertverlustes doch etwas gebannt. Außerdem steht mehr Energie für die Entwicklung neuer Ressourcen und für die individuelle Weiterentwicklung zur Verfügung. Ein weiterer Bereich in dem diese Art der Körperarbeit wirkungsvoll eingesetzt werden kann, ist der Bereich des Selfcare. Durch die gesellschaftlich festgelegte Orientierung am Außen als einziges Maß aller Dinge kommt es dazu, dass der Selbstwert nur noch über äußere Erscheinungen bestimmt wird. Das bedeutet Stress, da ein Nichterfüllen negative Konsequenzen nach sich zieht. Breema®-Übungen ermöglichen eine neue Haltung anzunehmen und herkömmliche Bewertungssysteme kritisch zu hinterfragen (vgl. Michaelis/Bachmann 2010, S. 36). Weiterentwicklung muss immer alle Quadranten, Entwicklungsebenen, Entwicklungslinien beinhalten. Nur so ist eine dauerhafte Veränderung überhaupt möglich. Menschen möchten wahrgenommen werden, so wie sie sind. Dies ist wichtig für den Selbstwert und ist auch jene Ermutigung, die jeder Mensch für seine individuelle Weiterentwicklung benötigt. Dadurch können auch die Ressourcen der einzelnen Personen besser eingesetzt werden (vgl. Michaelis/Bachmann 2010, S. 94f).

## Der Übergang zum Tun

Das Erlernen des Selbst ist nach Carl Rogers (1973, S. 447) der wichtigste Lernprozess zu dem ein Mensch fähig ist und beinhaltet die Entfaltung aller Potenziale, die ein Individuum in sich trägt (vgl. Altner 2006, S. 268). Die Auseinandersetzung mit der integralen Lebenspraxis führt zu Gedanken und Überlegungen, die erst durch die Beschäftigung mit dem

Integralen entstehen (vgl. Girg 2007, S. 23). Ein integrales Bewusstsein eröffnet eine andere Wahrnehmungsqualität und lässt dadurch eine perspektivische Sichtweise zu (vgl. Girg 2007, S. 101). Arbeitslosigkeit kann als Chance zur Erkennung des eigenen Selbst gesehen werden. Einen Überblick über verschiedene Möglichkeiten, wie innere Arbeit auch in arbeitsmarktpolitischen Maßnahmen Einzug halten und integriert werden kann, bietet das folgenden Konzept, das auf dem Quadrantenmodell nach Ken Wilber aufgebaut ist.

### Modell zur Stärkung des Selbstwertes

Ein integraler Ansatz führt immer über die Auseinandersetzung mit sich selbst. Denn nur jemand, der bereits auf dem integralen Weg wandelt, ist in der Lage, dieses Wissen auch an andere Personen weiterzugeben. Die innere Arbeit ist unbedingt notwendig und der Schlüssel zum Erfolg. Es ist wichtig, den Einstieg in ein integrales Leben über Körperübungen, die den Geist und das Herz öffnen, zu wählen. Diese Öffnung ermöglicht es erst, mit dem inneren Selbst in Kontakt zu kommen und alte Muster zu erkennen. Das Quadrantenmodell stellt eine anwendbare Orientierung und Möglichkeit zur Stärkung des Selbstwertes in Maßnahmen, die die Wiedereingliederung in den Arbeitsprozess fördern sollen, dar, da eine Veränderung in einem Quadranten auch automatisch Auswirkungen auf die übrigen Quadranten mit sich zieht (vgl. Wilber et al. 2013, S. 47).

Die Innenperspektive entspricht der biosozialen Umwelt im systemischen Denken. Die Außenperspektive spiegelt die physikalische Umwelt des Systems wider (vgl. Ellebracht et al. 2009, S.14)

| I. Quadrant | Gefühle<br>Empfindungen<br>Selbstwert<br>Persönlichkeitsbildung | beobachtbarer Körper<br>Verhalten<br>Gesundheit<br>Lerntypen | II. Quadrant |
| --- | --- | --- | --- |
| III. Quadrant | Stellung in der Familie<br>bei Freunden<br>soziale Kontakte<br>kulturelle, gelebte Werte | Konzept der Maßnahme<br>Einbindung in das Maßnahmensetting mit all seinen Auflagen | IV. Quadrant |

Abbildung 12: Modell zur Stärkung des Selbstwertes (modifiziert übernommen aus Michaelis/Mikula 2007, S. 96f).

I. Quadrant:

- Persönliche Beratungsgespräche mit Konzentration auf die individuellen Wahrnehmungen und Gefühle der TeilnehmerInnen.
- Bestimmung des Selbstwertes über Gespräche oder Fragebogen
- Empfehlung zur Führung eines Tagebuches
- Förderung der Persönlichkeitsentwicklung durch Körperübungen

Dieser Quadrant beinhaltet die individuelle, innere Seite mit allen Gefühlen, Empfindungen und dem Selbstwertgefühl. Hier wird alles, was selbst wahrgenommen wird zugeordnet (vgl. Fuhr/Gremmler-Fuhr 2004, S. 52f). Hier findet auch die Persönlichkeitsbildung statt. Gefühle müssen in den Lernprozess miteinbezogen und angenommen werden um ein ganzheitliches und vertrauendes Lernen unter Einbeziehung der gesamten Persönlichkeit zu fördern(vgl. Michaelis/Bachmann 2010, S. 112). Gefühle geben dem Leben erst Struktur und sind zutiefst menschlich. Es ist wichtig, sich über seine Gefühle im Klaren zu sein, und sie ohne Einschränkung anzunehmen (vgl. Satir 1999, S. 71). Der Blick auf die individuelle Innenperspektive muss in jeder Schulungsmaßnahme, die der Wiedereingliederung in den Arbeitsprozess dient, seinen Platz und seine Wertigkeit haben. Themen wie Stress- und Zeitmanagement, Lern-Strategien, Selbstmanagement und Entspannungsmethoden eigenen sich gut, um in diese subjektiven, inneren Räume einzutauchen (vgl. Ritschl 2007, S. 22). Hier wird gemeinsam eine Basis geschaffen. Ideen und Vorschläge werden sowohl von TeilnehmerInnen als auch von BeraterInnen eingebracht. Alle sind gleichberechtigt am Prozess beteiligt und lernen voneinander (vgl. Ellebracht et al. 2009, S. 38).

II. Quadrant:

- Erheben des körperlichen Zustandes der TeilnehmerInnen
- Beratung hinsichtlich Bewegung und Ernährung
- Abklärung des Lerntyps bzw. des Lernverhalten
- Feststellung bereits vorhandener Ausbildungen
- Videoanalysen

Die individuelle Außenperspektive umschließt alles, was von außen wahrgenommen werden kann. Dies betrifft sowohl das Körperliche als auch das bisherige Lernverhalten und das von außen beobachtbare Verhalten des Individuums an sich (vgl. Michaelis/Bachmann 2010, S. 115). Hier werden neue Verhaltensweisen oder Gewohnheiten geübt. Vorstellungsgespräche werden trainiert und mittels Video aufgezeichnet. Durch das anschließende Feedback werden erwünschte Lerneffekte angesprochen und können geübt werden. Adäquate Formulierungen für das Bewerbungsschreiben werden er-

arbeitet. Erkenntnisse der Gehirnforschung und wissenschaftliche Untersu-
chungen bezüglich der Funktionsweise des Gehirns beim Lernen werden genutzt. Lernen mit allen Sinnen steht im Vordergrund (vgl. Ritschl 2007, S.
26f).

Was beobachtet und wahrgenommen wird ist auch immer von der Tagesverfassung abhängig. Deshalb ist hier eine Selbstbeobachtung besonders wichtig (vgl. Ellebracht et al. 2009, S 40).


III. Quadrant:

Wichtig ist die Abklärung der folgenden Fragen:

- Wie wird kommuniziert?
- Welche kulturellen Werte sind vorherrschend?
- Beziehung zu Freunden und Familie, soziale Kontakte?
- Hobbies, ehrenamtliche Tätigkeiten?
- Wie agiert die Gruppe untereinander?


Die kollektive Innenperspektive umfasst den Wir-Raum, in dem Werte und
Bedeutungen mit anderen Individuen geteilt werden. Hier findet Kommunikation statt. Bezogen auf ein Setting mit arbeitsuchenden Menschen ist die Be-
trachtung des kulturellen Hintergrunds unbedingt notwendig. TeilnehmerInnen mit Migrationshintergrund haben andere Werte und Bedeutungen und
kommunizieren anders. Dieser Umstand ist auch in Beratungen immer miteinzubeziehen. Es muss versucht werden, durch verbalisieren diese individuell geprägte Welt sichtbar und damit zugänglich zu machen. Dadurch entstehen neue Perspektiven, die Grundlage für Klarheit und Veränderung sind
(vgl. Ellebracht et al. 2009, S. 42). Durch interkulturelle Trainings ist eine positive Annäherung an fremde Kulturen möglich und trägt zu einer Reduzie-
rung der Angst vor dem „Fremden" bei. Auch die Auseinandersetzung mit der
eigenen Kultur kann den Blick weiten und Zusammenhänge sichtbar machen
(vgl. Ritschl 2007, S. 32). Nicht der Einzelne steht hier im Mittelpunkt, sondern das Ergebnis aller einzelnen Werthaltungen in der Gruppe (vgl. ebd. S.
34).

IV. Quadrant:

- Systeme, Gesetze, Staat→Vorgaben durch das AMS
- Vorgaben durch die Maßnahme
- Ziele der Maßnahme
- Grenzen
- Gruppenprozesse

Der kollektive Außenraum spiegelt die Einbettung der TeilnehmerInnen in Kurs- oder Maßnahmensettings und die damit verbundenen Auflagen, erwarteten Ziele und Einschränkungen wider. Auch dies ist bei der Konzepterstellung zu berücksichtigen. Der Einsatz von technischen Systemen kann von Vorteil sein. Die stattfindenden Gruppenprozesse sind zu berücksichtigen. Lerngruppen können positiv genutzt werden. Die BeraterInnen geben im Setting den Rahmen vor und können für konstruktives Feedback sorgen. Feedback innerhalb der Gruppe ermöglicht größeren Lernerfolg (vgl. Ritschl 2007, S. 38).

*Geschichtlicher Rückblick:*

Der Beginn der Geschichte der Arbeitslosenunterstützung ist datiert mit dem Übergang vom 19. ins 20. Jahrhundert. Damals wurde eine institutionelle Absicherung im Falle einer Arbeitslosigkeit als notwendig angesehen. Die erste staatliche Maßnahme wurde 1918 von Staatssekretär Ferdinand Hanusch eingeführt. Sie basierte noch auf dem Prinzip der Fürsorge und wurde 1920 von einer gesetzlichen Form abgelöst. War die Arbeitslosenversicherung zu diesem Zeitpunkt noch selbstverwaltet, wurde sie 1935 in eine ausschließliche staatliche Verwaltung übernommen. Vielfache Novellierungen prägten diese Einrichtung. Die Grundlage für die geltende Form basiert auf dem Arbeitslosenversicherungsgesetzes 1977 (AlVG). Mit der Errichtung des Arbeitsmarktservices (AMS) in seiner heutigen Form im Jahr 1994 kam es zu einer weiteren Trendwende (vgl. Leidl-Krapfenbauer/Richter 2015, S. 4).

Arbeitslosigkeit ist zu jeder Zeit in jedem Quadranten präsent und darf nicht isoliert betrachtet werden. Durch eine ständige reflexive Arbeit kann ermittelt werden, ob bestimme Quadranten vernachlässigt werden.

Durch Bezugnahme auf diesen integralen Rahmen kann es leichter fallen, alle Dimensionen der Wirklichkeit wahrzunehmen (vgl. Wilber et al. 2012, S. 105).

Durch die ganzheitliche Wahrnehmung der TeilnehmerInnen durch die BeraterInnen kommt es zu einem Gefühl des *Angenommen Werdens* und damit zu einer Öffnung für neue Wege, die zu mehr Selbstwert führen (vgl. Satir 1999, S. 58).

Die Loslösung von der Haltung des Gegeneinanders führt zu einem Miteinander und zu bedingungsloser Wertschätzung. Bei diesem Übergang in ein neues Denkmuster wirken Selbstreflexion und Reflexion als Unterstützung (vgl. Michaelis/Bachmann 2010, S. 60f).

*„Hast Du die Geduld zu warten,*

*bis der Schlamm sich gesetzt hat und das Wasser klar ist?*

*Kannst Du unbewegt verweilen,*

*bis die rechte Handlung von selbst auftaucht?"*

(Lao-tzu, Tao-te ching)

### Forschung und Praxis

Voraussetzung für die Umsetzung eines integralen Ansatzes ist die eigene Auseinandersetzung mit dem Thema durch die BeraterInnen selbst. Erst wenn die Bedeutung des Integralen selbst gefühlt und erfahren wird, ist es möglich, diesen Ansatz auch an andere Personen weiterzugeben. Dies erfordert Zeit und Mut und ist ein ständiger Prozess. Vor allem die Methode der Selbstreflexion ist für ein Handeln im integralen Verständnis unerlässlich. Zuerst müssen die eigenen Gefühle und das Ego erkannt und akzeptiert erkannt werden. Erst dann ist ein Umgang mit Anderen, der nicht urteilt und nicht bewertet, möglich (vgl. Michaelis/Suntinger 2010, S. 124). Auch hier wiederum ist als adäquate Methode zum Einstieg die Körperarbeit zu nennen. Insbesondere Breema®-Körperübungen ermöglichen die Herstellung von Harmonie zwischen Körper, Geist und Gefühlen (vgl. Schreiber/Berezonsky 2003, S. 6f). Die Übungen können in den Alltag integriert werden, indem die neun Prinzipien als Denkmodell herangezogen werden. Im integralen Verständnis muss einem qualitativen Ansatz in der Forschung der Vorzug gegenüber quantitativen Methoden gegeben werden, da der Mensch und nicht Zahlen im Fokus stehen sollte.

**Quantitative vs. qualitative Forschungsmethoden**

Sowohl die quantitative als auch die qualitative Sozialforschung sind zumindest seit den frühen 20. Jahrhundert als voneinander getrennte Methoden sichtbar. Das Verhältnis zueinander ist von gegenseitiger Kritik und Inakzeptanz geprägt. Jede Methode für sich schien das einzig Wahre zu sein. In den 1980er Jahren begann die qualitative Sozialforschung die herkömmlichen, standardisierten Befragungsmethoden kritisch zu hinterfragen, da diese das gesamte soziale Umfeld nicht vollständig darstellen und deshalb nur ein unvollständiges Bild liefern konnten (vgl. Lamnek 2010, S. 4). Dieser Trend zu qualitativen Methoden stellt eine gewaltige Veränderung in den Sozialwissenschaften dar. Man versucht an die Tradition der Chicagoer Schule, die Feldforschung, anzuknüpfen und auch die Biografieforschung gewinnt immer mehr an Bedeutung (vgl. Mayring 2002, S. 9f). Die Wurzeln des qualitativen Denkens gehen weit zurück. Sie lassen sich bis zu Aristoteles (384-322 v. Chr.) zurückverfolgen. Seiner Meinung nach müssen historischen Gegebenheiten und ihrer Entwicklung, aber auch den Intentionen und Zwecken mehr Bedeutung zugemessen werden. Durch das Zugeständnis von induktivem Vorgehen, d. h. des Schließens vom Besonderen auf das Allgemeine bildet sich eine Basis für Einzelfallanalysen (vgl. Mayring 2002, S. 12). Gianbattista Vico (1668-1744), der auf den Zusammenhang von Sprache und Handeln verweist, ist als weiterer Vorläufer eines qualitativen Denkens zu nennen (vgl. ebd. S. 13). Noch eine Wurzel des Qualitativen lässt sich in der Hermeneutik finden: bereits Dilthey spricht sich gegen eine strenge Abtrennung von Naturwissenschaft und Geisteswissenschaft aus. Auch er hält eine gemeinsame, aufeinander aufbauende Anwendung für sinnvoll (vgl. ebd. 14). In der Pädagogik gab es von Anfang an eine geisteswissenschaftliche Orientierung. Erst in den 1960er Jahren etablierte sich die empirische quantitative Forschung in den Erziehungswissenschaften, doch mit dem Paradigmenwechsel in den 1970er Jahren, der qualitativen Wende, hielten die qualitativen Methoden wieder Einzug ins pädagogische Fach (vgl. ebd. S. 17).

Um die biografischen Ansätze und die Individualität in dieser Arbeit besonders hervorzuheben, kam das Design der qualitativen Einzelfallanalyse zum Einsatz.

## Qualitative Einzelfallanalyse

Bereits klassische Entwicklungsromane wie z.B. Goethes „Dichtung und Wahrheit", aber auch systemisch gesammelte Autobiografien von Arbeitern und psychiatrische Fallanalysen dienen als Vorläufer der wissenschaftlichen Fallanalysen. Im qualitativen Paradigma steht der Mensch als Forschungsobjekt im Mittelpunkt. Der Kontext, in dem er sich bewegt, und die Individualität stehen im Fokus der Forschung. Die Darstellung der Zusammenhänge aller Lebens- und Funktionsbereiche, aber auch der biografische Hintergrund sollen dargestellt werden, um so zu genauen und tiefgreifenden Ergebnissen zu kommen. Als Material stehen z.B. Briefe, Tagebücher, Anamnesen, Lebensläufe, Memoiren usw. zur Auswahl (vgl. Mayring 2002, S. 41ff). Die Fallanalyse stellt sich nicht als eigentliche Erhebungstechnik dar, sondern vielmehr als ein Forschungsansatz. Verschiedene Synonyme dafür finden ihre Anwendung. Als Beispiel sind Fallbericht, Fallmethode, Falldarstellung, Fallbeschreibung etc. zu nennen. Es geht dabei um die Darstellung eines ganzheitlichen Bildes der Alltagswelt. Das Zusammenwirken einzelner Faktoren und das Ausarbeiten von typischen Vorgängen werden dabei forciert (vgl. Lamnek 272f). Theoretische Konzepte können aufgrund des Materials, das bei einer Fallstudie erhoben wird, entwickelt werden (vgl. Lamnek, S. 290).

In dieser Arbeit finden sowohl Auszüge aus dem Forschungstagebuch als auch Reflexionsprotokolle Anwendung. Reflexionsprotokolle bieten eine hervorragende Möglichkeit zur Selbstreflexion. Eine genaue und ehrliche Protokollführung ist dabei unerlässlich, um die Gesamtsituation möglichst unverfälscht abbilden zu können.

## Einzelfallbeschreibung

Die Ausgangslage zeigte eine 45 jährige Frau, seit ca. zwei Monaten arbeitslos, verheiratet, drei unterhaltspflichtige Kinder. Der Jobverlust kam durch eine Nichtverlängerung des Arbeitsvertrages zustande. Sie war in einer Maßnahme beschäftigt, die als Zielgruppe arbeitsuchende Menschen ab 45+ hatte. Im Zuge von Innovation und Kampf um Förderungen kam es zu massiven Umstrukturierungen, die auch einige Jobkürzungen mit sich brachten. Nach ca. einem Monat der Arbeitslosigkeit kam es zu einem Gefühl der Wertlosigkeit, das nach und nach zu einer Verminderung der Schlafqualität führte, da sich negative Gedanken, wie z.B. „jetzt leiste ich nichts mehr" oder „ohne Arbeit bin ich niemand", einschlichen. Zusätzlich verstärkte sich eine chronische Urtikaria *(Nesselsucht, Hautausschlag, der mit Quaddel Bildung und starkem Juckreiz einhergeht, Anm.d.Verf.).* Um den Selbstwert wieder zu stärken und die Arbeitslosigkeit als Chance für Neues zu erkennen, wurden ein tägliches Übungsprogramm und begleitende Seminare im integralen Verständnis unter der Anleitung eines erfahrenen Breema® Practicioners gestartet. Der Beobachtungszeitraum erstreckte sich über einen Zeitraum von sechs Wochen und wurde mittels Tagebuch, wöchentlichen Reflexionsprotokollen und dem Führen eines Protokolls über die Schlafqualität dokumentiert.

*Der Beginn*

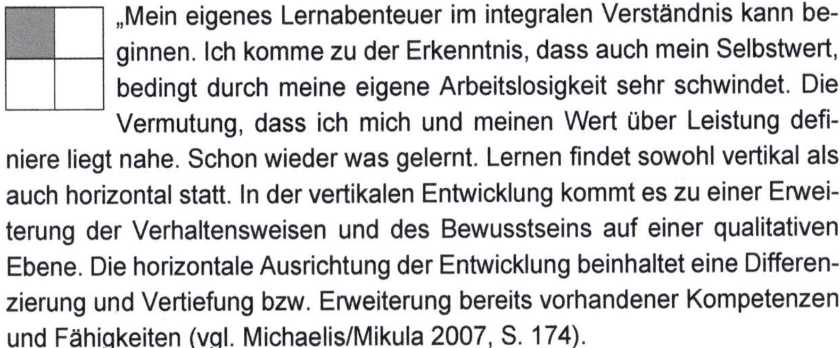

„Mein eigenes Lernabenteuer im integralen Verständnis kann beginnen. Ich komme zu der Erkenntnis, dass auch mein Selbstwert, bedingt durch meine eigene Arbeitslosigkeit sehr schwindet. Die Vermutung, dass ich mich und meinen Wert über Leistung definiere liegt nahe. Schon wieder was gelernt. Lernen findet sowohl vertikal als auch horizontal statt. In der vertikalen Entwicklung kommt es zu einer Erweiterung der Verhaltensweisen und des Bewusstseins auf einer qualitativen Ebene. Die horizontale Ausrichtung der Entwicklung beinhaltet eine Differenzierung und Vertiefung bzw. Erweiterung bereits vorhandener Kompetenzen und Fähigkeiten (vgl. Michaelis/Mikula 2007, S. 174).

Die genaue Bedeutung und auch Tragweite dieser Entwicklungen sind mir am Anfang meiner Forschungsarbeit noch nicht bewusst."

Das traditionell mechanistische Paradigma mit seiner Rationalität und dem linear-kausalem Denken (vgl. Michaelis/Mikula 2007, S. 21f), war noch vorherrschend. Ich hatte keine Vorstellung davon, wie wissenschaftliches Arbeiten im nächsten Paradigma, dem prätranspersonalen Paradigma eigentlich vor sich gehen sollte. Langsam wurde mir bewusst, dass ein rationales Vorgehen nicht funktionierte. Aber wie dann? Um dies herauszufinden, besuchte ich ein Seminar, um die Arbeit an meinem inneren Selbst zu erlernen. Der erste Zugang erfolgte über den Körper mittels Selbst-Breema®-Übungen und kurzen Kontemplationen zu ausgesuchten Themen. Jeweils zwei bis drei Breema® Prinzipien dienten als Leitbild. Es war unglaublich, welche Wirkung dies hatte. Als Hausaufgabe kam das Erstellen von Protokollen und Reflexionen zum Einsatz. Diese Beschäftigung gestaltete sich sehr intensiv, da bei der Verschriftlichung des Erlebten die Gefühle noch einmal sehr präsent waren. Es kam dadurch zu einer verstärkten Wahrnehmung und Klarheit.

Dies stellte den Übergang zum prä-transpersonalen Paradigma dar. Dieses Paradigma ist gekennzeichnet durch einen Blick auf das Gesamte und den Übergang vom „Entweder-oder" Prinzip zu einer Haltung des „Sowohl als auch". Dadurch ergab sich die Möglichkeit einer sehr intensiven Selbstreflexion. Gefühle der Sinnerfüllung entstanden und ein spirituelles Wachstum war möglich. Sowohl Rationalität als auch Emotionalität fanden ihren gemeinschaftlichen Platz (vgl. Michaelis/Mikula 2007, S. 41). Dies wiederum bedeutete einen weiteren Fortschritt im Bereich der pädagogischen Arbeit (vgl. Michaelis/Suntinger 2010, S. 125). Für die tägliche innere Arbeit zu Hause wählte ich eine Übung aus, die ich fortan regelmäßig durchführte. Ich ließ mich dabei von meinem Gefühl leiten und vertraute auf meine innere Kraft. In den ersten beiden Wochen nach dem Seminar erlebte ich ein Wechselbad der Gefühle. Viele der alltäglichen Probleme entpuppten sich als „hausgemacht". Auch was den Selbstwert betraf, wurde mir mehr und mehr bewusst, dass hier innere Muster aus meiner Kindheit am Werk waren. Diese Erkenntnis empfand ich zunächst als sehr schmerzhaft und die Versuchung war groß, alles zu verdrängen. Doch ich blieb „am Ball", und das regelmäßige Üben half mir sehr dabei.

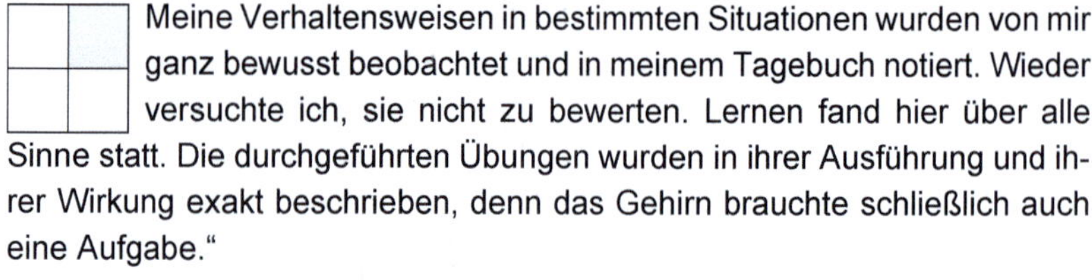

Meine Verhaltensweisen in bestimmten Situationen wurden von mir ganz bewusst beobachtet und in meinem Tagebuch notiert. Wieder versuchte ich, sie nicht zu bewerten. Lernen fand hier über alle Sinne statt. Die durchgeführten Übungen wurden in ihrer Ausführung und ihrer Wirkung exakt beschrieben, denn das Gehirn brauchte schließlich auch eine Aufgabe."

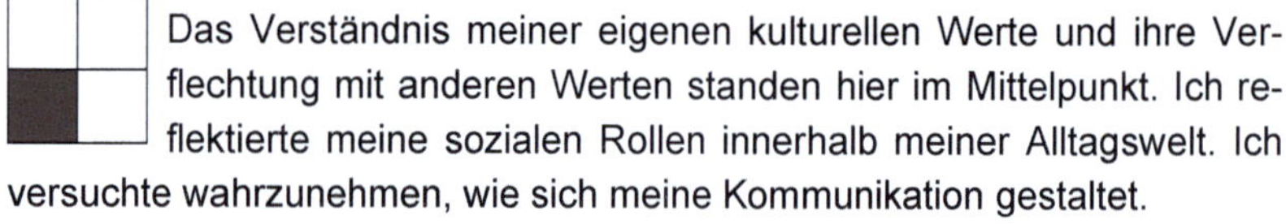

Das Verständnis meiner eigenen kulturellen Werte und ihre Verflechtung mit anderen Werten standen hier im Mittelpunkt. Ich reflektierte meine sozialen Rollen innerhalb meiner Alltagswelt. Ich versuchte wahrzunehmen, wie sich meine Kommunikation gestaltet.

Hier war die Führung eines Tagebuches überaus wichtig. Nur so war es mir möglich Situationen zuzuordnen. Feedback durch meine Familie ließ mich Kommunikationsmuster erkennen. Das Prinzip „Keine Beurteilung" war hier für mich eine große Unterstützung.

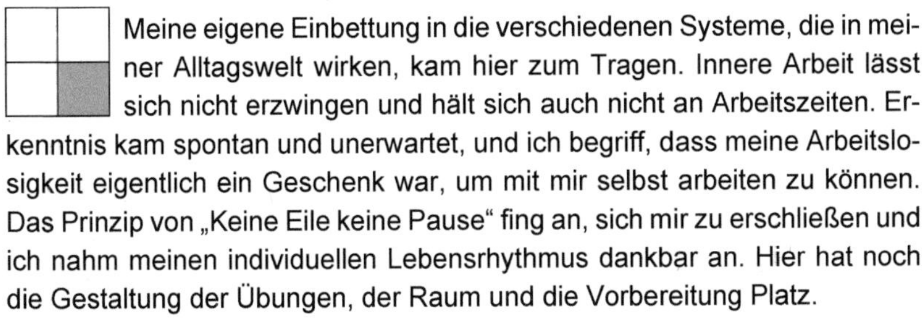

Meine eigene Einbettung in die verschiedenen Systeme, die in meiner Alltagswelt wirken, kam hier zum Tragen. Innere Arbeit lässt sich nicht erzwingen und hält sich auch nicht an Arbeitszeiten. Erkenntnis kam spontan und unerwartet, und ich begriff, dass meine Arbeitslosigkeit eigentlich ein Geschenk war, um mit mir selbst arbeiten zu können. Das Prinzip von „Keine Eile keine Pause" fing an, sich mir zu erschließen und ich nahm meinen individuellen Lebensrhythmus dankbar an. Hier hat noch die Gestaltung der Übungen, der Raum und die Vorbereitung Platz.

Es folgen Beispiele von Reflexionsprotokollen erstellt anhand von Selbst-Breema®- Übungen (übernommen aus Schreiber/Berezonsky 2003):

**_Führung kommt aus der Stille_**

1.Stelle dich bequem hin

2. Beim Einatmen ziehe die Schultern langsam

nach oben in Richtung Ohren

3-4. Mit dem Ausatmen hebe deine Arme langsam bis sie über dem Kopf sind, so als würden sie hinaufschweben (die Bewegung wird von den Handgelenken geführt, die Hände sind völlig entspannt).

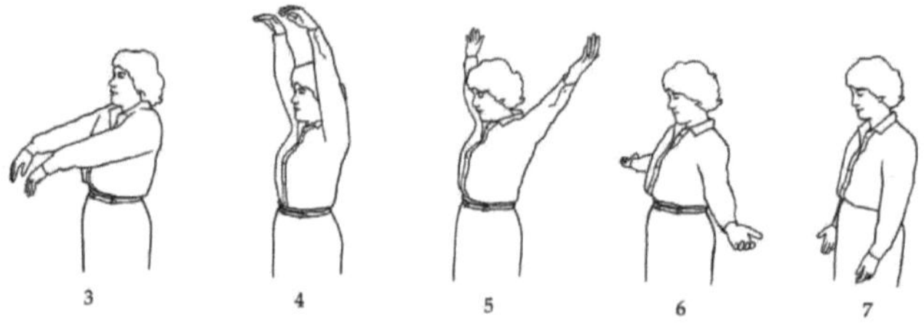

5-7. Mit derselben fließenden Bewegung senke die Arme seitlich nach unten. Wiederhole diesen Ablauf drei bis sieben Mal.

8-10.

Streiche dreimal über jeden Arm.

 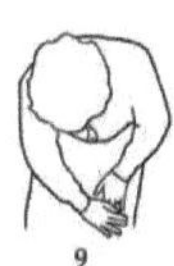 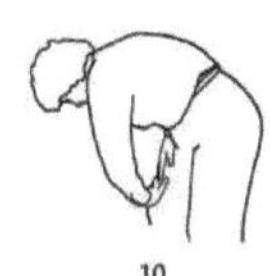

11. Stehe bequem

<u>Empfindungen und Auswirkung:</u>

*„Ich versuche mich zu zentrieren, es fällt mir heute schwer, und ich nehme Kontakt mit dem Boden auf.*

*Die Streckung fühlt sich gut an. Ich genieße sie.*

*Entspannung stellt sich ein. Mein Kopf fühlt sich ganz leicht an.*

*Ich kann mich in die Bewegung fallen lassen und nehme an, was kommt".*

**_Wenn Dankbarkeit da ist, bin ich lebendiger_**

1-2 Stelle dich bequem hin. Bringe die Handflächen zusammen und verschränke die Finger ineinander. Die Daumen zeigen nach vorne.

Beim Einatmen strecke die Arme nach vorne aus, wobei die Schultern und der Bereich zwischen den Schulterblättern gedehnt werden.

3. Wenn die Arme gestreckt sind, drehe die Hände mit den Handflächen nach außen. Dadurch entsteht eine Dehnung der Hand- und Fingergelenke. Die ganze Bewegung wird ohne Unterbrechung ausgeführt, sobald die Arme ausgestreckt sind.

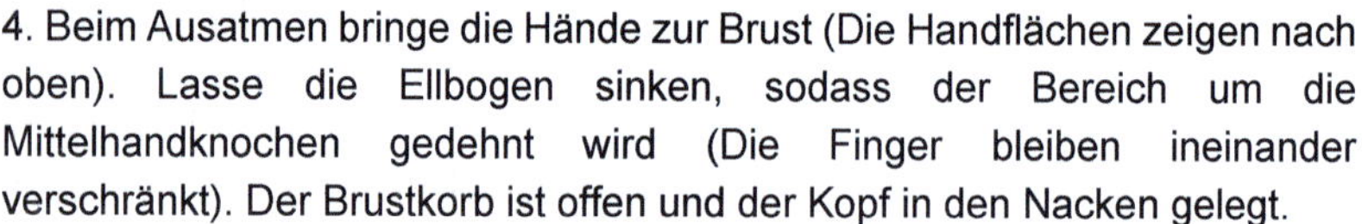

4. Beim Ausatmen bringe die Hände zur Brust (Die Handflächen zeigen nach oben). Lasse die Ellbogen sinken, sodass der Bereich um die Mittelhandknochen gedehnt wird (Die Finger bleiben ineinander verschränkt). Der Brustkorb ist offen und der Kopf in den Nacken gelegt.

Wiederhole diese Bewegungen mit dem Ein- und Ausatmen noch zweimal.

5-9 Nach dem dritten Ausatmen drehe die Hände nach innen und lege die
Handflächen in Höhe des Herzens auf die Brust. Streiche von der Brust
zum Bauch, nach hinten zu den Nieren, die Rückseite der Beine entlang bis
zu den Zehen, von dort an der Vorderseite der Beine nach oben bis zum
Bauch, wirf die Arme nach oben über den Kopf, öffne sie nach außen und
lasse sie sinken, bis sie an den Seiten ruhen.

Stehe bequem

<u>Empfindungen und Auswirkung:</u>

*„ Diese Übung empfinde ich sehr intensiv.*

*Die Dehnung ist spürbar bis zu den Füßen. Die Gegendehnung nach hinten
ist befreiend.*

*Die Töne beim Ausatmen einfach aus dem geöffneten Mund strömen zu las-
sen fällt mir nicht leicht. Dabei spüre ich noch eine Blockade im Halsbereich.
Das Abstreichen über meinen Körper hinterlässt ein wohliges Gefühl".*

**Einen Geschmack zu haben öffnet uns für das Leben**

Stehe bequem

1. Lege die Hände im Nacken übereinander. Während die Hände da ruhen, lass die Ellbogen mit dem natürlichen Gewicht der Arme nach unten hängen. Der Kopf neigt sich leicht nach vorne.

2. Atme ein und hebe beim Ausatmen die Ellbogen schnell und mühelos nach oben und öffne sie nach außen. Dabei werden Kopf und Nacken gestreckt.

3.-5. Registriere deine Körperhaltung und diese Erfahrung. Streiche dann mit den Händen vom Nacken über die Brust hinunter zu den Seiten.

Stehe bequem.

<u>Empfindungen und Auswirkung:</u>

*„Am Anfang habe ich noch Schwierigkeiten bei der Durchführung. Klopfen und hüpfen gleichzeitig überfordert mich etwas. Die Übung wirkt belebend.*

*Die Energie kommt zurück.*

*Ein Gefühl der Befreiung entsteht".*

Das Führen eines Protokolls diente dazu, Gefühle und Empfindungen erst einmal sichtbar zu machen. Denn nur was auch gesehen wird, hat eine Chance auf Veränderung.

Die Wahrnehmung der eigenen Herzintelligenz ist notwendig, um mit Emotionen adäquat umgehen zu können. Da Gefühle schneller sind als Gedanken, ist es wichtig, mit dem Herzen in Verbindung treten zu können, um den Energieverlust durch negative Emotionen schneller zu unterbinden. Das Gehirn selbst ist dazu nicht in der Lage (vgl. Childre/Martin 2010, S. 161).

Die folgenden Auszüge aus dem persönlichen Tagebuch veranschaulichen die emotionale Entwicklung.


Auszüge aus dem Tagebuch


*Woche 1*

*„ Auf der einen Seite genieße ich die Anwesenheit meiner Familie, auf der anderen nimmt es mir den persönlichen Raum, in den ich mich bei Bedarf zurückziehen kann. Lernziele sind für mich Abgrenzung und die Abgabe von Verantwortung."*


*Woche 2*

*„ Ich sitze in der Straßenbahn. Plötzlich ein Schmerz in meiner Brust, ganz tief drinnen. Ein Gefühl der Sehnsucht entsteht, ganz klein nur. Sehnsucht nach Liebe, Geborgenheit, nach Wärme. Die Menschen rund um mich erscheinen mir wie ferngesteuert, mechanisch."*

*Woche 3*

*„Die regelmäßigen, morgendlichen Übungen haben meine Haltung auch äußerlich verändert. Im Bereich der Halswirbelsäule ist es zu einer Aufrichtung*

gekommen. Meine innere Stärke ist jetzt auch außen wahrnehmbar. Ich richte mich zu meiner wahren Größe auf. Dunkle Monster aus meiner Vergangenheit tauchen auf, doch ich habe keine Angst. Sie sind einfach da und es ist in Ordnung."


*Woche 4*

*„Im Augenblick des Streites wird mir die Nichtigkeit des Anlasses bewusst und ich versuche ganz bewusst ins Gefühl zu kommen und meinen Verstand auszuschalten. Ich umarme mein Gegenüber voller Liebe und das negative Gefühl löst sich einfach auf."*


*Woche 5*

*„Mir wird bewusst, dass mein geringer Selbstwert nur mit innerer Arbeit wieder zu stärken ist. Es ist diese ureigene innere Kraft, von der der Selbstwert genährt wird. Diese Erkenntnis berührt mich und lässt Traurigkeit entstehen."*

*Woche 6*

*„Mein Schlaf ist erholsam. Ich spüre meine Bedürfnisse und gebe ihnen nach. Leichtigkeit entsteht und ich spüre mein Herz. Geborgenheit macht sich breit. Die Welt erscheint klein in der Erkenntnis, dass es etwas viel Größeres gibt. Ich weine."*


Die sechs Wochen der Selbsterforschung waren eine sehr intensive Zeit. Ich durfte viel Erfahrungen sammeln und lernte mich selbst ganz neu kennen. Das regelmäßige Üben hatte eine positive Auswirkung auf meinen Gesundheitszustand. Die Urtikaria verschwand völlig und meine Schlafqualität nahm stark zu. Außerdem stand mir so viel Energie zur Verfügung, dass ich meine Ernährung umstellen konnte. Mein innerer Selbstwert stieg und ich fühlte mich nicht mehr minderwertig ohne Arbeit. Dies hatte natürlich auch Auswirkungen auf mein Umfeld. Das Zusammenleben mit meiner Familie gestaltet sich seitdem viel harmonischer und aufkommende Konflikte können adäquater gelöst werden.

Im nächsten Kapitel werden die empirischen Ergebnisse zusammengefasst und dargestellt.

*Ergebnisse*

Die erste Hypothese zur Stärkung des Selbstwertes durch einen integralen Ansatz in Bildungsmaßnahmen für ältere arbeitslose Personen konnte mit dieser Arbeit weder verifiziert noch falsifiziert werden, da die Möglichkeit einer empirischen Überprüfung durch das Fehlen geeigneter Maßnahmen nicht gegeben war.

Die zweite Hypothese über die Entwicklung eines integralen Verständnisses durch Selbst-Breema®- Übungen konnte mit Hilfe der Einzelfallstudie unterstrichen werden. Anhand der Reflexionsprotokolle konnte festgestellt werden, dass das körperliche Befinden deutlich an Qualität zugenommen hat. Es kam außerdem zu einer Verbesserung des Schlafes. Dies wurde anhand eines täglichen Schlafprotokolls festgehalten. Durch die intensive Beschäftigung mit den Selbst-Breema® Übungen wurde das Gesundheitsbewusstsein aktiviert und die Ernährung verbessert. Des Weiteren fand eine Stärkung des Selbstwertes statt, die durch das Verschwinden der negativen und abwertenden Gedanken wahrgenommen werden konnte.

Es ist festzuhalten, dass innere Arbeit nie beendet ist und sich durch Krisen, die als Chancen wahrgenommen werden, weiter entwickelt. Der Selbstwert als innere, individuelle Kraft kann dadurch weiter gestärkt werden. Selbst-Breema® stellte sich als ein adäquates Mittel dar, um die Arbeit mit dem inneren Selbst leisten zu können. Die Schwierigkeit dieser Arbeit lag darin, dass Gefühle und innere Kraft nicht operationalisierbar, sondern nur subjektiv wahrnehmbar sind. Doch bilden gerade sie im integralen Verständnis den Grundstock für den Selbstwert.

## Fazit

Selbstwert kann aus verschiedenen Perspektiven heraus betrachtet werden. Die unterschiedlichen Blickwinkel erfordern auch unterschiedliche Ansätze zur Stärkung des Selbstwertes. In einem integralen Verständnis bewirkt ein Zuviel an Werten, die sich nach den Werten draußen richten, dass der Blick auf das Wesentliche verschleiert wird, einengt und verhindert, dass die Wahrheit gesehen werden kann (vgl. Funke 1993, S. 8). „Denn der Grundwert des Lebens, der ich schon immer bin, kann nur in der Annahme, der Realisierung und der Aktualisierung des Wertes, der ich bin, erfahren werden." (Funke 1993, S. 13).

Krishnamurti sieht generell in Werten eine Gefahr, da sie die Unterschiede zwischen den Menschen forcieren und je nachdem welches Wertesystem vorherrschend ist, darüber entscheiden, wer gut ist und wer nicht. Werte haben immer auch Gegenpole und schaffen deshalb ein Gefälle. Daraus kann gefolgert werden, dass, wenn es ein positives Selbstwertgefühl gibt, auch sein Pendant dazu, nämlich das negative, existieren muss. Würde also kein hoher Selbstwert benannt werden, könnte man auch auf den niedrigen verzichten (vgl. Krishnamurti 1988, S. 128).

Im zweiten Rang Bewusstsein ist ein Begriff wie Selbstwert nicht mehr wichtig. Jede Form von Bewertung und Bewertungssystemen wird überflüssig. Das *Selbstgewahrsein* im Hier und Jetzt vereint Körper und Geist und öffnet den Blick. Eine Selbstbewertung und Bewertung anderer ist dann nicht mehr notwendig. Das führt zu einer neuen Freiheit. Ich bin. Um in diesen integralen Raum zu gelangen, ist ein Arbeiten mit seinem inneren Selbst unverzichtbar, denn Selbstwert entsteht aus der eigenen inneren Kraft. Je mehr davon vorhanden ist, desto leichter gestalten sich Veränderungen (vgl. Satir 1999, S. 56). Gerade in der Arbeit mit arbeitsuchenden Menschen ist ein Annehmen von neuen Situationen unerlässlich.

Das darin verborgene Potential muss sichtbar gemacht und als neue Chance erkannt werden. Ein weiterer Eckpfeiler auf dem Weg ins Integrale ist die Achtsamkeit. Denn nur wer achtsam mit sich selbst umgeht, kann auch mit anderen achtsam sein. Die Tätigkeit einer Betreuung und Beratung arbeitsloser Menschen setzt eine intensive Auseinandersetzung mit dem integralen Ansatz voraus. Denn nur durch die eigene Erfahrung wird die Vermittlung der integralen Botschaft auch an andere Personen möglich.


*„Das was vor uns liegt und das was hinter uns liegt*

*ist nichts im Vergleich zu dem, was in uns liegt.*

*Und wenn wir das , was in uns liegt nach außen in die Welt tragen,*

*geschehen Wunder."*

*(Henry David Thoreau)*

Abbildung 13: Die innere Kraft

*Dieses Bild entstand durch meine integrale, innere Arbeit während der sechs-wöchigen Forschungszeit. Ich durfte durch die intensive Auseinandersetzung mit meinem Selbst vom Geschmack meiner eigenen inneren Kraft kosten. Es war eine Gnade und ich bin demütig dem Leben gegenüber und allen Dingen, die da noch kommen mögen. Meinen integralen Weg werde ich natürlich wei-terbeschreiten, denn ein Zurück gibt es für mich nicht mehr.*

# Kampfkunst fürs Integrale – Ein Praxisweg

Michael OKORN

## Inhaltsverzeichnis


**Vorwort**.................................................................................**103**

**Eine Integrale Diskussion: Wo wir stehen**........................................**104**

Wo bleibt die Veränderung? ................................................104

Missstände im Schulsystem................................................105

Fazit und Forschungsthema ................................................109

Ganzheitliches Lernen ................................................110

**Kampfkunst - Begriff, Entstehung und Sinn** .......................................**111**

Begriffsdefinition ................................................111

Ursprung der Kampfkunst................................................114

Die Suche nach der Mitte................................................117

**Kampfkunst als Weg durch das Spiralmodell**....................................**118**

Ganzheitliches Lernen im Flow................................................118

Stufen der Entwicklung ................................................119

Linien der Kampfkunst ................................................123

Die vier Quadranten in der Kampfkunst................................................125

**Praktische Umsetzung des Hapkido anhand eines Fallbeispiels** ..............**128**

Allgemeine Aufgabenstellung von Jänner bis April 2015................................129

Stundenbild vom 9.1.2015 ................................................130

Durchführung der Einheit und Reflexion................................................131

Die Sicht des Lehrers - eine eigen Reflexion im ersten Quadranten................................132

**Schlusswort und Ausblick**................................................**133**

# Vorwort

Seit ich mit dem Studium der Pädagogik und der Philosophie begonnen habe, beschäftigt mich die Frage, wohin Erziehung und Bildung eigentlich führen sollen. Sollen wir tatsächlich nur zu wertvollen Mitgliedern der Gesellschaft gemacht werden, die das System noch weitere fünfzig Jahre zusammenhalten? Sollen wir nur arbeiten, Häuser bauen und Kinder bekommen? Bedeutet lebenslanges Lernen an Weiterbildungen teilzunehmen, um ein besserer Mitarbeiter zu werden? Für mich selbst ist die Antwort darauf ein ganz klares "Nein". Schon lange habe ich geahnt, dass es "Mehr" geben muss, in dieser Geschichte des Lebens und Lernens. Deshalb wählte ich einen sehr ungewöhnlichen Weg. Bereits in der Schule begann ich intensiv Hapkido zu praktizieren. Diese Kampfkunst war keineswegs einfach zu erlernen. Es schien viel schwieriger als jedes Schulfach. Ich musste alles geben, körperlich wie geistig, um weiterzukommen. Jedoch stellte sich bald heraus, dass es in der Kampfkunst nicht ums Dominieren seiner Gegner geht. Vielmehr ist die Aufgabe jedes Praktizierenden die Arbeit an der eigenen Persönlichkeit, die Beherrschung von Körper und Geist sowie die Verfeinerung des Bewusstseins. Mein persönliches Verständnis von Erziehung und Bildung hat sich in den Jahren des Trainings stark verändert. Zu leben bedeutet zu wachsen und zu reifen. Der Weg, den ich dafür gehe, heißt Kampfkunst. Aber auch die Pädagogik spielt eine besondere Rolle. Vor allem weil mir selbst immer mehr Trainer-Aufgaben gestellt werden, möchte ich in dieser Arbeit eine objektive, wissenschaftliche Beschreibung der integralen Erziehungs- und Bildungsvorgänge in der Kampfkunst bieten.

Diese Arbeit besteht aus drei Teilen. Im ersten Teil (2. Kapitel) soll gezeigt werden, warum es dringend Alternativen zum momentanen Ausbildungssystem der Leistungsgesellschaft braucht. Außerdem wird das Forschungsgebiet dieser Arbeit formuliert. Im mittleren Teil behandle ich wichtige theoretische Grundlagen der Integralen Pädagogik (3. Kapitel) und der Kampfkünste (4. Kapitel). Der wichtigste Teil befindet sich im Schlussteil. Darin wird die Synthese aus moderner, wissenschaftlicher Theorie um praktische Anwendbarkeit der Kampfkünste (5. Kapitel) behandelt.

# Eine Integrale Diskussion: Wo wir stehen

## Wo bleibt die Veränderung?

Mein Heimatland Österreich gehört nach wie vor zu den 15 reichsten Ländern dieser Welt. Nicht nur nach dem BIP pro Einwohner gerechnet, sondern auch im Bereich Lebensqualität, Einkommen, Freiheit, Staatsführung, Sicherheit und Bildung (vgl. Legatum Institute 2013).

Eigentlich stehen die meisten Mitgliedsstaaten der Europäischen Union gut da, stabile Lebensbedingungen, keine Hungersnöte, keine Seuchen oder Kriege wie in anderen Ländern. Europa scheint gesegnet zu sein. Und doch besteht gerade unter uns jungen EinwohnerInnen, die wir die nächste, tragende Generation bilden, Zweifel. Wohin soll der eingeschlagene Weg führen? Wenige Reiche werden auf Kosten der breiten Masse reicher. Die, die arm sind, werden noch ärmer, und die Schicht dazwischen verschwindet. Politiker reden immer noch von Wirtschaftswachstum, obwohl die Rohstoffe langsam zu Ende gehen und der Planet unter Misswirtschaft und Ausbeutung leidet. Der technologische Fortschritt brachte keine Lösungen, sondern beschleunigte das alles nur. Viele von uns sehen das so. Wozu noch wählen gehen, wenn keine Partei wirklich Änderungen bringt? Wozu 50 Stunden arbeiten, wenn der Lohn dafür nur „Burn Out" und eine geringe Pension sind? Dabei waren wir eigentlich voller Tatendrang, Hoffnung und Zuversicht, als wir die Schule endlich abgeschlossen hatten. Endlich war alles frei und alles offen. Doch dann kam die Ernüchterung, und wir stellten plötzlich fest, dass sich nichts geändert hatte. Anstatt sich Tag für Tag in die Schule zu schleppen, um immer wieder dem gleichen langweiligen Unterricht zu lauschen, verbringen wir nun unsere Zeit vor Computern oder Fließbändern. Und wer das Glück hat, einen erfüllenden Beruf gefunden zu haben, kämpft doch oft mit finanziellen Sorgen.

Doch wir sind keine Generation, die ihre Zuversicht verloren hat. Viele meiner Freunde und Bekannten sprechen nicht über ein zu geringes Wirtschaftswachstum oder über Staatschulden. Sie sprechen von etwas Neuem; über ihr Wachsen und Reifen in diesem Leben- Tag für Tag. Viele haben es aufgegeben, nach Wohlstand und bürgerlicher Sicherheit zu suchen. Wir wollen viel mehr als das. Wir möchten die Grenzen eines sehr oberflächlichen Daseins überschreiten. Das ist außerdem eine These, die ich mit dieser Arbeit vertreten möchte: Die neue Generation sucht nach geistiger Entwicklung, Erfüllung, Harmonie, innerem Frieden, wahrer Liebe oder kurz gesagt, sie sucht das große Glück.

Ich weiß, dass diese These auf einem schmalen Grad wandert und mancher vielleicht die Wissenschaftlichkeit einer solchen Aussage bezweifeln würde. Als ich in meinem ersten Studienjahr dieses Thema anschnitt, legte man mir nahe, dies besser zu lassen, um nicht zu esoterisch zu werden. Wieder einmal wurde ich gezwungen, mich in das bestehende System einzufügen und es bloß nicht zu verändern. Ich sollte es „starr" sein lassen. Und so geht es vielen meiner KollegInnen. Das ist etwas, das seit der Schulzeit frustriert und demotiviert. Aber dennoch möchte ich eine Synthese finden und die großen Stärken der Wissenschaft wie Transparenz, Überprüfbarkeit und Genauigkeit einbeziehen. Trotzdem muss es auch die Möglichkeit geben, über das Bestehende hinauswachsen zu können, gerade weil Wissenschaft Neues entdecken will. Deshalb muss dieser These nachgegangen werden, da bei ihrer Richtigkeit viele alte Denkstrukturen in Frage gestellt würden. Für mich, als Erziehungs- und Bildungswissenschaftler, stellt sich vor allem folgende Frage: Ist es eigentlich noch angemessen, wie in der Schule gelehrt und gelernt wird? Ist das Bildungssystem überhaupt noch den Anforderungen der neuen Generation gewachsen?

## Missstände im Schulsystem

Kinder sind der Spiegel der Gesellschaft. Immerhin ist es die Aufgabe einer Schule, Kinder so zu erziehen, dass sie zu vollwertigen Mitgliedern einer Gesellschaft werden. So steht es auch im Schulorganisationsgesetz vom 25. Juli 1962:

**"§ 2. Aufgabe der österreichischen Schule**

(1) Die österreichische Schule hat die Aufgabe, an der Entwicklung der Anlagen der Jugend nach den sittlichen, religiösen und sozialen Werten sowie nach den Werten des Wahren, Guten und Schönen durch einen ihrer Entwicklungsstufe und ihrem Bildungsweg entsprechenden Unterricht mitzuwirken. Sie hat die Jugend mit dem für das Leben und den künftigen Beruf erforderlichen Wissen und Können auszustatten und zum selbsttätigen Bildungserwerb zu erziehen. Die jungen Menschen sollen zu gesunden, arbeitstüchtigen, pflichttreuen und verantwortungsbewussten Gliedern der Gesellschaft und Bürgern der demokratischen und bundesstaatlichen Republik Österreich herangebildet werden. Sie sollen zu selbständigem Urteil und sozialem Verständnis geführt, dem politischen und weltanschaulichen Denken anderer aufgeschlossen sowie befähigt werden, am Wirtschafts- und Kulturleben Österreichs, Europas und der Welt Anteil zu nehmen und in Freiheits- und Friedensliebe an den gemeinsamen Aufgaben der Menschheit mitzuwirken."

Die Frage ist, ob diese Definition noch zeitgemäß ist. Die Zahlen sprechen dagegen. 10000 Jugendliche brechen pro Jahr ihren Bildungsweg frühzeitig ab. Das sind immerhin mehr als 10%. Es trifft natürlich Kinder mit Migrationshintergrund und aus bildungsfernen Schichten viel stärker (vgl. APA 2010, 13. Jänner).

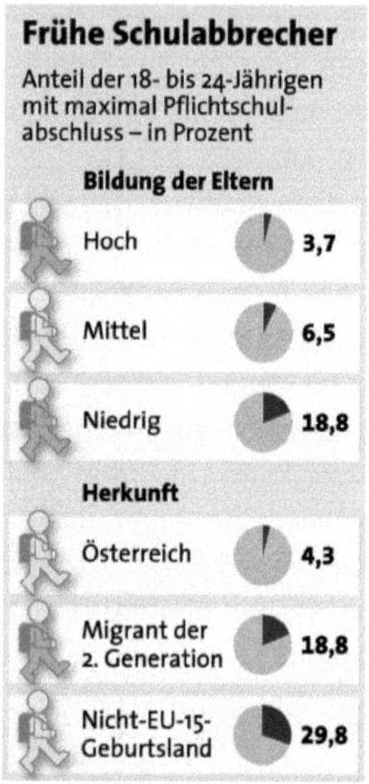


Abb. 14: Anteil der Schulabbrecher in Prozent (APA 2010, 13. Jänner)

Der Grund für die Ungleichheit ist bekannt. Natürlich sind sprachliche Defizite sowie eine fehlende Wertschätzung von Bildung durch die Eltern ein Problem. Aber, es erscheint noch viel problematischer, dass die Familien mit Migrationshintergrund und aus bildungsfernen Schichten einen geringen sozioökonomischen Status haben. Das heißt, sie sind nicht in der Lage, ihre Kinder ausreichend zu unterstützen (vgl. Bacher 2010, S 36f.).

Daraus ergibt sich, dass Schule für viele Kinder nur durch ausreichende Unterstützung der Eltern zu bewältigen ist. Ich selbst erinnere mich an die endlosen Nachmittage, an denen meine Mutter mit mir stundenlang lernte und die vielen Nachhilfestunden, die mein Vater bezahlen musste. Ohne diese Unterstützung hätte ich die Schule, wie viele andere aus meiner Klasse nicht geschafft. Aber bedeutet das nicht ein Versagen des Bildungssystems? Sollten wir nicht Struktur, Methode und Ziel der Institution Schule grundsätzlich hinterfragen, anstatt immer neue kostspielige Reformen durchzuführen. Denn damit bleibt der Kern der Sache im Grunde immer noch derselbe. Frontalunterricht, Benotungssysteme und wenig Rücksicht auf individuelle Entwicklung des Kindes. Es ist traurig zu sehen, dass an dieser Struktur immer noch festgehalten wird. Immerhin wurde das Schulsystem mit den genannten Punkten um 1774 von Maria Theresia eingeführt. Also haben wir 300 Jahre lang im Grunde nichts daran geändert. Auch wenn Politiker die *Neue Mittelschule* feiern, so zeigt sich beim Nachlesen des seit bereits 1974(!) *geltenden* Schulunterrichtsgesetzes, dass nur neue Paragraphen zu den bereits Vorhandenen hinzugefügt wurden. Zum Beispiel wurde das oft kritisierte Benotungssystem nicht geändert, sondern nur drei Absätze hinzugefügt. Diese betreffen aber nur kleine Änderungen. Es können jetzt schriftliche Erläuterungen dem Zeugnis hinzugefügt werden, und die LehrerInnen sollen die Eigenständigkeit der SchülerInnen in die Benotung miteinfließen lassen. Festgehalten wurde das im Schulunterrichtsgesetz vom 01. September 2012:

**"§ 18. Aufgabe der österreichischen Schule**

(2) Für die Beurteilung der Leistungen der Schüler sind folgende Beurteilungsstufen (Noten) zu verwenden: Sehr gut (1), Gut (2), Befriedigend (3), Genügend (4), Nicht genügend (5). In der Volksschule und der Sonderschule sowie an der Neuen Mittelschule kann das Klassenforum oder das Schulforum beschließen, dass der Beurteilung der Leistungen durch Noten eine schriftliche Erläuterung hinzuzufügen ist.

(3) Durch die Noten ist die Selbständigkeit der Arbeit, die Erfassung und die Anwendung des Lehrstoffes, die Durchführung der Aufgaben und die Eigenständigkeit des Schülers zu beurteilen."

Das ist nur ein Beispiel, wie wenig an dem Schulsystem geändert wurde. Aber es ist nicht mein Ziel, mit dieser Arbeit die Missstände zu analysieren. Vielmehr soll das erste Kapitel zeigen, wie wenig wir für unsere Kinder tun. Am schlimmsten daran ist, dass die Rettung von Banken zweistellige Milliardenbeträge vertilgt und dafür das Bildungsbudget noch mehr gekürzt wird (vgl. APA 2014, 22. April).

*Das stille Weinen der Kinder*

Man könnte sagen, die oben genannten Punkte sind nur oberflächlich und sagen nichts über das tatsächliche (Er)Leben der Kinder in den Schulen aus. Die Kinder sollen selbst zu Wort kommen, denn das tun sie viel zu selten. Deshalb will ich eine kurze Geschichte erzählen:

Man stelle sich einen Ort vor an dem die meisten Menschen sehr glücklich wären. Vielleicht eine kleine Insel mit hundert Einwohnern. Alle strahlen vor Liebe und leben in Frieden und Harmonie miteinander. Allerdings leben die Menschen auf dieser Insel ohne jeden Luxus in Hütten und produzieren nur das, was sie zum Leben brauchen. Eines Tages kommen fremde Männer und Frauen aus fernen Ländern, um den Bewohnern ein Geschenk zu bringen. Neugierig versammeln sich alle am Dorfplatz, um zu sehen, worum es sich denn handle. Die Fremden sagen zu ihnen: „Wir bringen euch den Schlüssel zum Erfolg. Dann könnt ihr an unseren großen Errungenschaften teilhaben. In Zukunft müsst ihr nicht mehr selbst jagen und könnt am Abend gemütlich vor dem Fernseher sitzen. Alles, was ihr dafür tun müsst, ist, euch ausbilden zu lassen. Wir helfen euch die Welt zu verstehen." Eigentlich eine tolle Sache. So denken auch die Anführer dieser Insel, und es werden Gebäude errichtet, in denen man versucht, dies umzusetzen. Einige Jahre später haben die ersten Einwohner diese Ausbildung abgeschlossen. Sie wissen viel mehr als zuvor. Doch irgendwie sind sie nicht mehr glücklich. Ganz im Gegenteil. Die Einfachheit ihrer Herzen verschwand im Laufe der Ausbildung. Die Anführer der Insel sind natürlich sehr besorgt und tun alles um eine Lösung zu finden. Es sind kluge Männer und Frauen, die wissen, dass Bildung wichtig ist, aber niemals einen so hohen Preis haben darf. Die Fröhlichkeit und Leichtigkeit ihres Volkes würden sie niemals aufs Spiel setzen. Da jagen sie lieber die Fremden von ihrer Insel und verzichten auf die Luxusgüter.

Es klingt selbstverständlich, dass die Anführer um ihr Volk besorgt sind und es vor jedem Schaden beschützen wollen. Natürlich; was auch sonst? Das täten wir doch auch, wenn es unsere Kinder beträfe, oder? Alles andere wäre doch unmenschlich.

Man könnte natürlich entgegnen, dass ich hier übertreibe und die Wirklichkeit nicht so düster ist. Es ist schon richtig, dass nicht die Schule für alle Probleme der Kinder und Jugendlichen verantwortlich gemacht werden kann. Es gibt eine interessante Studie des Glücksforschers Anton Buchers. Dieser führte mit einer quantitativ-empirischen Methode eine Studie zum Thema Kinderglück durch. Es wurden 1239 (deutsche) Kinder zwischen 6 und 13 Jahren zu verschiedenen Themen befragt. Dabei zeigte sich, dass die Schulunlust mit steigendem Alter zunimmt. 50% aller Sechsjährigen gehen gerne in die Schule aber nur noch 16% aller Dreizehnjährigen. Mehrere voneinander unabhängige Studien kamen ebenfalls zu diesem Ergebnis (vgl. Bucher 2009,

S. 251). Die Welt in der wir leben ist sehr komplex geworden, und eine Rück-
kehr zu dieser in der Geschichte erwähnten Einfachheit ist natürlich unmöglich. Es kann aber auch nicht ewig weitergehen wie bisher.

## Fazit und Forschungsthema

"Uns ist durchaus bekannt, in welchem Zustand sich unsere Welt befindet, wir sehen schon, was alles geschieht - [...] die Kriege, die politische Wirrnis, die Spaltun-
gen durch Nationalitäten und Religionen. Wir nehmen auch die Konflikte wahr, die
Streitigkeiten und Sorgen, die Einsamkeit, die Verzweiflung, den Mangel an Liebe
und die Ängste. Warum nehmen wir das alles hin? [...] Warum leben wir dann immer
noch so, als gäbe es das alles nicht? Wie kommt es, daß unser Erziehungssystem
keine wirklichen Menschen, sondern mechanisierte Wesen hervorbringt, darauf trainiert, den bestmöglichen Job zu finden und schließlich zu sterben." (Krishnamurti
1975, S. 57)

Das erste Kapitel sollte zeigen, dass irgendetwas mit unserer Lernkultur nicht
mehr stimmt. Die Institution Schule ist ja nur ein Produkt des Staates. Kinder
sollen lernen, sich in das bestehende System einzufügen, um darin möglichst
gut leben zu können. Aber ich bin der Meinung, dass es einer Veränderung
bedarf. Wir können nicht ewig ohne Rücksicht auf unseren Planeten, andere
Staaten oder unsere eigene Gesundheit weiterleben. Es scheint außerdem
nicht so, als würden Diplomatie, Reformen, Revolutionen oder der technische Fortschritt die Probleme in Zukunft lösen. Das führt mich zu der Frage,
ob es nicht an der Zeit ist, die Traditionen zu brechen und den Blick nach
innen zu richten, ins eigene Erleben und Handeln. Damit meine ich nicht nur
die Kinder in der Schule, sondern auch die Erwachsenen. Es kann kein Zufall
sein, dass alternative Lebensstile, Spiritualität und Weisheitslehren zurzeit
so stark boomen.

Was ich aber nicht möchte, ist eine abgehobene, esoterische Stellung beziehen. Ich möchte lieber auf dem Boden bleiben. Diese Arbeit ist der Versuch,
eine Antwort auf die chaotische Zeit, in der wir leben, zu geben. Ich selbst
fand meinen Weg in der Ausübung einer koreanischen Kampfkunst. Hapkido
wurde für mich die Möglichkeit zur Befreiung aus den starren Strukturen des
Alltags. Deshalb möchte ich mit dieser Arbeit zeigen, wie es mit einem ganzheitlichen Lernmodell möglich ist, sich selbst zu erfahren und weiter zu entwickeln, wie man über die Grenzen des eigenen Bewusstseins hinauswachsen kann, um mit sich selbst und der Welt immer mehr in Frieden und Harmonie zu leben. Als theoretische Grundlage dafür dienen die Ansätze der
Integralen Pädagogik, welche im ersten Kapitel dieses Buches erläutert wur-

den. Darüber hinaus möchte ich vor allem einen praktischen Zugang zu diesem Thema bieten. Es soll dadurch ersichtlich werden, dass es sich eben nicht bloß um theoretische Konzepte handelt, sondern auch umsetzbar ist. Seit einigen hundert Jahren wird in den Kampfkünsten bereits ganzheitlich gelernt und gelehrt. Diese Arbeit ist deshalb als Synthese zwischen moderner pädagogischer Theorie und traditioneller praktischer Anwendbarkeit der Kampfkünste zu verstehen.

## Ganzheitliches Lernen

Was es braucht ist eine große Veränderung. einen Paradigmenwechsel, der den Menschen wieder in den Mittelpunkt stellt und nicht das Interesse von Banken und Konzernen. Darüber hinaus muss eine andere Art des Lernens, die den ganzen Menschen fördert und bildet, in der Gesellschaft etabliert werden. Die Idee ganzheitlicher Lernmodelle ist nicht neu. Bereits Pestalozzi formulierte die Elementarbildung, also ein Lernen mit Kopf, Herz und Hand. Dies sei notwendig um die „Einheit seiner Natur" aufrechtzuerhalten. Eine fragmentarische Erziehung, die Teile ausschließt, führt zur Zerstörung dieser Einheit und endet in einem Zustand des „Krieges und der Gewalttätigkeit" (vgl. Pestalozzi 1809, S. 3ff.). Später wurde im Zuge der Reformpädagogik, in Alternativschulen, versucht, das Kind in den Mittelpunkt zu stellen. Man wollte weg von klassischen, fragmentarischen Lernmodellen, die immer nur einen Teil des Kindes zu erfassen vermögen, hin zu einer ganzheitlichen Bildung, die keinen Teil ausschließt. Allerdings haben sich bei uns im Westen die klassischen Lernmodelle durchgesetzt, da das staatliche und wirtschaftliche Interesse an verwertbaren Qualifikationen viel größer war.

Aus moderner, neurowissenschaftlicher Sicht ist es sinnvoll ganzheitlich zu lernen. Alle Sinne und alle Hirnregionen sollen eingebunden werden. In der Schule werden manche Teile des Gehirns überhaupt nicht genutzt. (vgl. Becker 2011, S. 107). In der Kampfkunst wurde immer schon ganzheitlich gelernt. Allerdings wurden nicht nur alle Hirnregionen genutzt, sondern eben auch der Körper eingebunden. Darüber hinaus ist Kampfkunst eine Methode, um sich als Mensch weiterentwickeln zu können.

Wie Wilber aber an einigen Stellen betont, braucht es dafür auch Praxis. In den Kampfkünsten wird versucht, den Schüler mit seinen eigenen Schwächen zu konfrontieren, um ihm dabei zu helfen, sein Bewusstsein weiter zu verfeinern. Man könnte also sagen, dass durch jahrelanges Training, unabhängig vom Typus (männlich oder weiblich), ein Voranschreiten auf den Entwicklungsstufen und Entwicklungslinien in allen Quadranten möglich wird.

Natürlich arbeitet ein Budoka durch das harte Training in erster Linie an sich selbst. Innen (Ich) wie außen (Es). In den Kampfkünsten ist von körperlichem und geistigem Training die Rede. Aber da alles zusammenhängt und kein Quadrant vom anderen getrennt werden darf, spreche ich hier von ganzheitlichem Lernen (Training), das keinen Bereich ausschließt.

## Kampfkunst - Begriff, Entstehung und Sinn

Das integrale Modell von Ken Wilber zeigt im Grunde also nichts anderes als die Möglichkeit, sich als Mensch weiterentwickeln zu können, sozusagen die volle Entfaltung des eigenen Potentials auf allen Ebenen. Die schwierigste Frage lautet: Wie soll das denn möglich sein? Was muss ein Mensch tun, um sein Bewusstsein zu verfeinern, Frieden zu finden, oder erleuchtet zu werden? Gibt es dafür spezielle Methoden oder Techniken? Schreitet man automatisch von Grün auf Gelb, wenn man lange genug meditiert? In den Kampfkünsten, die sehr stark von Buddhismus und Taoismus geprägt wurden, findet man einen praktischen Zugang zum individuellen Wachstum. Aber, um den Sinn und die Wirkungsweise wirklich beschreiben zu können, braucht es zunächst einmal ein Verständnis um das, was Kampfkunst ist und was Kampfkunst nicht ist. Um besser differenzieren zu können, ist auch die historische Entwicklung von besonderer Bedeutung.

### Begriffsdefinition

Zur klaren Kommunikation sollen zuerst einmal die Begriffe klar definiert werden. Die Beherrschung eines Faustschlages oder eines Fußtrittes hat noch nichts mit Kampfkunst zu tun. Laienhaft gesprochen ist der Zusammenschluss von vielen Einzeltechniken ein System bzw. ein Stil. Hinzu kommt dann auch noch die Ausführung der Technik. So kann zum Beispiel eine Hebeltechnik direkt (kurz) ausgeführt werden oder durch eine lange, fließende Bewegung. Deswegen sehen die Bewegungen beim Boxen ganz anders aus als zum Beispiel jene von Wing Chun, obwohl beide Stile Schlagtechniken verwenden.

Das Angebot ist mit einigen hundert verschiedenen Systemen und Stilen einfach riesig. Wir unterscheiden deshalb zwischen den drei Begriffen Kampkunst (Budo-Kunst), Kampfsport und Selbstverteidigung. Diese Arbeit beschäftigt sich ausschließlich mit der geistigen Entwicklung durch das praktizieren traditioneller Kampfkünste. Das erste Kapitel soll die Unterschiede verdeutlichen.

*Unterschied zwischen Kampfsport/ Kampfkunst (Budo-Kunst)*

Es gibt eine Fülle von Definitionen von Kampfkunst und Kampfsport. Manche Erklärungsmodelle definieren jede dieser Sportarten als Kunst und zählen somit auch Sportarten wie Judo oder Karate zu den Kampfkünsten. In anderen Definitionen wird zwischen sportlichem und realistischem Aspekt des Kampfes klar unterschieden. Demnach wird die Kampfkunst als Kampf ums Überleben bezeichnet (vgl. Liebsch 2005, S. 2ff). Für gewöhnlich wird zwischen Kampfkünsten und Kampfsportarten differenziert (vgl. Iwwerks 2003, S. 6).

Bei den Kampfsportarten steht aber auf jeden Fall der Wettkampfaspekt im Vordergrund (vgl. Iwwerks 2003, S. 6ff.), wohingegen bei den Kampfkünsten die Beherrschung von Körper und Geist im Mittelpunkt stehen. Kampfkünste sind geprägt von fernöstlicher Philosophie, wie etwa dem Zen-Buddhismus. Des Weiteren stellt das Lehren von Methoden zur Kontrolle der Gefühle und Gedanken einen wesentlichen Bereich der Kampfkünste dar. Die Methodik der Kampfkunst lehrt Techniken, die dazu dienen, stärkere oder mehrere Angreifer zu besiegen. Ein entscheidender Aspekt der Kampfkunst ist es auch, durch zunehmende Übung und steigende Fähigkeiten auf kämpferische Auseinandersetzungen zu verzichten. Kampfkünste tragen zum individuellen, inneren Wachstum bei. Dabei wird das Unterbewusstsein und das Bewusstsein sowie Körper und Geist miteinander verbunden. (vgl. Iwwerks 2003, S. 6ff.). Kampfkunst beschreibt demnach Techniken, die für den realen Kampf vorgesehen sind; während Techniken des Kampfsportes eher für den Einsatz von Wettkämpfen vorgesehen sind (vgl. Steinegger 2013, S. 5).

Das ursprüngliche Ziel der Kampfkünste ging zu einem großen Teil verloren, als diese von verschiedenen Meistern aus dem asiatischen Raum nach Europa exportiert wurden. Zum Beispiel wurden Karate und Judo versportlicht und den westlichen Idealen angepasst. Auf einmal gab es Medaillen, Regeln und Graduierungssysteme. Die Kampfkünste wurden zum Kampfsport und hatten auf einmal eher den Geist von Fußball als von Zen-Buddhismus.

*Unterschied Kampfkunst und Selbstverteidigung*

Es gibt immer mehr Stilrichtungen, in denen versucht wird den SchülerInnen möglichst effektive Techniken zu lehren, um sich verteidigen zu können. Zum Beispiel Ju-Jutsu, Krav Maga, Alpha Combat System uvm. Dabei handelt es sich oft um waffenlose Nahkampfsysteme, die für Militär oder Polizei entwickelt wurden. Die Selbstverteidigung steht im Vordergrund. Zusätzlich können aber auch Gewaltprävention und Charakterschule vermittelt werden.

In den Kampfkünsten hingegen sind die perfektionierten Selbstverteidigungstechniken bloß ein Nebenprodukt, die durch das jahrelange Training anfallen. Jedoch dürfen sie nicht zum Ziel gemacht werden. Es geht nur um das Üben. So stoßen Praktizierende ständig an Grenzen, die es zu überwinden gilt. Charakteristisch für das Kampfkunsttraining sind Körperbeherrschung und psycho-emotionale Selbstbeherrschung. Im Kampf lernt man, Emotionen wie Wut und Angst zu kontrollieren. So entwickelt sich der Geist ständig weiter, bis er ruhig und absichtslos ist (vgl. Wolters 2008, S. 17f.).

*Vielfallt durch Stile und Systeme*

Auch innerhalb der traditionellen Kampfkünste gibt es eine Vielzahl von verschiedenen Stilen und Systemen. Manche sind anwendungsbezogen und effektiv, wie z.B. Kung Fu, Hap Ki Do oder Wing Tsun. Andere suchen nach Perfektion in flüssigen, fast tänzerischen Bewegungen (Wushu) oder in rein meditativen, langsamen Bewegungen (Taj Ji Quan). Aber man kann auch hier keine klaren Grenzen ziehen, denn es gibt z.B. sehr wohl auch Taj Ji Quan, das anwendungsbezogen gelehrt wird. Dies liegt auf der einen Seite an der historischen Entwicklung, welches in Kapitel 4.2 noch genauer erläutert wird, und auf der anderen Seite an dem unterrichtenden Meister. In meiner eigenen Kampfkunst Hap Ki Do habe ich selbst bei verschiedenen Meistern große Unterschiede feststellen können. Manche legten den Wettbewerb in den Vordergrund, andere meditative Praktiken oder auch reine Anwendungsbezogenheit obwohl es sich dabei immer noch um Hap Ki Do handelte und die Unterschiede, rein technisch gesehen, sehr gering waren.

Einige Richtungen haben ihr Hauptaugenmerk auf die Ästhetik gelegt, während andere den Schwerpunkt auf Respekt, Disziplin und Verhaltensregeln legen. Weiters gibt es Stile, die Traditionen, Philosophie und Gebräuche mit einfließen lassen. Diese Gemeinsamkeiten zeigen aber auch, dass Kampfrichtungen einerseits zur Selbstverteidigung, andererseits auch als Kunstform oder unter dem Aspekt des Wettkampfes betrieben werden können. Die jeweiligen Motive hängen nicht nur von einem bestimmten Kampfstil ab, sondern vielmehr davon, von wem und wo dieser gelehrt wird (vgl. Steinegger 2013, S. 6 zit.n. Knoll, 1994, S. 69).

Durch die Vielfältigkeit und die Verschiedenheit innerhalb der Kampfkünste lässt sich keine klare Grenze zwischen echter Kampfkunst mit ganzheitlicher Schulung und anderen Formen ziehen. Nur weil der jeweilige Meister von Budo spricht, bedeutet das nicht, dass er auch Budo lebt. Es gibt aber eine Vielzahl von Kampfkunst-Schulen, die Europameister und Medaillengewinner hervorbringen, aber nicht wirklich an innerer Entwicklung interessiert sind (vgl. Walter 2004, S. 213). Es ist sehr wichtig zu verstehen, dass es unmöglich ist, Hapkido oder Aikiodo als den richtigen Weg zur Erleuchtung zu definieren. Es hängt ausschließlich von der geistigen Reife des jeweiligen Meisters ab, worauf Wert gelegt wird, und nicht von der Stilrichtung. Budo-Schulen, die das ursprüngliche Ziel der Kampfkunst im Wiederfinden der eigenen Mitte sehen, sind in Europa sehr selten.

**Ursprung der Kampfkunst**

Um den wahren Sinn der Kampfkunst besser zu verstehen, ist es sehr hilfreich, die Entstehungsgeschichte zu kennen. Dadurch werden die große Vielfalt und auch der spirituell-religiöse Einfluss verdeutlicht. Darüber hinaus lässt sich sehr leicht zeigen, warum das ursprüngliche Ziel der Kampfkunst im Westen verloren gegangen ist.

*Entstehung der ersten Kampftechniken*

In der heutigen Zeit ist eine Vielzahl an unterschiedlichen fernöstlichen Kampfsportstilen bekannt. Neben den chinesischen Stilen gibt es auch jene, die charakteristisch für Japan, Korea und Indonesien stehen. Nichtsdestotrotz ist zu beobachten, dass all diese Stile einen gemeinsamen Ursprung haben. Dennoch erweist es sich als große Herausforderung, die frühen Wurzeln der fernöstlichen Kampfkünste zu erfassen, da es erstaunlich wenig repräsentative Literatur zu dieser Thematik gibt. Dies ist wohl auch darauf zurückzuführen, dass Wissen über Generationen mündlich überliefert wurde, was tatsächliche Aussagen über die historische Entwicklung der Kampfkünste lediglich zu Annahmen werden lässt. Dennoch lassen archäologische Funde darauf schließen, dass die Wurzeln der fernöstlichen Kampfkünste bereits in der Zeit vor Christus liegen (vgl. Lorenz 1998, S. 12f). Es ist anzunehmen, dass sich die Kunst des Kampfes schon vor Millionen von Jahren entwickelte, da sich bereits die Vorfahren des Menschen gegen angreifende Tiere oder Artgenossen wehren mussten. Dieses „Sichzurwehrsetzen" war Ausgangspunkt für die Entwicklung von spezifischen Waffen und (Selbst-) Verteidigungstechniken (vgl. Erhardt 2010, S. 4). Die ersten Kampftechniken entstanden also nur, um das Überleben zu sichern und erfüllten sonst keinen Zweck.

*Entstehung der ersten Stile in der Antike*

Es stellt sich die Frage, wo der Ursprung der Kampfkunst wirklich zu suchen ist. Meist wird vermutet, dass Kampfkunst, so wie wir sie kennen, ihren Ursprung in Asien hat. Doch es wurde festgestellt dass erste Formen der Kampfkunst bereits vor 5000 Jahren in Ägypten zu beobachten waren. Die damals praktizierten Formen des unbewaffneten Kampfes hatten starke Ähnlichkeit mit denjenigen Formen, die wir heute als Kampfkunst bezeichnen. Darüber, wie ägyptische Kampfformen überliefert wurden, gibt es viele Ansätze. Eine dieser Theorien besagt, dass diese Kampfkünste über Kreta nach Griechenland gebracht wurden (vlg. Liebsch 2005, S. 10). Die griechischen Kampfkünste wurden „Pankration" genannt und bedeutete Allkampf oder auch Gesamtkampf. Diese Kämpfe waren sehr grausam und endeten meist mit dem Tod. 327. v. Chr. wurden griechische Kampftechniken durch den Welteroberer Alexander dem Großen nach Indien überliefert (vlg. Liebsch 2005, S.11f.). Erst danach kamen die ersten Kampfformen nach China.

*Spirituelle und religiöse Einflüsse in China*

Die Überlieferung in den asiatischen Raum wurde maßgeblich durch Bodhidharma, dem indischen Königssohn beeinflusst. Dieser brachte 520 n. Chr. den Buddhismus nach China. Zudem lehrte er auch den indischen Stil der Kampfkunst. (vlg. Liebsch 2005, S. 11f.). Er beeinflusste maßgeblich das Shaolin- Kloster auf dem heiligen Sung- Shan- Berg, in der nördlichen Provinz Haonan. Es ist als Entstehungsort alter chinesischer Kampfkünste sowie des Zen-Buddhismus zu sehen (vgl. Ojdanic´ 2010, S. 9f). Um die Mönche im Shaolin- Kloster auf den Buddhismus vorzubereiten, lehrte Bodhidharma zuvor die 18 Mönchs-Box-Übungen, die nicht als tatsächliche Kampfübungen, sondern viel mehr als meditative Übungen zu sehen waren. Diese Übungen wurden zunehmend von Mönchen in ihrer Überlieferung erweitert. Dies war Ausgangspunkt für die Entwicklung der Kung-Fu Tierstile, woraus sich im Laufe der Zeit auch andere Kung-Fu Stile entwickelten (vlg. Liebsch 2005, S. 11f.). In den im Shaolin- Kloster praktizierten Kampfübungen wird häufig der Ursprung vieler sich daraus entwickelnden Kampfkünste gesehen. Dennoch kann davon ausgegangen werden, dass bereits vor der Zeit Bodhidharmas Kampfkünste existierten, die sich zunehmend mit der Lehre Bodhidharmas vereinten. Aus der Verschmelzung des von Bodhidharma gelehrten

Buddhismus und dem im Shaolin- Kloster praktizierten Taoismus entwickelte sich der Zen Buddhismus. Der Taoismus stellt eine meditative chinesische Philosophie dar, die die Hinwendung des Menschen zur Natur und die Kultivierung der inneren Ruhe und Kraft beschreibt. Das Ziel war ganz klar die geistige und körperliche Entwicklung des Menschen auf, im Einklang mit der physischen Umwelt (vgl. Ojdanic´ 2010, S. 10).

*Vermischung der Kampfkunst mit dem Kampfsport*

Eine große Veränderung des Sportes vollzog sich in Europa im 20. Jahrhundert. Durch veränderte gesellschaftliche Bedingungen wurde Sport immer populärer, woraus sich zunehmend neue Sportarten entwickelten. Gesellschaft sowie auch Wissenschaft richteten das Interesse auf den Sport. So breiteten sich auch die fernöstlichen Kampfkünste im europäischen Raum aus (vgl. Filipak 2001, S. 309). Im Jahr 1906 wurde erstmals die japanische Kampfunst „Jiu Jitsu" in Deutschland unterrichtet. In den folgenden Jahren kamen andere Stile hinzu. Die Kampfkünste waren aber erst in den 70ern im Westen wirklich gefragt. Vor allem die Filmindustrie trug durch übertriebene Filme wie Karate Kid oder Kung Fu zur Verbreitung bei. Doch das hatte auch den Nebeneffekt, dass ein falsches Bild der Kampfkunst vermittelt wurde. Unbesiegbarkeit in wenigen Trainingseinheiten oder die Suche nach der ultimativen Kampfkunst wurde in diesen Filmen zelebriert. Ein weiterer wichtiger Aspekt war die Vermischung mit dem Kampfsport. Karate, Takwondo oder auch Judo wurden beispielsweise zum Zweck des sportlichen Vergleichs verändert. Es wurden so viele gefährliche Techniken entfernt. So sind z.B. bei Judo Turnieren alle gefährlichen Techniken vollständig verboten worden. Die Kämpfe werden durch Kleinigkeiten vom Schiedsrichter unterbrochen. Falsches Greifen des Gegners oder sogar falsches Binden des Gürtels sind ausreichende Gründe (vgl. Bode 2010, S. 26f.). In einer wirklichen Selbstverteidigungssituation würde der Kampf hier aber weitergehen. Im sogenannten Bodenkampf würde man versuchen, den Gegner durch Hebel, Schläge oder Würgetechniken kampfunfähig zu machen. Das eigentliche Problem dieser Entwicklung war das fehlende Verständnis für das eigentliche Ziel, nämlich die geistige Entwicklung des Trainierenden. Karate Meister Fritz Nöpel meint dazu:

"Sportkarate geht ganz krass weg vom traditionellen Weg des Karatedō. Es ist etwas für junge Menschen und geht vorüber. Da sind besonders gute Lehrer notwendig. Viele Sportkarateka verstehen manches falsch und werden übermütig, auch großkotzig oder unhöflich. Es heißt immer: Gewinnen mit allen Mittel. Oft sind die Trainer richtige Einpeitscher: <Hau ihn um, schlag ihn weg!> Bei verantwortungsvollen Lehrern kann auch das Sportkarate von Nutzen sein, aber es ist kein traditionelles Karate mit Charakterschulung." (Nöpel 2004, S. 16f.)

Einige Meister hatten das Problem der Kampfkünste im Westen durchaus erkannt. Der berühmteste unter ihnen war Bruce Lee. Der durch Filme bekannt gewordene Meister des Kung Fu entwickelte daher seine eigene Kampfkunst Jet Kune Do. Bruce Lee suchte nach einem Weg, sich selbst als Mensch vollkommen auszudrücken. Daher folgte er keinen Regeln und setze sich keine Grenzen. Stattdessen forderte er seine Schüler auf, unabhängig zu bleiben und sich niemandem anzuhängen. Das taoistische Prinzip der freien geistigen Entwicklung stand in seinem Jet Kune Do an oberster Stelle (vgl. Greff 2010, S. 13f.).

**Die Suche nach der Mitte**

Von außen betrachtet ist es sehr schwer, Kampfkunst zu begreifen. Ginge man zu den Trainingszeiten in ein Dojo (Trainingshalle), würde man dort lauter weiß gekleidete Gestalten bei schweißtreibenden Kampfübungen beobachten. Die Schüler üben unter der Anweisung eines Meisters Hebeltechniken, Würfe, Schläge, Tritte, Waffentechniken uvm. Auch Körperkräftigungsübungen und akrobatische Elemente werden vermittelt. Teilweise sind es dieselben Übungen und Techniken, die schon in der chinesischen- und japanischen Kaiserzeit praktiziert wurden, um Krieg zu führen. Oberflächlich betrachtet geht es also ums Kämpfen. Die Frage lautet: Wie kann es sein, dass Menschen, die in friedlichen Zeiten tödliche Kampftechniken üben, von innerer Harmonie und geistiger Entwicklung sprechen?

Am besten kann diese Frage von jenen beantwortet werden, die seit Jahrzehnten Kampfkunst praktizieren und leben. Eugen Herrigel, der Autor des Buches "Zen in der Kunst des Bogenschießens", schreibt:

"Die Übungshalle, in welcher die Schwertkunst erlernt wird, führt von alters her den Namen *Ort der Erleuchtung*. Das Bogenschießen kann somit unter keinen Umständen den Sinn haben, mit Bogen und Pfeil äußerlich, sondern mit sich selbst innerlich etwas auszurichten." (Herrigel 1977, S. 15)

Charakteristisch dafür ist auch das japanische Wort „Budo", das für Kampfkünste verwendet wird. Budo bedeutet „Weg, den Kampf zu stoppen". Die Silbe „Do" steht für den „Weg", um zur Erleuchtung zu gelangen. Dieser Meinung ist auch der Deutsche Aikido Meister Gerhard Walter: "Im Budo geht es um nichts anderes als darum, seine Mitte zu finden." (Walter 2004, S.209) Leider neigen heute viele Budo-Schulen dazu, dies zu vergessen. Kampfkünste sollten nicht als Wettkampf gesehen werden, sondern als eine Methode, um die Meisterschaft über sich selbst zu erlangen (vgl. Deshimaru-Roshi 1978, S. 32f).

## Kampfkunst als Weg durch das Spiralmodell

Wie genau soll das jetzt eigentlich funktionieren? Wie kann man durch das Üben von Techniken sich innerlich weiterentwickeln und dabei seine Mitte finden? Das nächste Kapitel soll den Kreis schließen und zeigen, warum ein Zusammenschluss zwischen den praktischen Budo-Künsten und dem theoretischen, integralen Ansatz von Ken Wilber einen Beitrag zum großen Gesellschaftsdilemma liefern könnte.

### Ganzheitliches Lernen im Flow

Der bekannte Wissenschaftler Mihály Csíkszentmihályi erforschte bereits in den 70er Jahren außergewöhnliche Glücksmomente im Leben verschiedener Menschen. Viele Extremsportler, aber auch Musiker oder Künstler berichten von einem Zustand, in dem sie in ihrem Tun (Fußballspielen, Klettern, Musizieren, Malen usw.) völlig aufgehen. Ein Zustand der Allgemein als „Flow" bezeichnet wird. Dabei handelt es sich um einen seelischen Zustand, in dem das Bewusstsein als geordnet erlebt wird (vgl. Csikszentmihalyi 2013, S. 20). Vor allem in Extremsituationen entstehen diese optimalen Erfahrungen. Deshalb suchen viele Extremsportler auch nach gefährlichen und atemberaubenden Erlebnissen. Flow gilt mittlerweile nicht nur als identisch mit dem erleben von Glück, sondern wird auch im Zusammenhang mit sehr effektivem Handeln gesehen. Die Hingabe an die Tätigkeit muss so groß sein, dass man sich selbst völlig vergisst. Erst dann erlebt man sich als eins mit seinem Tun (vgl. Walter 2004, S. 211f). In der Regel erleben Menschen immer wieder rein zufällig das Gefühl von Flow. Das sind seltene, glückliche Momente. Doch Csikszentmihalyi weist eindeutig darauf hin, dass Flow auch erlernt werden kann. Dazu braucht es, einfach ausgedrückt, bloß Konzentration auf eine bestimmte Tätigkeit und erreichbare Ziele. Dies gilt selbst für einfache Körperfunktionen wie Gehen. Es ist gar nicht so wichtig, wie weit oder schnell man gehen kann, sondern dass man sich realistische Aufgaben sucht, um Flow zu erzeugen. Es darf nicht überfordernd oder unterfordernd werden. (vgl. Csikszentmihalyi 2013, S. 134f). Gerade in der Kampfkunst ist der Zustand des Flow nicht wegzudenken. Es wird so lange geübt, bis man blitzschnell und ohne nachdenken zu müssen auf jeden Angriff angemessen reagieren kann. Es braucht völlige Harmonie zwischen Körper und Geist, um so effektiv reagieren zu können. Viele Meister berichten außerdem davon, wie angenehm sie diesen Zustand empfinden (vgl. Csikszentmihalyi 2013, S. 146). Die Budo-Künste gehen aber noch viel weiter. Nicht nur im Kampf soll man sich selbst vergessen und im Zustand des Flow verweilen, sondern auch im Alltag. Erst dann hat man sich selbst gemeistert und befindet sich jeden Augenblick im Zentrum des Seins (vgl. Walter 2004, S. 212).

**Stufen der Entwicklung**

Csikszentmihalyi meint, dass durch jedes Flow-Erlebnis das Bewusstsein komplexer wird. Es gibt also einen Reifeprozess, der im Zusammenhang mit den optimalen Erfahrungen steht (vgl. Csikszentmihalyi 2013, S. 63). Kampfkunst zu lernen bedeutet, sehr komplexe Bewegungsabläufe so lange zu üben, bis sie, ohne nachdenken zu müssen, perfekt ausgeführt werden können. Dabei geschieht in den Jahren des Trainings sehr viel im Bewusstsein. Man entwickelt sich stetig weiter. Diesen Prozess haben nur wenige Meister dokumentiert, aber es gibt genügend Literatur, um einen Vergleich mit dem Spiralmodell zu ermöglichen. Es gibt ein altes Modell, welches die Stufen der geistigen Entwicklung in der Kampfkunst beschreibt. Es dürfte aus dem Zen-Buddhismus stammen und wurde vermutlich von Budo- Meistern mit Zen Kenntnissen übernommen.

Die ersten drei Stufen des Spiralmodelles, also Beige, Purpur und Rot spielen in der Kampfkunst keine besondere Rolle. Zumindest beginnt das Modell erst mit der 4.Stufe Blau.

*Die drei Stufen der Entwicklung (Shu-Ha-Ri)*

Dabei handelt es sich um die wohl bekannteste Beschreibung für den Entwicklungsfortschritt beim Budo-Training. Nach historischen Aufzeichnungen aus China wurde es bereits vor 600 Jahren gelehrt. Übersetzt man die einzelnen Silben wörtlich, so ergibt sich für Shu-Ha-Ri im Deutschen Gehorsam-Kritisch Werden-Erhabenheit. Wie beim Spiralmodell wird darauf hingewiesen, dass die Fähigkeiten der vorangegangen Stufen nicht verloren gehen, sondern in höhere Stufen integriert werden. Der Prozess ist nicht streng linear und wurde deshalb oft mit konzentrischen Kreisen symbolisiert (vgl. Jorga 2012, S. 160).

Auch der prominente Meister Bruce Lee verwendete für seine Kampfkunst Jeet Kune Do dieses Entwicklungsmodell, um seinen Schülern einen Wegweiser zu geben. In seiner Budo-Schule in Los Angeles hingen drei verschiedene Tafeln (siehe Abbildung 3), um die einzelnen Stufen zu symbolisieren (vgl. Greff 2010, S. 75).

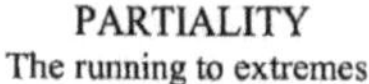


Abb. 17: Ausbildungsstufen im Jeet Kune Do (Greff 2010, S.76)

**Shu - die Blaue Gehorsamkeit:** Zu Beginn nimmt ein Schüler jede Technik und die typischen Verhaltensweisen (Verbeugungen, Rituale, Rangordnungen ect.) der Budo-Schule auf, ohne zu wissen, was richtig oder was falsch ist. Auf dieser Stufe steht Gehorsamkeit gegenüber dem Meister im Vordergrund. Regeln müssen ohne Eigenwillen befolgt werden. Alles muss bis ins Detail genau geübt werden, und so geht die ursprüngliche Freiheit verloren. Die Bewegungen werden verkrampft und mechanisch (vgl. Greff 2010, S.74).

**Ha – die Grüne Kritik:** Auf dieser Stufe werden die traditionellen Werte und Normen in Frage gestellt. Der Schüler passt die Techniken an seine eigenen Voraussetzungen (Muskulatur, Körpergröße, Beweglichkeit ect.) an. So werden die alten mechanischen Bewegungen individualisiert, und dies führt wiederum zu einem zunehmend persönlichen Kampfstil. Diese Stufe ist vor allem von der Suche nach Freiheit und Sinn geprägt. Richtig oder Falsch gerät ins Wanken und wird von einer zunehmend individuelleren Sichtweise abgelöst. Es ist auch die Suche nach der eigenen Wahrheit. Diese Stufe dauert in etwa fünf bis zehn Jahre, und nur die wenigsten Schüler absolvieren sie. Etwa 90% aller Kampfkunst Karrieren enden in Shu oder Ha, da der wahre Sinn nicht verstanden wird. (vgl. Jorga 2012, S. 161f).

**Ri – die Türkise Befreiung:** Der Schüler befreit sich vom *Für* und *Wider* der Techniken. Für ihn endet die Dualität. Der Schüler trennt sich völlig vom jeweiligen Kampfkunstsystem und erlangt so vollkommene Freiheit. Körper und Geist befinden sich in Harmonie. Im Kampf reagiert er nur noch intuitiv, der Geist bleibt dabei ruhig und absichtslos. Damit werden Techniken spontan ausgeführt ohne willentliche Anstrengung. Das Wirken des Verstandes ist verschwunden (vgl. Greef 2010, S. 75). Nur die wenigsten Schüler erreichen diese Stufe, da sie große Hingabe und Beharrlichkeit erfordert.

120

Was kommt nach Ri (Türkis)? Ist man nun Meister und hat alles erreicht? Die Antwort darauf findet sich schon im Wort Dō. Kampfkunst ist ein Lebensweg, und man ist niemals fertig mit der Arbeit an sich selbst. Der Karate-Großmeister Hidetaka Nishiyama hatte mit 72 Jahren den 9.Dan (9. Schwarzer Gürtel). Ein Freund fragte ihn, wann er denn den 10. Dan und damit die höchste Stufe erreichen würde? Er antworte darauf, dass er diese niemals erreichen könne, da es im Budo kein Ende gäbe (vgl. Jorga 2012, S. 163). Kampfkünste betonen also auch das Lebenslange Lernen. Nicht nur technisch wird man über die Jahre versierter, sondern es steht die Verfeinerung des Bewusstseins und das Arbeiten am Charakter im Vordergrund.

Es ist spannend zu sehen, dass die Stufen Shu-Ha-Ri identisch beschrieben werden wie Blau-Grün-Türkis im Spiralmodell. Aber was ist jetzt mit Orange (Stufe 5) und Gelb (Stufe 7) passiert? Es finden sich Hinweise auf Übergangsphasen. Zum Beispiel nennt Bruce Lee die erste Stufe (Shu) auch Partiality- running to extremes. Dies könne ein Hinweis auf das extreme leistungsorientierte Handeln und das rationale Weltbild von Orange sein. Es zeigt sich aber auch, dass Shu-Ha-Ri und das Spiralmodell eben nur Modelle sind.

Wenn man die Entwicklungsstufen Shu-Ha-Ri der Kampfkünste nun direkt mit dem Spiralmodell verbindet, ergibt sich, wie bereits erwähnt, ein verblüffendes Ergebnis. Die Stufen und Spiralen fügen sich perfekt ineinander (Abbildung 5). Wenn ich auf meine eigene Praxis der Kampflust zurückblicke, so hat es sich genauso ereignet, wie in dieser Abbildung beschrieben. Im Grunde habe ich nur vorgegebene Techniken nachgeahmt und die Autorität des Meisters sowie die vorgegebenen Strukturen einfach akzeptiert. Am Anfang war es leicht, schnell Fortschritte zu machen. Bei jedem Hapkido-Training lernten wir etwas Neues. Dadurch stieg das Selbstbewusstsein und auch die Lebensfreude. Was der Meister sagte, war einfach richtig und wurde nicht hinterfragt. Nach ein oder zwei Jahren wurde es aber zunehmend schwieriger, Fortschritte zu machen. Als ich dann bei einem richtigen Straßenkampf chancenlos besiegt wurde, verlor ich das gewonnene Vertrauen in mich selbst und in die Techniken. Also fing ich an, wie ein Besessener zu trainieren, um den Mangel auszugleichen. Das war der Beginn von Grün. Selbstauferlegter Leistungsdruck, tägliches Training und ständige Unzufriedenheit. Das ging nur eine Zeitlang gut. Ich stellte alles immer mehr in Frage und sah keinen Sinn mehr in dem, was ich tat. Irgendwann änderte sich meine Einstellung. Mich interessierten Bücher über Philosophie, Religion und

Spiritualität. Der Blick wandte sich von außen nach innen. Damit begann eine große Suche. Diese (Grüne Stufe) dauerte mehrere Jahre lang und endete mit einem ernüchternden Ergebnis: Egal wie lange und wie angestrengt man auch nach der Wahrheit sucht, man wird sie nicht finden. Ich hatte alles hinterfragt, alles in Frage gestellt. Nicht nur die Techniken, sondern das Leben selbst. Außer Verzweiflung, Einsamkeit und Schmerz brachte das aber nichts. Da wurde mir langsam klar, dass es Zeit wurde, alles so zu akzeptieren wie es eben ist. All meine Probleme verursachte ich im Grunde selbst. Es gab nur einen einzigen Ausweg aus diesem Dilemma. Sich dem Leben zu stellen. Die täglichen Herausforderungen immer wieder annehmen. Niemals aufgeben und nach jedem Fall so schnell wie möglich wieder aufstehen (Gelb). So konnte ich meine inneren Kämpfe langsam aufgeben und fand mein Glück in der Einfachheit. Die Arbeit an Tugenden, wie Freundlichkeit, Geduld, Gleichmut und Güte rückten in den Vordergrund. Das ist der wahre Sinn der Kampfkunst, den inneren Kampf zu beenden. Wer sich selbst nicht im Weg steht, der kann auch in Extremsituationen ruhig und gelassen bleiben. Jahrelang eingeübte Techniken einzusetzen ist dann nicht mehr schwierig.

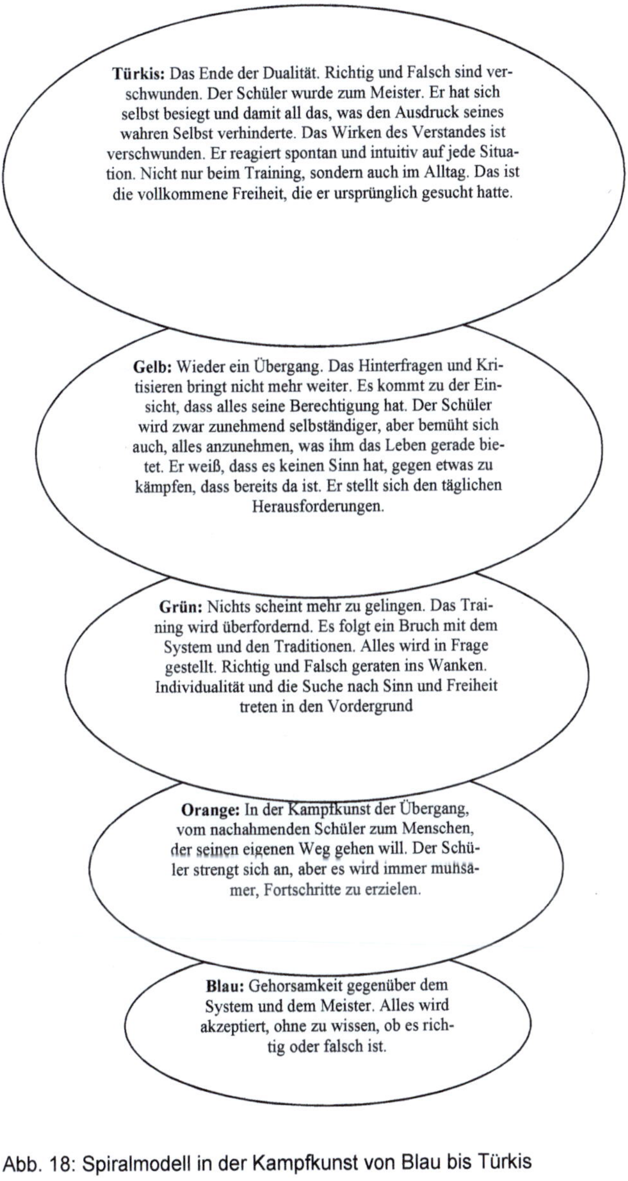

Abb. 18: Spiralmodell in der Kampfkunst von Blau bis Türkis

## Linien der Kampfkunst

In den Jahren des Trainings wird man mit vielen Dingen konfrontiert und wird regelrecht gezwungen, an sich zu arbeiten. Anhand eines Beispiels möchte ich erklären, wie das gemeint ist. Bei Ken Wilber gibt es die emotionale Entwicklungslinie. Ein großes Problem, das vielen Kampfkünstlern bewusst wird, ist die Angst. Bereits die japanischen Samurai wussten, dass es tödlich sein kann, in einem Kampf die Beherrschung zu verlieren. Die Angst im Angesicht des bevorstehenden Todes kann auch den geschicktesten Krieger lähmen. Auch bei Übungskämpfen merkt man als Budoka schnell, wie sehr man die Kontrolle verliert, wenn man zwei oder drei Treffer einstecken musste. Jedoch gibt es auch einen Selbsterhaltungstrieb, der aktiviert werden kann. Manche Menschen setzen in Extremsituationen fast übermenschliche Kräfte frei. Die Rede ist von einem Flow-Erlebnis im Kampf. Die Angst verschwindet, und der Körper reagiert wie von selbst. Dafür müssen psychologische und emotionale Nebenaspekte in den Hintergrund treten. Jedoch verliert man diesen Zustand, sobald die Gefahrensituation vorbei ist. Man wird wieder mit einem ängstlichen Alltagsgeist konfrontiert (vgl. Fauliot 2003, S. 91f). Ein Budoka gerät beim Training immer wieder in solche Extremsituationen. Entweder man überwindet seine Ängste, oder man landet auf der Matte. Dann hilft nur wieder aufstehen und es weiter versuchen. Viele Meister sprechen davon, dass es möglich ist, sich von der Angst zu befreien, wenn man ihre Quelle erkannt hat. Dafür ist es aber unerlässlich, sich ihr entgegenzustellen. Natürlich muss dies auch im Alltag umgesetzt werden (vgl. Fauliot 2003, S. 93). Ähnlich verhält es sich auch mit anderen Gefühlen wie z.B. Überheblichkeit, Unfreundlichkeit, übertriebener Härte, Wehleidigkeit uvm.. Im Laufe seiner Kampfkunstkarriere muss man sich allen seinen Schwächen stellen, denn sie hindern einen daran, wirklich im Kampf frei zu sein. Aber man wird umgekehrt auch ermutigt, seine eigenen Stärken zu entdecken und an diesen zu arbeiten.

Aber nicht nur emotionale Intelligenz wird geschult, sondern auch moralisches Handeln, durch eine umfassende Tugendlehre. Bushido (Weg des Kriegers) war ein japanischer Verhaltenskodex, den jeder Samurai befolgen musste. Das besondere daran ist, dass Bushido nicht von einer Person oder Gruppe erfunden wurde. Vielmehr entstand es im Laufe von Jahrhunderten in einem langsamen Prozess. Es existierte nicht in klar festgeschriebener Form, sondern wurde mündlich von Lehrer an Schüler übermittelt, als Richtlinie für richtiges Handeln, im Einklang mit den Gesetzen des Herzens (vgl. Nitobe 2009, S. 23f). Heute ist Bushido natürlich veraltet, aber die Charakterschule ist als fester Bestandteil der Kampfkünste erhalten geblieben. Friedfertigkeit, Respekt, Treue, Freundlichkeit, Mut, Geduld usw. sind wichtige Tugenden, ohne die es kein Vorankommen auf dem Weg vom Schüler zum Meister gibt.

Natürlich ist das noch nicht alles, was Kampfkunst zu bieten hat. Kognitive Entwicklung ist zum Beispiel ein Nebenprodukt durch das Erlernen der komplexen Bewegungsabläufe. Aber auch Spiritualität lässt sich im Zen-Geist der Kampfkünste finden. Kampfkunst ist eben nicht einseitig, sondern vielschichtig. Bei jedem Training gibt es wieder neue Dinge zu lernen.

## Die vier Quadranten in der Kampfkunst

Die vier Quadranten von Ken Wilber ziehen sich durch alle Bereiche des Lebens. Und alle diese Bereiche entwickeln sich beständig weiter. Dieses Kapitel ist das wichtigste und soll das Voranschreiten auf allen Ebenen durch Kampfkunst zeigen. Bis jetzt ging es hauptsächlich um das eigene, innere Erleben in der Kampfkunst (Ich). Aber was ist mit den anderen drei Quadranten? Es, Wir und Sie sind ebenfalls Teil der Wirklichkeit und dürfen auch in der Kampfkunst nicht vergessen werden. In Abbildung 6 habe ich versucht, die wichtigsten Aspekte mit dem Quadrantenmodell darzustellen. Dies ist natürlich nicht die ganze Wahrheit, sondern nur ein Teil davon. Ich denke, es zeigt aber ganz gut, wie vielschichtig Kampfkunst eigentlich ist.

| **ICH** | **ES** |
|---|---|
| Verfeinerung des Bewusstseins/Entwicklungsstufen<br>Arbeit an der Menschlichkeit<br>Lebenslanges Lernen | Körperbeherrschung<br>Techniken<br>Übung |
| Schüler - Meister Beziehung<br>Gruppendynamik<br>Voneinander lernen | Ritual: Begrüßung, Verbeugung, Gürtelfarben<br><br>System: Hapkido, Karate, Judo... |
| **WIR** | **SIE** |

Abb. 19: Quadrantenmodell in der Kampfkunst

*Rechts unten - System, Ritual und Etikette*

Wenn man eine beliebige Kampfkunst wählt, so wird in Europa üblicherweise in einer kleinen Gruppe von 10-30 Personen trainiert. Betrachtet man diese Gruppe von außen, also im rechten, unteren Quadranten, so findet man Hierarchien (Gürtelfarbe), Begrüßungsrituale, Trainingspläne, usw.. Am wichtigsten aber ist das Technik-System (Hapkido, Karatedo, Judo ect.). Die Schüler lernen ein vorgegebenes System, das im Grunde dem Lehrplan einer österreichischen Schule entspricht. Es gibt sogar (Gürtel) Prüfungen, die man ablegen kann. Im Hapkido z.B. braucht man sechs Handbefreiungstechniken, vier Hebeltechniken, 6 Wurftechniken usw., um den ersten weißen Gürtel zu erlangen. Der Versuch einer ganzen Gruppe, ein System zu beherrschen, ist also von außen betrachtet, das Ziel jeder Budo-Schule. Ein System ist aber normalerweise nicht statisch, sondern dynamisch. Aus meiner Erfahrung entwickelt ein guter Lehrer Trainingspläne, Techniken usw. immer weiter. Er reagiert auf seine Schüler und versucht, das System stetig zu verbessern.

*Links unten - Gruppendynamik und besondere Beziehungen*

Die Art und Weise, wie in der Gruppe gelernt wird, kann mit Erlebnispädagogik verglichen werden. Wie die Budo-Kunst basieren beide auf dem Prinzip des handlungsorientieren Lernens (vgl. Huber 2008, S. 27). Im Training wird z.B. soziales Verhalten und Persönlichkeitsentwicklung in dem Betätigungsfeld Kampfkunst nicht nur vermittelt, sondern auch erfahren (vgl. Huber 2008, S. 29).

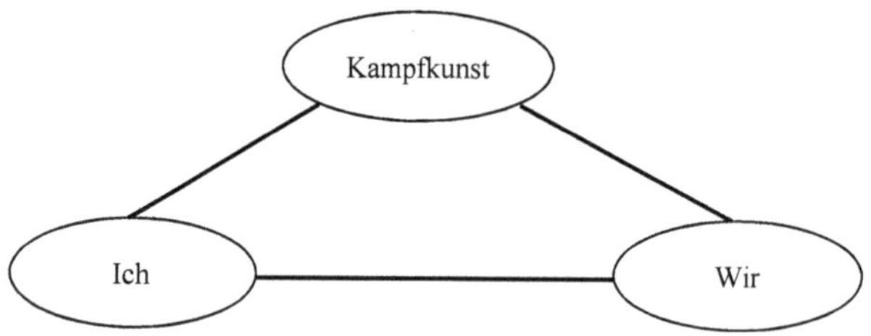


Abb. 20: Handlungsorientiertes Lernen (Huber 2008, S. 32)

Wie in Abbildung 5 zu sehen wird die Beziehungsbasis "Ich und Wir" mit einer weiteren Ebene verknüpft. Durch die Sachebene Kampfkunst kommen zu den Beziehungen zwischen den Schülern auch noch gelebte Erfahrungen (vgl. Huber 2008, S. 32). Zum Beispiel lernt man sehr schnell den richtigen Umgang mit dem Übungspartner. Verletzungen sollen vermieden werden, und man muss sich an die körperlichen Voraussetzungen des Gegenübers anpassen. Zusätzlich ergibt sich durch die gemeinsamen Übungen die Möglichkeit, vom anderen zu lernen. Der Anfänger lernt vom Fortgeschrittenen und umgekehrt.

Außerdem gibt es im linken, unteren Quadranten noch eine Besonderheit , die in normalen Schulen oder Gemeinschaften nicht üblich ist. Die Rede ist vom Schüler-Meister-Verhältnis. Ein Schullehrer vermittelt normalerweise nur fachspezifische Theorien. Die Fähigkeit zu schreiben oder zu rechnen. In der Kampfkunst wird der Lehrer zu einem jahrelangen Begleiter, der mehr vermittelt als bloß Techniken. Er unterstützt den Schüler auf dem Weg, den er selbst gegangen ist (vgl. Erdogan 2011, S. 66). Normalerweise wird ein unbeholfener, neuer Schüler zu Beginn großen Respekt vor den Fähigkeiten des Meisters haben. Der Schüler wird ihn idealisieren und unerreichbare, übermenschliche Fähigkeiten in ihm sehen. Es ist ein falsches Bild des Meisters, das reinem Wunschdenken entspricht. Der Meister schwebt in unerreichbaren Sphären und wird auch zum unerreichbaren Vorbild (vgl. Baumann 2012, S. 15). Leider kommt es immer wieder vor, dass Meister diesen Status ausnutzen, um den Schüler abhängig zu machen. Dadurch wird es auch möglich, übertrieben hohe Trainingsbeiträge zu verlangen. Dies ist nicht im Sinne des eigentlichen Budo-Gedankens (vgl. Erdogan 2011, S. 66). Ein richtiger Meister wird seinen Schüler nicht ausnutzen. Das führt dazu, dass der Schüler im Laufe der Jahre durch den Zuwachs an eigener Kompetenz und Fähigkeiten regelrecht enttäuscht wird. Er erwacht aus der Illusion, die er über den Meister hatte. Er sieht nun den Meister nicht mehr so, wie er wirklich ist, aber auch nicht so, wie er ihn sich durch seine Wunschvorstellung erwartet hatte. Der Meister wird immer menschlicher, und die unüberwindbare Distanz verschwindet. Nun muss sich der Schüler immer mehr selbst bemühen, seinen Weg zu gehen. Er kann immer noch vom Meister lernen, aber er ist nun auch selbstverantwortlich und muss aktiv am Lernprozess teilnehmen (Ha - Grün). Zuvor hat er einfach bedingungslos alles aufgesogen und nachgemacht, was ihn der Meister lehrte (Shu - Blau) (vgl. Baumann 2012, S. 16f). Nun versucht der Schüler zur Freiheit zu gelangen. Bloßes Nachahmen der Techniken bringt ihn nicht mehr weiter. Er trennt sich von allen Traditionen, Stilen oder Lehrmeinungen. Er versucht, ohne Fremdeinflüsse zur Wahrheit zu gelangen. Deshalb muss der Meister den Schüler loslassen, um ihm den nötigen Freiraum zu geben. Irgendwann sind sie nicht

mehr voneinander abhängig und stehen sich als Menschen gegenüber (Ri -
Türkis). An diesem Punkt angelangt wird eine tiefe Freundschaft entstehen.
Auch wenn der Schüler niemals aufhören wird, dankbar vom Lehrer zu ler-
nen.

*Rechts oben - Technik*

Jeder Schüler beginnt damit, seinen Körper zu trainieren. Er erlernt Techniken und versucht angestrengt, diese zu verbessern. Das technische Niveau
verbessert sich mit den Jahren, und auch der Körper wird stärker, bewegli-
cher, schneller usw. Es darf nicht vergessen werden, dass es in der Kampfkunst die meiste Zeit ums Üben geht. Mein Hapkido-Meister pflegt immer zu
sagen: "Üben, üben und üben. Der Rest kommt von selbst."

In diesem Quadranten (Es) findet Entwicklung statt, die natürlich am leich-
testen zu beobachten ist. Vor allem zu Beginn macht erfahrungsgemäß bei
jeder einzelnen Trainingseinheit Fortschritte. Alles ist neu und fordernd. Mit
der Zeit wird es mühsamer, denn der Kopf ist regelrecht überfordert von dem
vielen Wissen über Techniken. Es tritt eine Phase der Stagnation ein, und
der Schüler ist gefordert, den Blick nach innen zu richten.

*Links oben - Geist*

Die Arbeit mit sich selbst ist der wahre Geist des Budo. Und wie die Silbe Do
schon ausdrückt, ein Leben lang. Jedoch könnte es kein Vorankommen auf
den Ebenen der Entwicklung geben, wenn es kein System (Sie) gäbe. Auch
ohne Trainingspartner oder Lehrer (Wir), würde der Weg sehr schnell enden.
Lernen ohne Körper (Es) ist ohnehin nicht möglich. Alle vier Quadranten sind
gleich wichtig.

## Praktische Umsetzung des Hapkido anhand eines Fallbeispiels

Dieses Fallbeispiel soll anhand einer einzelnen Einheit einen kurzen Einblick
von der praktischen Umsetzung des Hapkido Trainings vermitteln.

Die Planung für das Hapkido Training wird, wie in jeder professionellen Sport-
art, in verschiedene Zeiträume eingeteilt. Jahrestrainingsplan, Quartalsplan,
Monatsplan, Wochenplan und Tagesplan. Der Jahresplan ist als Richtschnur
zu sehen und gibt allgemeine Ziele vor. Die erwünschte geistige- und körperliche Entwicklung wird darin festgelegt. Außerdem wird die Leistungskurve

darin berücksichtigt. Da jede Gruppe und jeder Schüler individuell ist, bedarf es noch genauerer Pläne.

Meine Hauptaufgabe bei der Trainingsplanung liegt momentan bei den Tages- und Wochenplänen. Die Ziele werden mir vom Leiter der Budo-Schule vorgegeben und bei der Wahl der Übungen sehr genau berücksichtigt. Hier ein Beispiel wie das in der Praxis aussieht:

**Allgemeine Aufgabenstellung von Jänner bis April 2015**

**Zielgruppe:** Sieben Kinder die zwischen zwei Monaten und einem Jahr trainieren.

**Ort und Zeit:** Das Training findet zwei Mal pro Woche für eine Stunde in einer Sporthalle statt.

**Setting:** Um die Motivation zu steigern, wurde die Teilnahme an einem Videoclip zur Aussicht gestellt. Die Kinder üben also um bei diesem Video ein tolles Ergebnis zu erzielen.

**Körperliche Ziele:** Verschiedene Grundlagen des Hapkido Systems sollen immer wieder geübt werden, bis sie automatisch beherrscht werden und die Kinder nicht mehr darauf vergessen. Dazu gehört die richtige Stellung (Knie leicht gebeugt, Hände in Schutzposition unter dem Kinn), Hüfteinsatz bei Fußtechniken, flüssige- und unverkrampfte Bewegungen, Verbesserung der Dehnung (körperliche Voraussetzung für hohe Fußtechniken) usw.

**Geistige Ziele:** Hier handelt es sich um die "Blaue Stufe". Die Schüler sollen wie auf Seite 34 bereits erwähnt bedingungslose Gehorsamkeit lernen. Deshalb wird kein Widerspruch geduldet. Belohnungen muss man sich mühsam verdienen. Ständiges Wiederholen und einschleifen ist für den Geist eine Herausforderung, die bewältigt werden muss. Der Charakter wird dadurch gestärkt. Allerdings muss auch darauf geachtet werden die Motivation hochzuhalten. Des Weiteren sollen die Kinder nicht zu Robotern werden, sondern selbständig lernen. Dazu muss auch ein gewisser Freiraum selbstständig zu üben ermöglicht werden. Die Herausforderung für mich als Lehrer besteht darin, die Balance zwischen Strenge auf der einen Seite und Zuwendung auf der anderen Seite zu halten.

Die genannten Punkte wurden mir vorgegeben. Aus ihnen bilde ich nun auf Basis meiner Erfahrung und Ratschlägen des Meisters die Trainingspläne für die einzelnen Einheiten. Zusätzlich fließen noch Reflexionen der letzten Einheiten mit ein. Das bedeutet, dass die Planung sehr flexibel an die Bedürfnisse der Kinder angepasst werden kann.

**Stundenbild vom 9.1.2015**

**Besonderheiten für die Einheit:** Es handelt sich um die erste Einheit nach den Ferien. Die Kinder sollen also zuerst einmal "ankommen". Deshalb wird in dieser Einheit nicht ganz so streng geübt wie in den kommenden Wochen. Wichtiger ist, dass sie den Bezug zu mir wieder aufbauen und motiviert ins neue Jahr starten. Deshalb lege ich in dieser Einheit besonderen Wert auf Gruppenübungen, Erfolgserlebnisse und Abwechslung.

Material: Hallenmatten, Handmitt (Schlagkissen)

| Zeit | Aufgabe | Ziel | Methode |
| --- | --- | --- | --- |
| 5 Minuten | Traditionelles Begrüßungsritual<br><br>Erinnerung an das Ziel für die nächsten Monate (Video) | Ankommen in der Halle, Höflichkeit und Respekt; Akzeptanz der Hierarchie<br><br>Motivationssteigerung durch Zielvorgabe | Aufstellen in einer Reihe gegenüber vom Lehrer; Handshake; Verbeugen auf Kommando |
| 10 Minuten | Aufwärmen | Erwärmung des Körpers speziell für nachfolgende Übungen; Verbesserung der Koordination | Kreis bilden und verschiedene Aufwärmübungen unter Anleitung |
| 10 Minuten | Dehnen | Verbesserung der Muskeldehnung/Lockerheit;<br><br>Bewusstseinsbildung für die Wichtigkeit des Dehnens<br><br>Beruhigung des Pulses | Dehnen in kleinen Gruppen mit Übungen, die die Kinder selbständig ausführen können. |
| 15 Minuten | Gesprungene Fußtechniken (gesprungener seitlicher Fußtritt) | Verbesserung der Technik (Höhe, Kraft, Dynamik) | Anstellen in der Schlange und hintereinander die Technik üben. |

| 15 Minuten | Partnerbewerb (Ein gestellter Kampf wie in Actionfilmen) | Schwierige Aufgabenstellung, die im Team bewältigt werden muss.<br><br>Wird immer wieder geübt bis die Aufgabe dem Entwicklungsgrad entsprechend perfekt beherrscht wird. | Selbständiges Üben zu zweit. Vereinzelte Korrekturen, die dann umgesetzt werden können. |
| 5 Minuten | Traditionelles Verabschiedungsritual | Gemeinsamer Abschluss, Höflichkeit und Respekt; Akzeptanz der Hierarchie | Aufstellen in einer Reihe gegenüber vom Lehrer; Verbeugen auf Kommando; Applaus; Handshake |

Abb. 21: Stundenbild der Hapkido-Einheit vom 9.1.2015

## Durchführung der Einheit und Reflexion

Sofort bei meinem Betreten der Halle wird es ruhig. Alle sind anwesend und bereiten sich selbständig durch lockere Dehnübungen auf die Einheit vor. Die erhoffte Motivation ist nach der Weihnachtspause vorhanden.

**Traditionelle Begrüßung:** Das Video wird gut angenommen und man freut sich darüber wieder beim Training zu sein. Bevor das Gemurmel zu laut wird, gehen wir gleich direkt zum Training über.

**Aufwärmen im Kreis:** Die Kombination aus anstrengenden, lockeren und spielerischen Übungen kommt gut an.

**Dehnen:** Dehnen wurde in den Ferien trotz Aufforderung eindeutig vernachlässigt. Umso wichtiger erscheint es mir in den nächsten Einheiten die Wichtigkeit dieser Übungen zu betonen. Sie sollen lernen das mühsame Dehnen mit Erfolgserlebnissen zu verknüpfen. Das bedeutet vor allem besonderes Lob bei individueller Verbesserung.

**gesprungene Fußtechniken:** Die Technik haben alle Kinder grundsätzlich bereits verstanden. Deshalb gebe ich hier Möglichkeiten sich zu verbessern: Steigerung der Höhe; Steigerung der Schwierigkeit durch ein zusätzliches Hindernis zum Überspringen; Verbesserung der technischen Feinheiten durch individuelle Anleitung.

**Partnerbewerb:** Es wird selbständig und kontinuierlich geübt. Das schafft eine angenehme Atmosphäre, um an Details zu arbeiten. Es zeigen sich wieder die gleichen Schwachstellen wie schon vor ein paar Wochen. Vor allem die Koordinationsprobleme wenn es darum geht Oberkörper und Unterkörper gleichzeitig zu bewegen. Da hilft nur kontinuierliches Üben.

**Traditionelle Verabschiedung:** Die Kinder gehen mit einem Lächeln nach Hause. Genau so soll es sein.

### Die Sicht des Lehrers - eine eigen Reflexion im ersten Quadranten

Die wichtigste Erkenntnis, um den Sinn dieses Kapitels zu verstehen:

Der Lehrer lernt von seinen Schülern.

Auch wenn ich mittlerweile öfters vor Schülern stehe um ihnen etwas beizubringen, als vor einem Lehrer um belehrt zu werden, so ändert das doch nichts an der Tatsache, dass ich nach wie vor Schüler bin. In der Kampfkunst bleibt man immer ein Schüler. Es hat sich nur meine Position im Außen (3. Quadranten, Innen-Kollektiv) verändert. Im "Wir-Bereich" stehe ich nun einfach mit einem anderen Status da, aber für mich persönlich hat sich nicht wirklich irgendetwas geändert. Die Arbeit am eigenen Charakter bleibt dieselbe. Wer glaubt, aufgrund einer Lehrtätigkeit über seinen Schülern zu stehen, befindet sich auf einem gefährlichen Holzweg. Er betrügt seine Schüler wie sich selbst.

Worin besteht nun meine eigentliche Aufgabe? Es wird Anpassungsfähigkeit und Flexibilität auf sehr feinen Ebenen von mir gefordert. Meine Tagesverfassung interessiert niemanden, ich muss mein Bestes geben, egal wie schwer es mir fällt. Meine Schüler erwarten von mir, dass ich sie weiterbringe. Technisch, wie menschlich. Eine riesige Herausforderung, vor allem an schlechten Tagen. Das verlangt eine große innere Stärke, Geduld, Demut, Mitgefühl und Güte. Gleichzeitig darf ich überhaupt nicht erwarten irgendetwas dafür zurückzubekommen. Ich opfere mich selbst im positiven Sinne für andere auf. Das ist eine große Hingabe an die Gegebenheiten und mein momentaner Weg. Manchmal spüre ich in dieser sehr aktiven Selbstvergessenheit einen inneren Frieden, der sich über mein gesamtes Tun herabsenkt.

Die Arbeit beginnt nicht in der Übungshalle, sondern auch im Alltag wird diese geistige Haltung von mir gefordert. Nur wenn ich es schaffe die Dinge so zu akzeptieren wie sie eben sind, erscheint dieser Frieden. Das ist sehr schwer umzusetzen. Aus Erfahrung würde ich sogar sagen, dass es nichts schwereres gibt, als die Dinge so zu akzeptieren, wie sie eben sind. Obwohl es eigentlich auch ganz einfach sein könnte, so ist es das in der Praxis eben doch nicht. Im Gegenteil, es ist unglaublich schwer.

Zum Glück habe ich so unterschiedliche Schüler und damit unterschiedliche Charaktere, die mich regelrecht dazu zwingen meinen Widerstand aufzugeben. Es ist wie der Blick in einen Spiegel, wenn ein Kind meine Geduld strapaziert, indem es Anweisungen einfach nicht folgt und mich das aus der Ruhe bringt. Dann muss ich wieder an mir arbeiten und mir alternative Wege überlegen. Hier verschmelzen Theorie und Praxis miteinander. Wenn ich noch einmal auf die Trainingseinheit vom 9.1.2015 zurückblicke, so haben nicht nur die Schüler Fortschritte gemacht, sondern auch ich:

Im Mittelpunkt der Einheit stand, dass alle nach den Ferien wieder beim Training "ankommen". Also musste ich freundlich, offen und entgegenkommend auftreten. Natürlich nicht gespielt, sondern authentisch und ehrlich. Im mich offen und verletzlich präsentieren, war ich noch nie besonders gut. Trotzdem wurde es von mir gefordert und ich musste einfach springen um das hinzubekommen. Es gelang mir auch und von da an spielte diese offene Freundlichkeit auch eine zentrale Rolle in meinem Alltag. Daran weiter zu arbeiten erschien mir Wochen später noch wichtig zu sein und verbesserte merklich meine Beziehungen zu anderen Menschen.

Das war also die Erkenntnis des Lehrers dieser Einheit: Weicher und verletzlicher den Menschen entgegenzutreten, um ein Stück menschlicher zu werden. Ich denke dieses Beispiel zeigt sehr gut, wie die Arbeit am eigenen Charakter ein zentrales Thema der Kampfkunst ist.

## Schlusswort und Ausblick

Kampfkunst ist mehr als bloßes körperliches Training. Das mag nach außen hin vielleicht so wirken, aber in Wirklichkeit geht es darum, sich geistig weiterzuentwickeln. Das Modell von Ken Wilber zeigt sehr schön, wie vielschichtig die Arbeit am eigenen Selbst ist. Nicht nur äußerliche, technische Finesse wird von einem Budoka gefordert, sondern eben auch innere Reife. Ich möchte noch einmal ganz klar betonen, dass lebenslanges Lernen ein wichtiger Begriff in Zusammenhang mit Kampfkunst ist. Nur ist damit eben nicht gemeint, ständig Fortbildungen zu besuchen, um verwertbare Skills zu erwerben, sondern eben ein Voranschreiten auf den Entwicklungsebenen.

Um den Kreis zu schließen, möchte ich noch einmal auf den ersten Teil dieser Arbeit, die Schule, eingehen. Kampfkunst birgt ein unglaublich großes

pädagogisches Potential. Schade ist, dass es kaum praktische Anwendungs-
felder gibt. Die einzige Ausnahme bildet die Budopädagogik. Diese relativ
junge Methode entstand durch die Frage, wie ausgerechnet Kampkunst bei
der Therapie von aggressiven Gewaltstraftätern beitragen könnte. Diese ungewöhnliche Therapie wurde später als der <Budo Weg vom Schläger zum
Ritter> bezeichnet (vgl. Wolters 2008, S. 14f.). Allerdings ist zu beachten,
dass die Budo-Pädagogik nicht den traditionellen Weg der Kampfkünste
lehrt, da sie sich nicht mit normalen Vereinsmitgliedern beschäftigt, sondern
mit einem speziellen Klientel, dass sonst nie in Kontakt mit den Kampfkünsten kommen würde. Dabei wird versucht, bestimmte Ziele wie zum Beispiel
ein positives Sozialverhalten zu erreichen (vgl. Wolters 2008, S. 25). Es wäre
sehr wünschenswert, wenn die Kampfkünste stärker ins pädagogische Interesse geraten würden. Das Potential wäre in vielen Bereichen enorm. Es ist
zumindest schön zu sehen, dass Spiritualität nicht nur als esoterischer Hum-
bug belächelt wird, sondern auch ins Zentrum wissenschaftlicher Untersu-
chungen gerät. Zum Beginn der Arbeit habe ich ganz bewusst das Thema
Schule gewählt, da ich ohne Kampfkunst-Training wohl nicht bis zur Matura
gekommen wäre. Es half mir, den Willen und die Konzentrationsfähigkeit auf-
zubringen, die mir zuvor gefehlt hatten. Umso wichtiger erscheint es mir,
dass auch andere Kinder und Jugendliche die Chance bekommen, eine Art
des Lernens zu erfahren, die weit mehr bietet als unser Ausbildungssystem
Schule. Dort werden überwiegend nur Skills wie Mathematik, Lesen, Schreiben oder Physik erlernt. Diese haben ihre Berechtigung und sind für ein Leben in dieser Gesellschaft unerlässlich. Aber es wird alles andere vernachlässigt. Was ist mit Tugenden, sowie der Arbeit am eigenen Charakter und
der Entwicklung von Langlebigkeit und Vitalität. Mittlerweile bin ich selbst zu
einem Lehrer der Kampfkunst Hapkido geworden. Ich unterrichte zwei sepa-
rate Kindergruppen und sehe immer wieder die täglichen Schwierigkeiten,
mit denen meine SchülerInnen konfrontiert werden. Zwei wichtige Punkte
aus der Praxis sollen zum Abschluss noch betont werden:

Natürlich spreche ich hier vom Kampfkunsttraining, doch viele Punkte wären
für die Schule auch ganz einfach umzusetzen. Auch ohne kostspielige Reformen.

Individuelle Gruppenbetreuung wäre meiner Meinung nach das bedeu-
tendste Motto für eine Schulklasse. Als Hapkido Trainer habe ich schnell feststellen müssen, dass das optimale Ergebnis nur dann erzielt werden kann,
wenn die Kinder oder Erwachsene, wie in Kapitel *Ganzheitlich lernen im Flow*

beschrieben, weder unterfordert noch überfordert werden. Um dies zu erreichen muss auf die körperlichen und geistigen Voraussetzungen der Schüler unbedingt Rücksicht genommen werden. Ich kann unsportliche Kinder nicht gleich trainieren, wie Kinder, die sehr sportlich sind. Der Trainingsplan wird dementsprechend angepasst. Das heißt natürlich nicht, dass diese Kinder nicht ebenso Disziplin und Gehorsamkeit lernen müssen oder verhätschelt werden können. Die Anforderungen werden eben nur den Gegebenheiten angepasst. Warum sollte ein Lehrer in der Schule nicht auch seinen Lehrplan an seine Klasse anpassen können? Im Interesse sollte der Fortschritt des einzelnen Schülers / einzelnen Schülerin sowie der ganzen Gruppe stehen. Das Ziel sollte niemals ein bestimmtes Leistungsniveau sondern der kontinuierliche Fortschritt sein. Das Leistungsniveau stellt sich aus meiner Erfahrung mit der Zeit dann ganz von selbst ein.

In den Kampfkünsten ist eine Prüfung nicht dazu gedacht den Schüler / die Schülerin zu beurteilen, sondern dazu ihn/sie anzuspornen. Wenn Kinder oder Jugendliche wissen, dass in drei Wochen eine Prüfung stattfinden wird, dann stärkt das die Motivation und sie geben sich noch einmal besonders viel Mühe. Als Belohnung winkt ein neuer Gürtelgrad und damit das Erreichen einer neuen Stufe. Da darf ruhig auch ein wenig Stolz im Spiel sein, auch wenn ein höherer Gürtelgrad nicht automatisch auch einen besseren Menschen aus ihnen macht. Gekennzeichnet ist die Prüfung durch lange Vorbereitungszeit und strenge Durchführung. Sie soll auch zeigen wie der Schüler / die Schülerin unter Druck agiert. Weiters bekommt er / sie nach der Prüfung natürlich auch ein Feedback. Die Gürtelprüfung ist somit ein Mittel zum Zweck - warum sollte das in der Schule anders sein? Dort werden Prüfungen zum Teil als Druckmittel und vor allem auch als Möglichkeit zum Vergleichen missbraucht. Das mag vielleicht für talentierte SchülerInnen motivierend sein, aber oft wird das Selbstbewusstsein der untalentierteren SchülerInnen geschwächt. Ich würde nur ein bis zwei Mal pro Jahr und Fach eine Prüfung abhalten. So kann man anfangs ohne Druck üben und lernen und wird erst am Ende des Jahres bzw. des Semesters dazu angeleitet noch einmal den gesamten Stoff zu wiederholen.

Das sind nur zwei wichtige Punkte, die in meinen Trainingsüberlegungen Beachtung finden. Ich möchte nur den Rahmen dieses Beitrages nicht noch weiter sprengen. Es bleibt noch zu sagen, dass damit auch meine eigene Entwicklung noch nicht abgeschlossen ist. Der Lehrer lernt von seinen Schülern. In einem Jahr wird sich die Art und Weise, wie ich Kampfkunst unterrichte, verändert haben. Ich werde selbst weiter reifen und die Dinge wieder anders sehen. Kampfkunst ist eben ein Lebensweg, und nichts bleibt, wie es ist.

Für mich selbst war diese Arbeit auch nur der Anfang. Ich werde auch in Zukunft weiter Kampfkunst praktizieren und jede sich bietende Gelegenheit nutzen, um tiefer in diese Materie einzudringen.

***Kampfkunst zu lernen, bedeutet zu lernen, man selbst zu sein. Egal was geschieht, der Krieger bleibt ruhig und entspannt. Nichts kann seine Aufmerksamkeit mehr trüben.***

# Integrale Pädagogik: Stärken der Persönlichkeit durch suggestopädisches Lernen

Gundula LEODOLTER

## Inhaltsverzeichnis


**Vorwort**....................................................................................**139**

**Einleitung**.................................................................................**140**
Nur ein paar Gedanken für den Anfang...................................... 140
Ausgangssituation........................................................................ 142
Forschungsfragen ........................................................................ 144

**Paradigmenspirale**...................................................................**145**
Sich erst bewusst werden ............................................................ 145
Was ist ein Paradigma? ............................................................... 146
Traditionell-mechanistisches Paradigma ..................................... 147
Systemisches Paradigma ............................................................. 149
Prätranspersonales Paradigma .................................................... 151
Transpersonales-integrales Paradigma ....................................... 152
Sowohl - als auch ........................................................................ 153

**Integrale Pädagogik**.................................................................**153**
Auf der Suche nach dem Integralen ............................................ 153
„Integral" – ein Tor zur Pädagogik .............................................. 155

**Persönlichkeit**...........................................................................**159**
Begriff der Persönlichkeit............................................................. 160
Quadrantenmodell nach Ken Wilber ............................................ 160
Spiralmodell .................................................................................. 166

**Breema®** ..................................................................................**174**
Ein Sicherheitsgeländer ............................................................... 174
Was ist Breema®? ........................................................................ 175
Die 9 Prinzipien im Alltag ............................................................ 176

**Suggestopädisches Lernen** ....................................................**184**
Einen neuen Weg beschreiten...................................................... 184
Entstehungsgeschichte................................................................. 184

Phasen der Suggestopädie ................................................................. 187

Elemente der Suggestopädie ............................................................ 192

Ist die Suggestopädie eine Methode der integralen Pädagogik? ...... 202

Das Quadranten-Modell und die Suggestopädie ............................... 204

**Empirische Forschungsmethode** .................................................. **206**

Das ero-epische Gespräch ............................................................... 206

Das Forschungstagebuch ................................................................. 210

**Ergebnisse** ..................................................................................... **211**

Allgemeines ...................................................................................... 211

Ergebnisdarstellung .......................................................................... 212

**Zusammenfassung** ........................................................................ **218**

# Vorwort

Im Zuge des Seminars „Methoden pädagogischer Handlungsfelder: Integrale Pädagogik – Einführung in Theorie und Praxis" bin ich in eine für mich neue Dimension des Lehrens und Lernens eingetaucht. Durch diese thematische Auseinandersetzung sind nicht nur meine bisherigen zaghaften Versuche neuer methodischer Ansätze, im Bereich meines Arbeitsfeldes als Lerntrainerin, durch den theoretischen Hintergrund bestätigt worden, sondern mir wurden auch wertvolle neue Perspektiven für die Unterrichtsgestaltung aufgezeigt. Neben einer Veränderung im didaktischen und methodischen Ansatz war für mich aber vor allem meine Persönlichkeit zentraler Punkt in dieser Forschungszeit, da sie sich im Verlauf dieser Arbeit, durch die ständige Auseinandersetzung, die mit ihr in den Dimensionen des integralen Seins erfolgte, ganz bewusst weiterentwickelt hat.

# Einleitung

**Nur ein paar Gedanken für den Anfang ...**

*Der Weg ist unbekannt, verschlungen, steinig, gefährlich, manchmal in die Irre führend, oft muss ich Schritte wiederholen, da ich auf dem Untergrund keinen Halt finde. Ich bleibe auch stehen um zu verweilen, um meine Umgebung wahrzunehmen und um wieder Kraft zu schöpfen. Mit dieser neuen Kraft überwinde ich wieder schwierige Passagen. Schritt für Schritt auf diesem unbekannten Weg, einem Weg, der nach oben führt, vorbei an der Vielfältigkeit der Natur, weiter und weiter.*

*Jetzt sitze ich am Gipfel und habe diesen Weg bis hierher geschafft und schaue in diese wunderbare Berglandschaft. Manche Berge sind klein, rund, hoch, spitz, felsig oder bewaldet und ich erkenne, dass ich nur einen kleinen Teil dieser Vielfalt für heute entdeckt habe, im vollen Bewusstsein auch, dass es noch Vieles zum Entdecken, zum Begehen und zum Besteigen gibt, immer mit der Sicherheit der Erfahrung der schon zurückgelegten Wege.*

*Nein, ich gehe nicht denselben Weg zurück, sondern ich suche mir wieder einen neuen Weg, der mich von diesem Berg zum nächsten bringen wird. Was wird mich aber bei der nächsten Wegbiegung erwarten, wird der Steig für mich vielleicht zu schwierig werden, wo werde ich mich anhalten können, woran werde ich mich orientieren können, da es noch keine Markierungen gibt? Diese aufkommende Ängstlichkeit vor dem, was vielleicht kommen wird, versuche ich durch das Jetzt zu beruhigen. Einen Schritt vor den anderen setzen und ich gehe den Weg...*

Diese einleitenden Gedanken stehen für mich sinnbildlich für meine Wanderung in dieser neuen, integralen Landschaft. Mit den unterschiedlichsten Emotionen beschreite ich gerade den ersten, teils noch ebenen Weg und sehe mich mit einer Vielzahl an möglichen Wegen konfrontiert. Welcher wird aber der richtige Weg sein, der mich zu meinem Ziel bringen wird?

Wie der Begriff „integral" zu verstehen ist, lässt sich schon durch die Entwicklung meines Arbeitsthemas gut erkennen. Mit dem Thema „Stärkung der Persönlichkeit durch Suggestopädie" war ich anfangs nur auf den Unterricht mit den Teilnehmerinnen und den Teilnehmern von arbeitsmarktpolitischen Maßnahmen fokussiert. Mit der thematischen Auseinandersetzung und der teilweisen Umsetzung in der Praxis, bedingt durch meinen Tätigkeitsbereich als Lerntrainerin, begann eine allmähliche Veränderung meiner Sichtweise zu diesem Thema.

In den vergangenen Monaten entwickelte sich – zuerst unbewusst – ein integraler Zugang. Merkbar wurde diese Veränderung durch das Gefühl des Fehlens einer noch nicht definierbaren Größe in meiner damals fast fertiggestellten Arbeit. Durch dieses Nicht-Benennen-Können, aber trotzdem fühlen der Nichtstimmigkeit machten sich natürlich Selbstzweifel, Unsicherheit und eine gewisse Orientierungslosigkeit in mir breit, Emotionen, die für den Entwicklungsprozess im Nachhinein sehr wichtig waren, ließen sie mich doch weiter nach Erkenntnis suchen.

Und wie Girg es sehr deutlich beschreibt, verändert eine integrale Denkweise alle Bereiche des täglichen Lebens (vgl. Girg 2007, S. 19).

Die Frage, ob suggestopädische Methoden zu einer Stärkung der Persönlichkeit führen können, ist noch immer das Thema dieser Arbeit, der Zugang hat sich aber verändert. Warum ich diese Entwicklung überhaupt erwähne, scheint sie doch eher von einer gewissen Konzeptlosigkeit geprägt zu sein, hat einen ganz speziellen Grund, da sie doch einen Ausdruck integraler Arbeit und integraler Entwicklung darstellt.

So bedeutet „integral" nicht nur, ständig in Bewegung zu bleiben, Veränderungen aktiv mitzuerleben, sondern auch seinen eigenen Lebenskontext in den Forschungsbereich miteinfließen zu lassen und keine Trennung zwischen wissenschaftlicher Arbeit und dem Leben zuzulassen. Dieses vorerst nicht Definierbare bekommt eine Gestalt - in Form meines eigenen ICH's, denn eine integrale Arbeit ist auch eine Arbeit mit der eigenen Persönlichkeit und deren Entwicklung, die nun Bestandteil dieser Arbeit sind. Der Blick ist noch immer auf die Teilnehmerinnen und Teilnehmer gerichtet, aber zusätzlich auch auf mich als Trainerin, auf meine Persönlichkeit (vgl. ebd., S. 15f.).

Neben der Auseinandersetzung mit den verschiedenen Paradigmen als notwendige Voraussetzung für das integrale Denken, einer Einleitung zur integralen Pädagogik und der systematischen Darstellung der Suggestopädie ist auch mein persönlicher Entwicklungsprozess anhand von praktischen Beispielen und Selbstreflexionen in Form von Geschichten Bestandteil dieser Arbeit, um aufzuzeigen, dass eine integrale Entwicklung nicht auf Knopfdruck passiert, sondern nur durch eine permanente Auseinandersetzung mit seiner eigenen Persönlichkeit. Dass dieser Weg keineswegs einfach ist, oft mit schmerzlichen Verlusten von Gewohntem verbunden ist, unterstreicht die Intensität des Integralen. Zum besseren Leseverständnis werden diese persönlichen Geschichten wie auch die Praxiserfahrungen mit Markierungen versehen und kursiv formatiert.

**Ausgangssituation**

„Kein Interesse", „Für was soll ich lernen?", „Das macht keinen Spaß", – vor solchen und ähnlichen Aussagen von Teilnehmerinnen und Teilnehmern bin ich in meiner langjährigen Trainerinnenpraxis in arbeitsmarktpolitischen Maßnahmen immer wieder gestanden.

Desinteresse an den Schulunterrichtsfächern und soziale wie auch persönliche Defizite sind immer wieder die Gründe, die während der Pflichtschulzeit zu schlechten bzw. sogar zu keinen schulischen Beurteilungen führen. Dass Jugendliche mit solchen Voraussetzungen nur sehr schwer auf einem angespannten Arbeitsmarkt vermittelbar sind, liegt auf der Hand.

Und dass es sich dabei um keine Einzelschicksale handelt, zeigen die Zahlen des Arbeitsmarktservice Österreichs deutlich. Laut dem Monatsbericht März 2015 sind 46.863 Jugendliche zwischen 15 und 25 Jahren arbeitslos (vgl. www.ams.at)

Durch arbeitsmarktpolitische Qualifizierungsmaßnahmen mit den unterschiedlichsten Konzeptionsformen versucht man dieser Jugendarbeitslosigkeit entgegenzuwirken, indem die Teilnehmer und Teilnehmerinnen dieser Kurse die Möglichkeit haben sich zu stabilisieren. Diese Maßnahmenkonzepte bieten nicht nur erste praktische Erfahrungen in der Arbeitswelt, um die eigenen Interessen zu erkennen, sondern versuchen über gezielte Lerntrainings die kognitiven Fähigkeiten zu verbessern und die sozialen, wie auch persönlichen Kompetenzen zu stärken.

Gründe für ihre von Defiziten geprägte Schullaufbahn sind einerseits in ihren sozialen und persönlichen Kompetenzen zu erkennen, andererseits aber auch in Qualitätsmängeln des Schulsystems. Starre Regelwerke im Bereich des Curriculums und der Organisationsabläufe der Schulen tragen das ihre ebenso dazu bei, wie die widersprüchliche Lehrer-Schülerbeziehung (vgl. Steiner/Wagner 2007, S. 89).

„Immer mehr Kontrollen, Qualitätsmanagement, Leitlinien, Profile sollen zur Transparenz, Vergleichbarkeit und Effektivität objektive und objektivierende Daten produzieren", eine Aussage, die nur eindrucksvoll die derzeitigen pädagogischen Reformen widerspiegelt, in denen jedoch die persönliche Beziehung zwischen den Lehrenden und Lernenden wieder keine Berücksichtigung findet (Schiffer/Schiffer 2004, S. 16).

So steht die Vermittlung von fachspezifischem Wissen in der heutigen Bildungsgesellschaft weitgehend im Vordergrund. Die darüber hinausgehende Aufgabe, die Lernbereitschaft zu fördern, wird meist übersehen, da sie als natürlich vorausgesetzt wird. Die Lernbereitschaft, die Neugierde wird im Laufe der Schulzeit durch stetige Leistungsvergleiche und Kontrollmechanismen sukzessive aberzogen. Die abwehrende Haltung der Lernenden gegenüber dem Lernen wird mit Versagensängsten, Überforderung, Stress, starrem Regelsystem, Mobbing, aber auch mit Langeweile begründet, zumindest das scheinen die Jugendlichen in der Schule gelernt zu haben. Sich auch dessen bewusst zu werden, dass die Gruppe aus einer Anzahl von Jugendlichen mit den unterschiedlichsten Lebensgeschichten, Interessen, kognitiven Fähigkeiten und ihren subjektiven Bedürfnissen besteht, ist gerade für diese Maßnahmen im außerschulischen Bereich von großer Bedeutung (vgl. Steiner/Wagner 2007, S. 89).

Aber trotz vorhandenem Arbeitswillen und dem Ziel am Arbeitsmarkt integriert zu werden, können sich die Jugendlichen nicht motivieren, die defizitären Basisqualifikationen zu verbessern und verweigern weitgehend jegliche Form des herkömmlichen Lernens aufgrund ihrer bisherigen negativen Erfahrungen damit. Diese Arbeit beschäftigt sich jedoch nicht mit den möglichen Versäumnissen der Schule, sondern versucht nur anhand von konkreten schulischen Erfahrungen der Teilnehmerinnen und Teilnehmer aufzuzeigen, wie wichtig ein integraler Zugang zum Thema Schule und Lernen ist.

Diese grundsätzliche Verweigerung stellt auch die schwierigste Hürde am Beginn einer Trainingseinheit dar. Ihr sichtbares und spürbares Desinteresse an allen schulischen Wissensvermittlungen beginnt schon bei der Betitelung dieser Einheit mit dem Begriff „Lernförderung" oder auch „Lerntraining". Allein durch diese Formulierung fühlen sich viele Teilnehmer und Teilnehmerinnen in ihre Schulzeit zurückversetzt und reagieren mit einem, über lange

Jahre eingeprägten, Verhaltensschema in Form von kreativer Störungsvielfalt. Da mein berufliches Umfeld den weiten Bereich der Lernförderung darstellt, ist für mich gerade daher die Fragestellung interessant, wie man den Teilnehmern und Teilnehmerinnen in solchen Kursen einen gangbaren Weg zeigt, um für das Lernen nicht nur wieder offen zu werden, sondern an ihrem Lernprozess auch Freude zu empfinden und so am gesellschaftlichen Leben mit einer bewussten Persönlichkeit selbstbestimmt teilhaben zu können.

**Forschungsfragen**

Diese Arbeit geht nun der Frage nach, wie weit diese lernunwilligen und bildungsfernen Jugendlichen durch suggestopädisches Lernen im Rahmen der integralen Pädagogik nicht nur wieder zum Lernen motiviert werden, sondern wie sie auch Freude und Spaß am Lernen empfinden, sich in ihrer gesamten Persönlichkeitsstruktur entwickeln und letztendlich eigenverantwortlich ihr Leben wieder leben können. Dass sie durch diesen vielseitigen, ganzheitlichen Entwicklungsprozess in Bezug auf ihre schulischen, persönlichen und sozialen Kompetenzen für den Arbeitsmarkt wieder interessant werden, ist dabei ein äußerst positives zusätzliches Ergebnis. Hauptziel bleibt jedoch die persönliche, individuelle Weiterentwicklung jedes einzelnen Teilnehmers und jeder einzelnen Teilnehmerin. Gleichzeitig geht diese Arbeit aber auch der Frage nach, welche Auswirkung die Auseinandersetzung mit der integralen Pädagogik durch die Anwendung suggestopädischer Unterrichtsformen auf die Persönlichkeit der Lehrenden hat.

Aufgrund dieser Überlegungen ergeben sich folgende Fragestellungen:

- **Kann die Suggestopädie eine Erhöhung der Lernfreude bei den Teilnehmerinnen und Teilnehmern bewirken?**

- **Können suggestopädische Lernmethoden zu einer Stärkung der Persönlichkeit der Lernenden beitragen?**

- **Werden die Lehrenden durch den Einsatz von suggestopädischen Methoden selbstreflexiver?**

Für das bessere Verständnis der integralen Pädagogik und der verwendeten Methode der Suggestopädie beginnt diese Arbeit daher mit der Auseinandersetzung mit den verschiedenen Paradigmen, die eine Grundvoraussetzung für den Eintritt in die integrale Welt ist, daran anschließend werden die

144

Grundlagen der integralen Pädagogik dargestellt. Der Begriff der Persönlichkeit, als ein Bestandteil des Arbeitstitels, aber auch als die wesentliche Voraussetzung für das Integrale, wird anhand des Quadrantenmodell und des Spiralmodells erklärt und Breema® als Körperarbeit im Zusammenhang mit der Persönlichkeitsentwicklung dargestellt. Aufbauend auf diesen Elementen werden nun die Grundprinzipien der Suggestopädie dargestellt, immer jedoch aus der Perspektive, wie weit sich diese suggestopädischen Grundprinzipien im integralen Ansatz widerspiegeln. Im anschließenden empirischen Teil werden die verwendeten qualitativen Forschungsmethoden erklärt und die aufgestellten Fragen beantwortet.

Um dem Element des ICH's, wie eingangs erwähnt, den dementsprechenden Platz zu geben, wird daher die Theorie nicht nur von konkreten Beispielen aus der Praxis begleitet, sondern auch von Selbsterfahrungselementen in Form von persönlichen Geschichten, die zum besseren Leseverständnis mit folgenden Markierungen versehen sind:

Geschichten

**PRAXIS**     Selbsterfahrung


## Paradigmenspirale

### Sich erst bewusst werden

*Anfangs wollte ich eigentlich unter dem Aspekt „Mut zur Lücke" dieses Thema in meine Arbeit gar nicht aufnehmen. Nach einer schon intensiven Auseinandersetzung mit der integralen Pädagogik wie auch mit den suggestopädischen Grundsätzen und einer für mich angeblich schon vollzogenen, bewussten Transformation aus diesen Niederungen menschlicher Entwicklungsebenen und gesellschaftlicher Zwänge, bin ich von diesem Gipfel meiner „Einbildung" sinnbildlich ganz schnell, wie von einer Lawine erfasst, ins Tal befördert worden. Ziemlich zerschunden befand ich mich, noch ganz ungläubig, dass mir denn das passiert ist, nun wieder am Boden der Tatsachen. Habe ich mich doch schon so sicher auf diesem Gipfel der integralen Pädagogik gefühlt.*

*Der Auslöser dieser Lawine war die Frage einer, für einen meiner Teilnehmer zuständigen Sozialarbeiterin, ob es wohl auch Tests und Prüfungen gegeben hätte. An und für sich keine außergewöhnliche Frage, vor allem für mich nicht, da ich schon seit einigen Jahren in meinen Lernfördergruppen eine „ganzheitliche" Lern- und Lehrmethode umzusetzen versuche und es daher auch keine Prüfungen im herkömmlichen Sinn gibt. Meine kurze und prägnante Darstellung meiner Arbeitsweise wurde seitens meiner Gesprächspartnerin äußerst interessiert aufgenommen, war sie doch auch mit der Entwicklung ihres Klienten sehr zufrieden. Wo war nun dieser Auslöser versteckt? In mir selbst, da ich während der gesamten Gesprächsdauer permanent das Gefühl spürte, mich rechtfertigen zu müssen. Warum wohl? Entspricht doch meine Arbeitsweise nicht nur nicht dem gesellschaftlichen Verständnis von Lernen und Leistungsbeurteilung, sondern ich erkannte auch in diesem Moment ganz klar, dass ich mein eigenes integrales Konzept noch nicht wirklich für mich lebe, da ich mich, und das war wirklich ein Tiefschlag für mich, von dem traditionell mechanistischen Paradigma, mit all seinen Leistungsanforderungen, auch noch nicht wirklich verabschiedet habe.*

Dieses bewusste Loslassen eines alten Paradigmas, um sich einem neuen zuzuwenden, stellt sich aber nicht so einfach da, wie ich es in zahlreichen Büchern zu mindestens anfangs für mich wahrgenommen habe. Der schmerzvolle Prozess, sich in seiner Person selbst zu erkennen, ist für mich im nach hinein betrachtet, aufgrund des integralen Lernprozesses, ja sogar als notwendige Voraussetzung zu sehen für Veränderungsprozesse oder – noch intensiver ausgedrückt – für Wandlungsprozesse, auf die man sich einlässt, ohne noch zu wissen, wohin sie einen führen. Wobei, wie Reinhard Fuhr auch hinweist, diese Prozesse nie abgeschlossen sind, da ein vollzogener Wandel die Realität wieder in einer anderen Perspektive erscheinen lässt, was sich wieder auf verschiedenen individuellen, gesellschaftlichen und ökonomischen Ebenen auswirkt (vgl. Fuhr/Gremmler-Fuhr 1988, S. 30 ff.).

**Was ist ein Paradigma?**

Unter Paradigma versteht man das vorherrschende Denkmuster einer Gesellschaft, mit dem alle Erscheinungsformen des sozialen Zusammenlebens erklärt werden können. Kommt es zu einer Veränderung in der Gesellschaft, die mit diesem Paradigma nicht mehr erklärt werden kann, kommt es zum sogenannten Paradigmenwechsel. Wobei sich der von Kuhn konzipierte Paradigmenwechsel auf einen tatsächlichen Wechsel bezieht (vgl. Böhm 2000, S. 409).

Schon aus dieser kurzen Erklärung lässt sich sehr gut erkennen, dass es um Macht und Vorherrschaft geht und dass das jeweilig vorherrschende Paradigma so lang wie möglich an dieser Stelle verbleiben möchte. Vom Blickpunkt des Integralen aus gibt es jedoch keine „richtig – falsch"-Beurteilung oder eine „entweder – oder"-Haltung. Vielmehr dürfen die einzelnen Paradigmen in einer „sowohl – als auch"-Dimension verbleiben, umso die Vielperspektivität des Integralen zu unterstreichen, ohne deshalb in das Schema des übereinander Aufbauenden zu verfallen. Dieses Nebeneinander von Paradigmen, unter dem Aspekt des Nichtausschließens, bezeichnen Michaelis/Mikula auch als Paradigmenspirale. Vielmehr entsteht durch diese „sowohl – als auch"-Haltung ein noch tieferes Verständnis für gesellschaftliche Vorgänge (vgl. Michaelis/Mikula 2007, S. 25).

Aufgrund der vorangegangenen Überlegungen werden nun die einzelnen Paradigmen, die diese Paradigmenspirale bilden, auf ihre Inhalte und Aussagen in Bezug auf die Pädagogik dargestellt, ohne jedoch in eine Bewertung zu verfallen.

**Traditionell-mechanistisches Paradigma**

*Ich fühle mich sehr wohl in dieser Landschaft, alles ist geregelt, die Wege sind mir vorgegeben, die ich zu gehen habe und ich habe dadurch Sicherheit, denn ich weiß, was zu tun ist. Schon sehr früh starte ich heute meine Bergtour, mehr als 3 Stunden darf ich laut Tourenführer nicht benötigen. Schritt um Schritt setze ich einen Fuß vor den anderen, überprüfe meinen Puls, erhöhe noch meine Schrittfrequenz, liege gut in der Zeit, um dieses Ziel - mein Ziel - zu erreichen. Überhole langsamere Wanderer, fühle ein Überlegenheitsgefühl in mir, das mich zu einer noch stärkeren Leistung anspornt. Nach nur 2,5 Stunden habe ich mein Ziel erreicht, Genugtuung breitet sich in mir aus, bewiesen zu haben, wieder einmal schneller gewesen zu sein. Nach einem kurzen Eintrag ins Gipfelbuch unter Angabe der Zeit geht es wieder weiter zum nächsten Gipfel.*

Hauptakteur in diesem Paradigma ist der reine Rationalismus. Der Verstand beherrscht diese Ebene. Alles was als existent erkannt werden soll, muss mechanisch darstellbar sein, berechnet werden können. Bereiche der Emotion, der Spiritualität sind, da nicht berechenbar, auch nicht existent. Die pädagogische Perspektive erkennt in diesem Paradigma den Menschen nur in einer reinen Reiz-Reaktion-Beziehung, in der er mit verschiedenen äußerlichen Mitteln zu erwünschten Ergebnissen konditioniert werden kann. Das Denken und Handeln erfolgt geradlinig, eindimensional nur innerhalb der jeweiligen Wissenschaft, braucht immer eine kausale Bestimmung und steht unter dem Aspekt des Vergleichens, des Bewertens und der Beurteilung, wobei die für sich gesehene Welt als die wahre Welt angenommen wird (vgl. Michaelis/Mikula 2007, S. 20ff.).

So vertritt der Behaviorismus aus pädagogischer Sicht würdig dieses traditionelle mechanistische Paradigma, sieht dieser Ansatz doch Lernen als ein reines Reiz-Reaktions-Verhalten. Innere Vorgänge, wie Gefühle und Emotionen, da sie nicht ersichtlich gemacht werden können, gelten als Black Box und werden nicht berücksichtigt (vgl. Schnotz 2011, S. 37).

So wird der Beziehung zwischen dem Lernenden und den Lehrenden, wie auch zwischen den Lernenden untereinander, keine Bedeutung zugemessen. Die Funktion des Lehrenden beschränkt sich auf das Lehren und Führen der Lernenden, es herrscht ein zeitlich streng geregelter und nach Fachbereichen aufgeteilter Frontalunterricht vor, wobei der Unterricht nur als mechanisches Element gesehen wird, um den klar geregelten Lernfortschritt voranzutreiben, der durch ein normiertes Prüfungssystem kontrolliert wird (vgl. Seifried, 2009, S. 41).

Ein Paradigma, das im heutigen Schulsystem noch immer vorherrschend ist. Nur allzu gut kann sich jeder an dieses mechanistische Prüfungssystem erinnern. Auf Prüfungsfragen werden Antworten gegeben, die objektiv mit einem Schema verglichen werden. Eine reine auf Input-Output reduzierte Bewertung und alles was dazwischenliegt, Sinnlichkeit, Gefühle und Individualität, also der Mensch, ist für diesen Ansatz uninteressant.

**PRAXIS:** Wie weit man aber immer wieder in dieses mechanistische leistungsorientierte Paradigma verfällt, zeigt das folgende Beispiel, das sich noch vor meiner Auseinandersetzung mit integraler Pädagogik ereignet hat. Im Rahmen eines Lernbüffets kann sich jeder Teilnehmer und jede Teilnehmerin Arbeitsblätter mit unterschiedlichen Schwierigkeitsgraden nach seinem bzw. ihrem Interesse aussuchen und bearbeiten. Fertig gestellte Arbeitsblätter werden auf einer Lernblattkarte eingetragen. Trotz des angeblich so offenen Zugangs zum Lernbereich und dem Versuch für alle Interessen Arbeitsblätter zur Verfügung zu stellen, steht jedoch das Leistungsprinzip an oberster Stelle in Form der Anzahl der Arbeitsblätter in Bezug auf die erzielten Punkte. Um diese Input-Output-Orientierung auf eine kurze Formel zu bringen „Je mehr, umso besser". Wie beurteilt man daher die magere Ausbeute von nur einem Arbeitsblatt im Verhältnis zu 10 schwierigen Arbeitsblättern? Kritik, Vergleiche und Beurteilung stehen im Mittelpunkt, nicht jedoch die Subjektivität und die Emotionalität der Lernenden.

## Systemisches Paradigma

*So eine tolle Zeit, aber warum fühle ich mich einfach nicht wirklich zufrieden? Bei einer Quelle treffe ich auf eine Gruppe Wanderer, die ganz aufgeregt von Steinböcken erzählen, die ich auch hätte sehen müssen. Was habe ich eigentlich von meinem ersten Gipfelsieg überhaupt mitnehmen können, außer einer guten Gehleistung? Sollte das wirklich alles sein auf meiner Wanderung, Zeit messen, Leistung erbringen und so schnell als möglich das nächste Ziel erreichen? Ich setze meine Bergwanderung fort, genieße den kühlen Wind, der vom Berggipfel herunterweht, bleibe manchmal bei einem mir entgegenkommenden Wanderer stehen und wir tauschen dabei unsere gemachten Erfahrungen über Aufstieg bzw. Abstieg aus. Wie weit ich die Erfahrungen der anderen für meine Entscheidungen übernehme oder nicht liegt bei mir selbst. Daher gehe ich den steileren, schwierigeren Weg, der teils noch schneebedeckt ist, im Vertrauen auf meine Bergschuhe, meine Erfahrungen mit diesem Weg und mein Gleichgewichtsgefühl. Den Gipfel erreiche ich jedoch nur im Bewusstsein meines zurückgelegten Weges und nehme diesen nur aus der Sicht meines Aufstiegs wahr. Mit welchen Empfindungen ich diesen Weg zurückgelegt und das Ziel erreicht habe, nehme ich aber in diesem Paradigma auch nicht wahr.*

In diesem Paradigma, das eine Vielzahl an unterschiedlichen systemischen Ansätzen umfasst, wird die Wirklichkeit in einem System konstruiert.

Wobei ein System aus verschiedenen Elementen aufgebaut ist, die untereinander in Wechselwirkung stehen (vgl. Burkhard/Weiß, S. 183).

Diese Systeme können mit den Begriffen Verhalten, Handlung bzw. Verstehen gleichgesetzt werden. Systeme unterscheiden sich nicht aufgrund ihrer unterschiedlichen Elemente, sondern nur über ihre Grenze zu ihrer Umwelt, wie diese Systeme von außen wahrgenommen werden (vgl. König/Zedler 1998, S. 171f.).

Aus der pädagogischen Perspektive ergibt sich der Ansatz, dass Lernende daher nicht von außen auf irgendein Ziel hin konditioniert werden können, sondern dass das Lernen im Menschen selbst durch Eigenaktivität erfolgt, die natürlich auch unterschiedlich gestaltet ist und auch unterschiedlich wahrgenommen wird. Von der reinen Wissensvermittlung geht man nun zur Wissensbegleitung, wobei dem Lernenden die für ihn passende Umgebung ermöglicht werden soll, wobei vor allen das Lernen durch Fehler seinen Platz haben soll. Durch den systemischen Ansatz verabschiedet man sich vom linearen, kausalbedingten Denken und Wirkungen können verschiedene Begründungen haben. Durch dieses, für sich jeweils abgeschlossene, System mit gleichzeitiger Beeinflussung aller anderen Systeme ergibt sich aber auch der logische Schluss der Selbstverantwortung, wobei alle pädagogischen Einwirkungen daher nur Auslöser darstellen können, die z.B. ganz anders verlaufen können als es sich der Lehrende für sein persönliches System gedacht hat. Daher gibt es nicht mehr die Frage nach der Wahrheit, sondern wie weit eine Denkweise zum leichteren Verständnis seiner Umgebung führen kann (vgl. Michaelis/Mikula 2007, S. 26ff.).

**PRAXIS:** Zur Veranschaulichung des konstruktivistisch-systemischen Paradigmas ein kurzes Beispiel aus der Praxis. Bei einer Gruppe mit 10 Teilnehmern und Teilnehmerinnen werden 10 unterschiedlich farbige Bälle in den Gruppenraum geworfen mit der Absicht, dass alle Teilnehmer und Teilnehmerinnen einen Ball ergreifen. Wie reagieren sie aber? 3 Personen reagieren gar nicht, da sie mit einem Ball nicht wirklich etwas anfangen können und daher sitzen bleiben, 2 Personen streiten sich um einen Ball, da beide die Farbe apfelgrün bevorzugen, 3 Personen ergreifen mehr als einen Ball und 2 Personen verhalten sich so, wie von mir erhofft, da sie jeweils nur einen Ball aufnehmen.

Dieses Beispiel spiegelt nur zu gut das konstruktivistische systemische Paradigma in seinen Auswirkungen wider. Jeder Mensch ist für sich ein in sich selbst abgeschlossenes System, das nach seinen eigenen Bedingungen, Erfahrungen und Interessen handelt. Aber auch dieses Paradigma bewegt sich noch auf der horizontalen Ebene, kann daher zwar Erscheinungen schon besser beschreiben, dient jedoch im hohen Maß der vertikalen Entwicklung (vgl. Michaelis/Mikula 2007, S. 39).

## Prätranspersonales Paradigma

*Während in der Vergangenheit nur der Gipfel mein einziges Ziel darstellte, ist es jetzt nicht nur der Weg, sondern die Auseinandersetzung mit dem Weg und gleichzeitig mit dem eigenen Ich. Schritt für Schritt gehe ich auf teils unsicheren, steilen und schwierigen Wegen. Angst kommt auf, Angst vor dem Ausrutschen, vor dem Hinfallen und vor dem Verletzen. Wieder sind diese über Jahre eintrainierten Denk-, Fühl- und Bewertungsmuster da, die noch immer mein Bewusstsein beeinflussen. Immer funktionieren zu müssen, immer eine gute Leistung abzuliefern, keine Fehler zuzulassen, wie eine Maschine zu funktionieren. Ich bleibe nun bewusst stehen, fühle diese Erfahrung von Angst nach, ohne in ein Bewertungsschema zu verfallen, um einfach nur die Erfahrung zuzulassen, wie sie ist. Durch die bloße Akzeptanz dieser Emotion und durch die Verwertung dieser Erfahrung im Jetzt bekomme ich das Gefühl der Freiheit und der Selbstbestimmtheit, diesen Weg im Vertrauen auf mich weiterzugehen. Ein Vertrauen, das nicht von außen theoretisch, sondern durch die Erfahrungen meines Lebens erzeugt worden ist. Ich werde meiner selbst bewusst und das wahre ICH beginnt am Horizont zu erwachen – jenseits der Wolken, die alles verdeckt haben.*

Vielperspektivität steht im Zentrum des prätranspersonalen Paradigmas. Kein „entweder - oder", sondern ein „sowohl - als auch" wird zugelassen, um dadurch die umfassende Wahrnehmung zu ermöglichen. Dieses Paradigma wird von Selbstreflexion, der Auseinandersetzung mit dem eigenen ICH, mit einhergehender Disidentifikation und damit verbundenem Wachstum charakterisiert. Der spirituelle Bereich bekommt dabei eine wichtige Rolle zugewiesen, dient er doch auch dem Ziel näher zu kommen, sein eigenes ICH zu erforschen. Dieses Paradigma steht für den achtsamen Umgang mit seinem eigenen ICH, steht für Nichtbewertung und Nichtbeurteilung und für die intensive Auseinandersetzung mit seinem eigenen Geist sowie für das Sich-einlassen-können auf andere Personen mit einhergehender Akzeptanz und Respekt vor dem Anderssein (vgl. Michaelis/Mikula 2007, S. 41ff.).

Im pädagogischen Bereich zeigt sich dieses prätranspersonale Paradigma nicht in der Steigerung der Quantität, sondern in der Qualität für den Einzelnen. Nicht mehr das Trennende in Form von Zeit, Raum und verschiedenen Selektionsmechanismen steht im Mittelpunkt der Pädagogik, sondern das Sein, die Entwicklung und das Zusammenarbeiten der Menschen stellen Indikatoren für die Qualität im pädagogischen Kontext dar (vgl. Girg 2007, S. 261).

## Transpersonales-integrales Paradigma

*Diesen Gipfel habe ich heute erreicht, so ganz anders als früher. Oft bin ich stehen geblieben, nicht weil ich keine Kraft gehabt habe, sondern gerade weil ich diese Kraft in mir gespürt habe, die mich leitet. So viele Dinge habe ich heute für mich entdeckt, jeder Stein und jede Pflanze sind heute in einer wahrnehmbaren Ganzheit zu spüren gewesen. Ich spüre den Wind auf meinem Gesicht und fühle mich nicht als Eindringling, sondern eins mit der Natur. Erfahre dieses unfassbare Wunder des Integralen durch das Zusammenwirken aller dieser Einzelteile zu einem Bewusstsein, und ich darf Teil dieses Bewusstseins sein.*

Dieses Paradigma kennzeichnet Vielperspektivität wie auch mehrdimensionale Zugänge, umso für eine Problemstellung befriedigende Lösungen durch die Zusammenführung aus den verschiedensten Bereichen zu erhalten. Maßgebliche Werkzeuge dieses Paradigmas sind neben der Selbsterforschung und der Selbstreflexion auch das Zulassen einer Bewusstseins-und Institutionsveränderung. Die schwierige Auseinandersetzung vor allem mit dem Begriff der Transzendenz, der noch immer sehr stark von Religion und Philosophie besetzt ist, ist eine weitere Herausforderung dieses Paradigmas. Über die Grenzen der Erfahrung hinausgehen und das dem Verstand auch vermitteln zu können (vgl. Michaelis/Mikula 2007, S. 51ff.).

Und Wilber beschreibt dieses transpersonale-integrale Paradigma als ein tiefes, immer schon vorhandenes Verständnis der Welt, das man nur mehr finden muss. Von dem man nie wirklich abgetrennt sein kann, da es ja im Menschen vorhanden ist (vgl. Wilber 2011, S. 96).

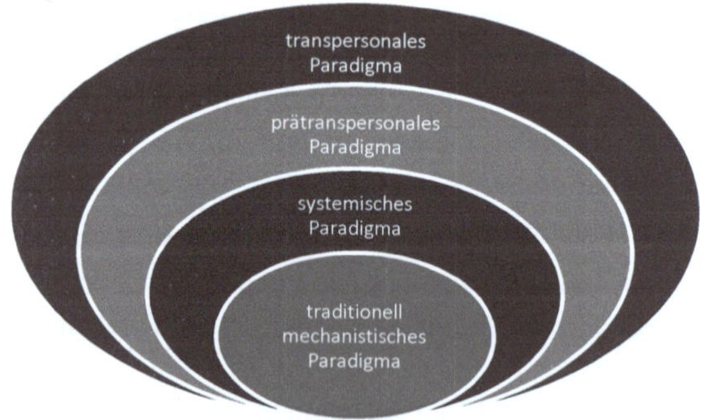


Abbildung 22: Paradigmenspirale

## Sowohl - als auch

Diese unterschiedlichen Paradigmen zeigen nur zu gut auf, welchen Stellenwert sie im persönlichen Entwicklungsverlauf haben. Eintrainierte Verhaltensmuster lassen sich nur sehr schwer verändern und eine Weiterentwicklung geht nur langsam voran. Auch die Überzeugung, sich schon in eine gewisse Richtung entwickelt zu haben, wird durch den Verstand genährt.

Der integrale Ansatz versteht sich jedoch ganzheitlich und kann auch im Bereich der verschiedenen Paradigmen angewendet werden. So ist jedes Paradigma auf das vorangegangene aufgebaut, wobei im jeweils folgenden Paradigma Unwichtiges weggelassen und Neues entwickelt wird. Dieses Neue beeinflusst rückwirkend jedoch wieder Altes. Integral bedeutet nicht die Gesamtheit der Einzelteile, sondern wie diese einzelnen Elemente zusammenwirken (vgl. Michaelis/Mikula 2007, S. 17).

Das Bewusstwerden dieser Vielfältigkeit an Paradigmen stellt für mich jedoch eine Voraussetzung dar, um sich auf den Weg in die integrale Landschaft zu begeben und daher beschäftigt sich das folgende Kapitel nun mit den charakteristischen Merkmalen und grundsätzlichen Überlegungen zur integralen Pädagogik.

## Integrale Pädagogik

*Zaghaft gehe ich die ersten Schritte in dieser für mich neuen Landschaft. Der sanfte Wind kühlt mein vor Aufregung erhitztes Gesicht, die Bäume schwingen in einem sanften Rhythmus eins mit dem Wind. Ich nehme auf einmal so viel mehr wahr, obwohl es immer schon da war, wird es mir aber jetzt erst bewusst. Im Vertrauen auf den Weg, der mich zum Ziel bringen wird, beginnt nun diese Wanderung. So viel Neues, Unbekanntes entdecke ich, aber auch Bekanntes, das nur jetzt auf einmal in einem ganz anderen Licht erscheint.*

### Auf der Suche nach dem Integralen

Als ich das erste Mal in Bezug auf die Pädagogik den Begriff „integral" gehört habe, war natürlich die erste Anlaufstelle der Duden, der integral als „zusammenschließend" bzw. „Teil eines Ganzen sein", aber auch als „ein Ganzes ausmachend" „für sich bestehend" definiert (Duden 2001, S. 447).

Da diese Definition noch nicht wirklich befriedigend ist, begebe ich mich in die weite Welt des Internets, in der dieser Begriff schon gewissen Kategorien zugeteilt ist. Neben der mathematischen Verwendung des Begriffs „integral" in Bezug auf die Integralrechnung, bei der durch die Summe unendlich kleiner Größen Flächeninhalte berechnet werden können, auf die hier nicht näher eingegangen werden soll, findet man das Wort „integral" immer wieder in einem mehr oder weniger esoterischen, nicht wissenschaftlichen Zusammenhang stehen. Aber man wird auch auf Ken Wilber verwiesen und man spürt, da gibt es etwas Neues, das weder auf die Seite der Empiristen noch auf die esoterische Seite zugewiesen werden kann (vgl. www. wikipedia.org).

Welchen Stellenwert leider integrale Pädagogik in pädagogischen Nachschlagewerken hat, zeigt sich daran, dass sich dieser Begriff weder in den „Pädagogischen Grundbegriffen" von Dieter Lenzen wiederfindet noch im „dtv-Atlas Pädagogik" von Franz Peter Burkard und Axel Weiß.

Aber was bedeutet nun wirklich der Begriff „integral"? „Integral" steht vor allem für einen neuen Verständniszugang zur Wissenschaft, der sich mythisch, rational-wissenschaftlich, offen und vielseitig charakterisieren lässt und seine Erkenntnisse auf Forschungsarbeit zurückführen lässt (vgl. Michaelis/Mikula 2007, S. 90).

Beide Autorinnen verweisen auf Wilber, für den unter „integral" „eine Einheit in der Vielfalt, in der man Gemeinsamkeiten zusammen mit unseren wundervollen Unterschieden genießen kann" zu verstehen ist (Wilber 2010, S. 14).

Oder wie Girg ausführt sind alle Bestandteile eines integralen Arbeitsprozesses, wie das wissenschaftliche Denken, die zu beforschenden Inhalte, aber auch die Unvorhersehbarkeit der ablaufenden Prozesse in einer ständigen Verbindung (vgl. Girg 2007, S. 21).

Kein „entweder - oder", sondern ein „sowohl - als auch" Ansatz ist charakteristisch für das integrale Verständnis, das sich in allen Bereichen des menschlichen Lebens, sei es in der eigenen Entwicklung, in der Arbeit, innerhalb der Familie, in der Erziehung, in der Bildung usw., widerspiegelt. Diese Ganzheitlichkeit, den Menschen nicht ausschließlich in einer Momentaufnahme zu erkennen, sondern ihn als eine Entwicklung aus all den unterschiedlichen Komponenten zu erfassen, ist der grundlegende Ausgangspunkt des integralen Verständnisses (vgl. Michaelis/Bachmann 2010, S. 49).

Dieses „sowohl - als auch" Verständnis ist so verheißungsvoll, bedeutet es doch Freiheit im Denken. Keine Bevormundung mehr, sondern offen in alle

Richtungen denken, um so die Ganzheit unserer Existenz ansatzweise erfahren, erkennen und wahrnehmen zu können. Wie wirkt sich dieser Ansatz aber auf die Pädagogik aus?

### „Integral" – ein Tor zur Pädagogik

Als Studierende im fortgeschrittenen Lebensalter, immerhin hat mein älterer Sohn schon einen Universitätsabschluss, fiel mir natürlich sofort der Zugang von Girg auf, für den das Lernen nie wirklich aufhört. Dieses lebenslange Lernen ist zweckfrei und stellt ein, wie er sagt *„lernendes Leben"* im Einen dar, das in seiner Einzigartigkeit geschieht (vgl. Girg 2007, S. 19).

Wie erlösend doch dieser integrale Zugang zum Lernen ist, werde ich doch oft mit fragenden Blicken konfrontiert, warum ich denn eigentlich in meinem Alter noch studieren will. Die Integralpädagogik steht für einen ständigen Bildungs- und Wandlungsprozess, der permanent für alle unmittelbar vor sich geht, einerseits in der Schule des Lebens und andererseits in der institutionalisierten Form der Schule (vgl. ebd., S. 229).

Für die integrale Pädagogik sind nach Girg folgende Elemente charakteristisch (Girg 2007, S. 239):

Abbildung 23: Elemente der integralen Pädagogik

Im Folgenden werden diese einzelnen Elemente zum besseren Verständnis kurz beschrieben.

❖ Achtsamkeit

Achtsamkeit stellt „eine Form der Aufmerksamkeit im Zusammenhang mit einem besonderen Wahrnehmungs- und Bewusstseinszustand" dar und findet sich vor allem in der buddhistischen Lehre (vgl. wikipedia.org).

Sich ganz bewusst mit dem Jetztsein auseinanderzusetzen, alle eigenen und anderen Lebenssituationen durch die eigene Präsenz zu achten, sind Ausdruck dieser Achtsamkeit.

Im pädagogischen Bereich lässt sich diese Achtsamkeit nicht nur durch das Erlernen bestimmter Handlungsabläufe üben, sondern auch durch die Akzeptanz des Anderssein dürfen (vgl. Girg 2007, S. 243).

Durch das ständige Üben seiner Achtsamkeit gelingt es auch seine eigenen, persönlichen Verhaltensmuster nicht nur zu erkennen, sondern sie letztendlich auch zu verändern (vgl. Friedl/Maas 2012, S. 156).


❖ Vielschichtige, intuitive Wahrnehmung

Durch die gelebte Achtsamkeit entsteht eine andere Art der Wahrnehmung, die das Außen der Dinge und Menschen, die uns begegnen, mit dem Innen, also mit unseren Gedanken und Gefühlen verbindet. Gerade dieser Bereich der besonderen Wahrnehmung ist charakteristisch für die integrale Pädagogik, entsteht doch der „Weg im Gehen", wobei alle äußeren und inneren Erscheinungen als wahrnehmbare Wegweiser fungieren, die unsere Entscheidungen, wohin der Weg gehen soll, unterstützen. Gefühle und Bedürfnisse von Menschen wahrzunehmen und darauf adäquat zu reagieren, ist diesem Element zuzuordnen (vgl. Girg 2007, S. 244ff.).


❖ Wachsen lassen

Das Gefühl des Wachsen lassens, wie weit sich also jemand selbst entwickelt, ist durch das Interesse subjektiv in der jeweiligen Lebenssituation bestimmt, wobei im pädagogischen Kontext dieses Wachsen lassen durch Kreativität und Forscherdrang unterstützt werden kann (vgl. ebd., S. 248).

❖ Annahme und Nichtbeurteilung

Sich seiner Einmaligkeit durch die Nichtbeurteilung bewusst zu werden und angenommen zu werden, wie man ist, aber auch seine Umwelt in ihren vielseitigen situationsbedingten Erscheinungsformen für den jeweiligen Moment anzunehmen, spiegelt sich im Element der Annahme und Nichtbeurteilung wider. Menschen werden so angenommen wie sie sind, nicht wie sie vielleicht sein sollten, wodurch die Persönlichkeit gestärkt und weiter entwickelt werden kann (vgl. ebd., S. 246ff.).

Diesen Ansatz von Nichtbeurteilung findet man auch als Grundprinzip in der Breema® Körperarbeit. Durch diese Trennung von Körper und Außenwelt kommt es immer wieder zu Vergleichen und Beurteilungen. Durch das ständige Vergleichen mit Vergangenheit und Zukunft, mit den eigenen Ideen, Fantasien und Erinnerungen, verliert man nur an Energien. Im Bewusstsein des Jetzt, der Gegenwart verliert sich jedoch dieses ständige Beurteilen und wird in Registrierung und Akzeptierung umgeformt (vgl. Schreiber/Berezonsky 2001, S. 17).


❖ Unmittelbar handeln

Dieses integrale Grundelement hebt die Einmaligkeit einer Lebenssituation hervor, die im Jetzt genau in dieser Form geschieht, nicht wiederholbar ist und in der ein Handeln daher nur unmittelbar sofort erfolgen kann, wobei Achtsamkeit, Nichtbeurteilung, Annehmen, Wachsen lassen und Wahrnehmung diese Situation immer begleiten. Nicht aus dem Verstand sollten daher unsere Entscheidungen kommen, sondern aus der Intuition gerade im Jetzt so zu handeln und nicht anders (vgl. Girg 2007, S. 251f.).


❖ Fließender Dialog

Der berühmte Ausspruch von Watzlawick „Man kann nicht nicht kommunizieren" unterstreicht das Element des fließenden Dialogs, der ständig das Leben eines Menschen auf verbaler oder nonverbaler Ebene begleitet. Integral betrachtet ist jede Aussage ein Teil des Ganzen, die dadurch auch nicht auf ein bestimmtes Ziel orientiert ist und es keiner Überredung bedarf, da alle Aussagen Teil des Ganzen sind, eben nur von verschiedenen Perspektiven betrachtet. Das Ergebnis stellt schließlich eine Sammlung dieser unterschiedlichen Gedanken dar, mit denen jeder umgehen kann und sich dadurch im Ergebnis wiederfindet (vgl. ebd., S. 253ff.).

In Bezug auf den integralen Ansatz bedeutet es aber auch, dass man sich in der Sprache seinem Gegenüber anpasst, selbst jedoch dabei authentisch bleibt, was, wie Wilber formuliert, jedoch keineswegs einfach ist (vgl. Wilber et al. 2013, S. 151).

❖ Zusammenwirken

Ausdruck des integralen Arbeitens ist auch das Zusammenwirken aller Einzelteile. So bringen alle Beteiligten ihr nicht zu beurteilendes Können in eine Situation ein, erfahren dadurch eine dynamische Lebenseinstellung und fühlen sich mit dem Gesamtprozess verbunden (vgl. Girg 2007, S. 259).

Dieses Zusammenwirken spiegelt sich auch im Breema®-Prinzip „gegenseitige Unterstützung" wider. Schreiber/Berezonsky sehen in diesem Prinzip vor allem die bewusste Beteiligung des Seins am Leben, denn je mehr sich das Sein beteiligt, umso mehr unterstützt es das Leben und die unterstützende Funktion des Seins kann dadurch erkannt werden (vgl. Schreiber/Berezonsky 2001, S. 35).

❖ Integrale Handlungskultur

Diese integrale Handlungskultur kann dadurch gestärkt werden, dass der Einzelne permanent in die Ganzheit mit einbezogen wird und sich die eigene Persönlichkeit im Gesamtkontext der Ganzheit entwickeln kann. Keine trennenden Fächer, sondern ein übergreifendes Lernen, das Lernen mit dem Leben in Verbindung bringt und durch das die Lernenden das Gefühl erhalten, mitgestalten zu können und Teil eines Ganzen zu sein.

Integrale Pädagogik ist ein „Werden, Wachsen und Zusammenwirken der Individuen", wobei die Vielfältigkeit im Zusammenwirken eingeschlossen ist (Girg 2007, S. 261).

Das Wissen um die einzelnen Grundelemente der integralen Pädagogik reicht aber für eine gelebte integrale Pädagogik noch nicht aus. Um sich immer wieder bewusst zu machen von welchen, teilweise von Macht und Angst geprägten, Strukturen man beeinflusst wird, stellen Reflexion und Selbstreflexion eine notwendige Voraussetzung dar, um sich auf den integralen Weg zu begeben. In der ständigen Auseinandersetzung mit Menschen sind gerade die Pädagogen und Pädagoginnen gefordert über Lehr-Lernsituationen und über ihr eigenes Verhalten zu reflektieren. Diese Reflexionsarbeit setzt natürlich eine Persönlichkeit voraus, die sich ihres Selbstwertes bewusst ist, die offen ist für Neues und Unbekanntes, umso auch die negativen Erkenntnisse als Quelle neuer Entwicklungen anzunehmen (vgl. Michaelis/Bachmann 2010, S. 61).

Dass gerade der Persönlichkeit im pädagogischen Bereich große Bedeutung zukommt, zeigt auch die Aussage von Fuhr, der trotz vieler Erfahrungen im pädagogischen Bereich letztendlich feststellen muss, dass er jedoch keine Erfahrung mit seiner eigenen Person hat (vgl. Fuhr/Gremmler-Fuhr 1988, S. 24).

Wie schon in der Einleitung erwähnt, kann es nur von Misserfolg gekrönt sein, wenn man versucht eine neue Landschaft für sich zu entdecken, ohne von seiner eigenen, inneren Landschaft zu wissen, bedingt durch die integrale Denkweise, in der es nur mehr die Ganzheit allen Seins und nichts Trennendes mehr gibt. Um sich daher für diese integrale Landschaft vorzubereiten, muss man sich vorerst einmal die Frage stellen "wer bin ich eigentlich?", „wen kann ich eigentlich wahrnehmen?".

Das folgende Kapitel beschäftigt sich daher mit der Persönlichkeit. Mit Hilfe des Quadranten - und des Spiralmodells versuche ich die Komplexität der Persönlichkeit zu veranschaulichen. Diese zwei Modelle sind wie Landkarten zu verwenden, mit deren Hilfe ich mich orientieren und entscheiden kann, welchen Weg ich weiter gehe.

## Persönlichkeit

*Ich habe mich intensiv auf diese Bergtour vorbereitet, einen Wanderführer studiert, auf einer Bergkarte den Weg markiert, notwendige Ausrüstungsgegenstände in meinen Rucksack gepackt - die Bergtour kann beginnen. Aber ist das ein Garant dafür, dass ich den Gipfel auch erreiche? Welche Witterungsbedingungen erwarten mich, wie schaut der Weg wirklich aus, wie verhalte ich mich in gefährlichen Situationen, bin ich bei ausgesetzten Stellen überhaupt schwindelfrei, habe ich auch genügend Kondition für diese Route? Ich trage zwar ein Sicherungsseil mit mir, weiß theoretisch auch wie es zu verwenden ist, aber wie reagiere*

*ich, wenn ich vom langen Aufstieg schon sehr erschöpft bin, bei starkem Wind oder wenn die Verankerungsstelle vereist ist? Mit jedem Schritt wird mir daher bewusst, dass trotz all dieser angeblich guten Vorbereitung ein ganz wichtiger Faktor nicht berücksichtigt worden ist, nämlich meine eigene Persönlichkeit. Weiß ich überhaupt, wie ich in diesen Situationen wirklich reagieren werde? Weiß ich überhaupt, wer ich bin?*

### Begriff der Persönlichkeit

Da sich diese Arbeit mit der Stärkung der Persönlichkeit durch Suggestopädie beschäftigt, stellt sich daher zuerst einmal die Frage, was denn eigentlich „Persönlichkeit" bedeutet.

Unter Persönlichkeit versteht man „Die Gesamtheit seiner Eigenschaften und Verhaltensdispositionen, die ihn über Zeitpunkte und Situationen hinweg charakterisieren und von anderen Menschen unterscheiden" (Hannover 2012, S. 497).

Im Gegensatz zum Lernen, das einen aktiven Aneignungsprozess darstellt, wirken auf die Persönlichkeitsentwicklung verschiedene interne wie auch externe Bedingungen ein, wie z.B. individuelle Anpassungsprozesse und wie sich der Einzelne selbst und seine Umwelt wahrnimmt. Aber auch Einflüsse seitens der Umwelt und des biografischen Verlaufs sind Einflussfaktoren für die Persönlichkeitsentwicklung (vgl. Tenorth/Tippelt 2007, S. 554).

Dieser Entwicklungsprozess wie auch diese internen und externen Einflussfaktoren auf die Persönlichkeit lassen sich sehr anschaulich durch das Spiralmodell nach Clare Graves und das Quadrantenmodell von Ken Wilber darstellen, die im Folgenden vorgestellt werden sollen.

### Quadrantenmodell nach Ken Wilber

Als ich das erste Mal vom Quadrantenmodell im Zusammenhang mit der integralen Pädagogik gehört habe, war ich natürlich irritiert. Sofort ist mir eine Vielzahl an mathematischen Formeln, Regeln und Normen eingefallen, eingeengt in einem vorgefertigten Modellschema - wie sollte dies wohl zum integralen Ansatz passen?

Schon im gedanklichen Zugang Wilbers erschloss sich jedoch die Offenheit dieses Modells, hat er doch diese Vielzahl an bestehenden, aber unvereinbaren und widersprüchlichen Theorien in Form seines Quadrantenmodells unter dem Aspekt veranschaulicht, dass all diese Theorien sehr wohl ihre

Gültigkeit haben, jedoch nur in einer speziellen Perspektive. Mit diesem Modell erklärt er daher die Realität anhand von vier verschiedenen Perspektiven, die er auch die „vier Ecken des Kosmos" nennt. Diese stellen die individuelle wie auch kollektive Innen- und Außenperspektive dar. Nicht die einzelnen beschriebenen Realitäten befinden sich dort, sondern die Realität wird aus diesen Perspektiven beobachtet. Jeder Quadrant ist jedoch nicht in sich abgeschlossen, sondern steht in Verbindung mit den anderen. Wenn es in einem Quadranten zu einer Veränderung kommt, beeinflusst diese Veränderung auch die anderen Quadranten (vgl. Wilber 2011, S. 107).

| | |
|---|---|
| Individuelle Innenperspektive ICH subjektiv | Individuelle Außenperspektive ES objektiv |
| Kollektive Innenperspektive WIR kulturell | Kollektive Außenperspektive SIE sozial |

Abbildung 24: Grundstruktur des Quadrantenmodells (Modifiziert übernommen Wilber 2011, S. 107 und Wilber et al. 2013, S. 54)

Die Begründung, warum gerade das Quadrantenmodell in Bezug auf die Persönlichkeitsentwicklung einen wichtigen Beitrag leisten kann, besteht darin, dass nicht nur die objektive, empirisch belegbare Seite einer Persönlichkeitsentwicklung herangezogen wird, sondern auch die subjektive Erfahrung, der trotz mangelnder Messbarkeit die Qualität einer Erkenntnisquelle zugesprochen wird. Wobei alle Perspektiven ineinander integriert werden sollen und keine eine bevorzugte Stellung einnehmen soll (vgl. Fuhr/Dauber 2002, S. 19).

In Bezug auf diese vier Perspektiven kann somit der Mensch in seiner Persönlichkeit vielperspektivisch, ganzheitlich wahrgenommen werden und einseitige, verfälschende Sichtweisen können dadurch zurückgehalten werden.

Neben der großen Einteilung in diese vier Perspektiven wird jeder Quadrant zusätzlich noch durch Linien, Bewusstheitszustände und Typen genauer differenziert, die jedoch in dieser Arbeit nicht näher beschrieben werden. Wie wichtig dieser Ansatz des Quadrantenmodells ist, zeigt sich vor allem in dem Umstand, dass in der heutigen Gesellschaft die individuelle Innenperspektive mit der individuellen Außenperspektive gleichgesetzt wird und dadurch wertvolle Sichtweisen des Ichs verleugnet werden (vgl. Wilber 2010, S. 64).

Diese unterschiedlichen Quadranten werden auch über unterschiedliche Methoden bearbeitet. Die Beobachtung wird als zentrale Methode verwendet, um die Außenperspektive darzustellen. Während bei der Innenperspektive die eigenen inneren Prozesse die Quelle für Erkenntnis darstellen, die jedoch von außen nicht beobachtbar sind, sondern nur durch Kommunikation mitgeteilt werden können (vgl. Fuhr/Dauber 2002, S. 21).

Durch die Kenntnis dieser unterschiedlichen Quadranten und durch das Wissen, dass sich Menschen mit ihrer Vorstellung von Wirklichkeit in unterschiedlichen Quadranten befinden können, scheint auch der Lösungsansatz bei Problemen ersichtlich zu sein. Diese Vielperspektivität zuzulassen, aus der sich letztendlich für ein und dieselbe Sache eine gute Gesamtlösung als Ergebnis darstellen lässt. Mit Hilfe dieser Quadrantenmatrix gelingt es nicht nur die Selbstreflexion zu vertiefen, sondern auch sogenannte „Blinde Flecken" zu entdecken, also Verhalten und Angewohnheiten, die einem nicht bewusst sind (vgl. Michaelis/Mikula 2007, S. 102).

Im Folgenden werden nun die einzelnen Quadranten nach Wilber beschrieben und es wird die vielseitige Anwendbarkeit des Quadrantenmodells dadurch veranschaulicht, dass es über alle Themen als Matrix gelegt werden kann. In der vorliegenden Arbeit werden die Themen Persönlichkeit und Pädagogik im Quadrantenmodell dargestellt.

Was ist nun für die Persönlichkeit eines Menschen wichtig? Welche Bereiche sind welchem Quadranten zuzuordnen? Schon mit dieser Auseinandersetzung gelingt es, das Thema Persönlichkeit in all seinen Perspektiven zu erfassen und dadurch eine einseitige Sichtweise zu vermeiden.

| Individuelle Innenperspektive | Individuelle Außenperspektive |
|---|---|
| Emotionen | Verhaltensweisen |
| Wahrnehmungen | Körper/Energie |
| Gedanken | Gehirnmechanismen |
| meditative Zustände | Verhaltensforschung |
| Kreativität | Wissenschaft |
| **Kollektive Innenperspektive** | **Kollektive Außenperspektive** |
| Gemeinsame Bedeutungen | Systeme |
| Beziehungen | Wirtschaft |
| gegenseitiges Verständnis | Politik |
| kultureller Hintergrund | Technologie |

Abbildung 25: Persönlichkeit und das Quadrantenmodell

(Modifiziert übernommen Wilber 2013, S. 104 und Kienzl 2010, S. 95)

Ein Quadrantenmodell stellt auch nichts Endgültiges, Absolutes dar, ist doch alles im Fließen. Die Veränderung in einem Quadranten hat eine Veränderung in den anderen Quadranten zur logischen Folge. Wobei gerade diese gegenseitige Beeinflussung nicht Chaos und Unsicherheit bedeutet, sondern vielmehr das Gefühl des Selbstwertes in seinem Tun, da sich durch die eigene Veränderung auch die anderen Teile verändern müssen, da man ja Teil des Ganzen ist (vgl. Fuhr/Dauber 2002, S. 21).

Wie das Thema Pädagogik über das Quadrantenmodell dargestellt werden kann, ist in der folgenden Abbildung zu sehen. Wobei zu beachten ist, dass diese Darstellung keine absolut unveränderbare ist, da die Sichtweise des Erstellers dabei ebenso eine Rolle spielt wie auch die umgebenden Faktoren.

| Individuelle Innenperspektive | Individuelle Außenperspektive |
|---|---|
| Interessen | Verhaltensweisen |
| Emotionen | körperliche Entwicklung |
| Gedanken | Handlungskompetenzen |
| Entwicklungsprozesse | Leistung |
| Selbstwert | |
| Kollektive Innenperspektive | Kollektive Außenperspektive |
| gemeinsame Bedeutungen | Gesellschaft |
| Beziehungen | Interkulturalität |
| gegenseitiges Verständnis | Gender und Diversity |
| Gerechtigkeitsprinzipien | Gesetze, Politik, Wirtschaft |
| Kulturverständnis | Institutionelle Strukturen |
| | Kooperationsfähigkeit |

Abbildung 26: Quadrantenmodell und die Pädagogik (Modifiziert übernommen Girg 2007, S. 107 und Kienzl 2010, S. 117)

*Individuelle Innenperspektive*

Im oberen linken Quadranten beobachtet der Mensch seine eigenen Empfindungen, Gefühle und Impulse und stellt die individuelle Innenperspektive dar. Hier ist auch das ICH beheimatet. Diese Innenperspektive kann durch Selbstreflexion, Meditation, Gestaltpädagogik, Yoga und Breema®, um nur einige zu nennen, erfahren werden (vgl. Michaelis/Mikula 2007, S. 97).

Aus dem pädagogischen Kontext heraus finden hier die Persönlichkeitsbildung und verschiedene Bewusstseinsprozesse statt. So sollten Pädagogen und Pädagoginnen den Auszubildenden wertschätzend begegnen und gegenseitigen Respekt leben, mit dem Ziel seine eigene Lebensweltentwicklung voranzutreiben. Voraussetzung dafür ist jedoch ein Lernraum, in dem alle Menschen ihren Platz, Wertschätzung und Vertrauen finden. Für diesen

Quadranten steht daher ein selbstverantwortliches Lernen im Vordergrund, wobei die Bedürfnisse des Lernens ebenso erkannt werden wie auch die Interessen für Lerninhalte, die in Eigenverantwortlichkeit auch selbst bestimmt werden können. Durch dieses Miteinbringen der individuellen Bedürfnisse, Interessen und Vorlieben wird nicht nur die Person wahrgenommen, sondern es findet darüber hinaus ein individueller Lernprozess statt (vgl. Michaelis/Mikula 2007, S. 104).

*Individuelle Außenperspektive*

Die individuelle Außenperspektive befindet sich im rechten oberen Quadranten. Von diesem aus wird nur objektiv beobachtet und nur der äußere Bereich, ohne Kenntnis von inneren Gefühlen oder Annahmen. Dieser Quadrant stellt die ES-Perspektive dar. Die Methoden für diese Beobachtungen stammen aus den naturwissenschaftlichen Ansätzen und stellen verschiedene Messverfahren dar, wodurch Objektivität und Vergleichbarkeit entstehen (vgl. ebd., S. 97).

Im schulpädagogischen Zusammenhang gesehen, findet man hier das Wissen, das unabhängig vom Faktor Verstehen vermittelt wird und die objektive Sachkompetenz des Einzelnen, d.h. was jemand schon kann und weiß (vgl. Kienzl 2010, S. 115).

*Kollektive Innenperspektive*

Im linken unteren Quadranten spiegeln gesellschaftliche Normen, Werte und Rollenbilder die kollektive Innenperspektive, die WIR-Perspektive, wider. Eigene Annahmen werden anhand der Wahrnehmung der eigenen Person und der anderen überprüft. Gerade dieser Quadrant ist sehr interessant, spielt sich doch sehr vieles nicht bewusst ab (vgl. Michaelis/Mikula 2007, S. 98).

Die Wir-Perspektive lässt sich nochmals durch den Begriff der Beziehung verdeutlichen. Der weite Bereich der Beziehungen wird in diesem Quadranten berücksichtigt, wie die Familie, Freunde, aber auch der Bereich des sozialen Umfeldes, wie Schulkollegen, Lehrer, Betreuer. Als Pädagoge und Pädagogin stellt man sich daher immer wieder die Frage, welche Werte der Mensch hat, wie er mit einer Gruppe umgeht, welchen familiären, religiösen und kulturellen Hintergrund es gibt (vgl. Kienzl 2010, S. 118).

In ⊞ dieser Perspektivenansicht, die sich rechts unten befindet, werden alle sichtbaren Verhalten von Systemen auf ihre Funktionsweise hin beobachtet. Der Konstruktivismus und die Systemtheorien haben hier ebenso ihr Zuhause wie auch Wirtschaftsformen, Ökologie und Politik und dieser Quadrant stellt somit den SIE-Bereich dar (vgl. Kienzl 2010, S. 95).

Es ist der Bereich der sozialen Kompetenzen, wobei sich „sozial", wie Wilber ausführt, auf alle gesellschaftlichen Formen von der Technik über die Baukunst bis hin zur Bevölkerungsgröße bezieht (vgl. Wilber 2010, S. 110).

Aus der pädagogischen Sicht steht dieser Quadrant für die Stärkung der Zusammenarbeit zwischen diesen verschiedenen wirtschaftlichen, sozialen und kulturellen Systemen mit der Umwelt (vgl. Michaelis/Suntinger 2010, S. 121).

*Check it! – Quadrantenmodell in der Praxis*

Ich habe diesen Punkt deshalb „check it" genannt, um die relativ gute Anwendbarkeit des Quadrantenmodells in der Praxis aufzuzeigen. Viel zu oft steht man vor schwierigen Situationen, die es jedoch gleich zu regeln gilt. Einerseits kann man sich durch die einzelnen Quadranten über gewisse Situationen schnell ein Bild machen, andererseits ist man durch den Verweis auf diese Vielperspektivität gut beraten, die verschiedenen Perspektiven vor einer notwendigen Entscheidung auch für sich selbst zu reflektieren, um nicht Gefahr zu laufen, einseitig zu entscheiden.

## Spiralmodell

Neben dem Quadrantenmodell als horizontale Ebene ist es im integralen Kontext unerlässlich auch das Spiralmodell zu erklären. Entwicklungspsychologen haben verschiedene Modelle entwickelt, die im Grundansatz die gleiche Charakteristik aufweisen, indem sich Entwicklungsprozesse in wellenförmigen, spiralähnlichen Bewegungen vollziehen, an denen man die Entwicklung des Menschen leichter veranschaulichen kann (vgl. Blattl 2012, S. 167).

Das nun im Folgenden beschriebene Spiralmodell wurde von Don Beck und Christopher Cowan, auf den theoretischen Grundlagen von Clare W. Graves, entwickelt und ist durch neun aufeinander aufbauende Stufen, die Meme genannt werden, charakterisiert (vgl. Michaelis/Mikula 2007, S. 111).

Diese Entwicklungsstufen sind in jedem der oben beschriebenen Quadranten zu erkennen, wobei die Entwicklungsstufen innerhalb der einzelnen Quadranten unterschiedlich sein können (vgl. Meierl 2012, S. 26).

*Entwicklungsstufen*

Diese verschiedenen Entwicklungsstufen bedingen immer den Durchlauf der vorangegangenen Stufe, auf welche die neue wieder aufbaut. Schon hier ist diese integrale Denkweise sehr gut zu erkennen, da der Mensch aus der Gesamtheit aller durchlaufenen Stufen besteht und jede einzelne Stufe wichtige Aufgaben in der Entwicklung des Menschen übernimmt, die nicht übergangen werden kann. Sie sind zwar in der Abfolge hierarchisch aufgebaut, jedoch nicht in ihrer Wertigkeit (vgl. Wilber 2010, S. 70).

Jede Entwicklungsstufe hat ihre spezifischen Aufgaben, die zu bewältigen sind. Aufgrund von Gewohnheitsverhalten und Bequemlichkeit, aber auch durch die Vielfältigkeit der Lebensprobleme, wie Krankheit, Tod, Scheidung oder Arbeitslosigkeit, ist dieser Weg zu einer neuen Stufe nicht leicht zu begehen. Um von einer Stufe in die nächste zu kommen, muss man sich daher ganz bewusst von der alten Stufe disidentifizieren, um sich für die neue Stufe öffnen zu können und sich mit ihr wieder zu identifizieren. Ist nun die andere Stufe erreicht, werden alle vorangegangenen Stufen in die neu erreichte Stufe integriert (vgl. Michaelis/Mikula 2007, S. 126).

Wilber spricht in diesem Prozess auch vom Drehpunkt, der aus Identifizierung, Ent-identifizierung und Integration besteht (vgl. Wilber 2011, S. 191).

Im Folgenden werden die einzelnen Entwicklungsstufen beschrieben, wobei jeder Stufe zum besseren Verständnis eine Farbe zugewiesen worden ist. Michaelis/Mikula verwenden für dieses Spiralmodell auch das Bild einer tanzenden Babuschka, einer ineinander schachtelbaren Puppe, die die verschiedenen Stufen, die sich in uns befinden, symbolisieren sollen (vgl. Michaelis/Mikula 2007, S. 124).

Für die Stufenbeschreibung verwende ich „Ganzheitliches Handeln" von Ken Wilber, da er auch immer wieder einen Bezug zur bestehenden Gesellschaft herstellt und somit die einzelnen Stufen einen noch stärkeren Realitätsbezug erhalten. Wobei Wilber von 8 Entwicklungsstufen ausgeht und die letzte Stufe von ihm nicht mehr beschrieben wird, da er sie als Zustand definiert.

Für ein „Fühlen können" dieser Entwicklungsstufen lasse ich anfangs daher Babuschka reden.

Beige: archaisch-instinktiv

„Ich, die beige Urige, wie sie mich gerne nennen, bin zuständig für das, was direkt aus dem Bauch kommt. Ich weiß instinktiv immer, wie ich am besten überleben und durchkommen kann. Ich fühl mich dauernd bedroht und alle sind mir feindlich gesinnt. So erlebe ich die Welt und daran ist kein Zweifel" (Michaelis/Mikula 2007, S. 125).

Auf dieser Ebene befinden sich die grundlegendsten Bedürfnisse des Menschen, wie Nahrung, Wasser, Wärme, Licht, Sexualität und Sicherheit, die zum Überleben benötigt werden. Diese Entwicklungsstufe ist bei Neugeborenen, senilen alten Menschen, aber auch bei an Hunger leidenden sowie von einem Bombentrauma betroffenen Menschen anzutreffen (vgl. Wilber 2010, S. 21).

| | | | | | | | | |
|---|---|---|---|---|---|---|---|---|
| präpersonale Stufe | | | | | | | | |
| Primärschicht Denken / horizontales Lernen | | | | | | | | |

Abbildung 27: Beige Stufe

Purpur: magisch-animistisch

„Ich bin die purpurne Zauberin. Es ist alles magisch für mich. Für mich gibt es keine Vergangenheit und keine Zukunft – ich bin einfach immer nur jetzt da. Ich bin vollkommen zusammen mit den Wesen, die um mich sind. Meine Welt ist immer voller Geister, die ich gern beschwöre und unter Kontrolle halte." (Michaelis/Mikula 2007, S. 125).

Diese Stufe wird von magischen Geistern beherrscht, unabhängig davon ob sie gut oder böse sind. Blutsverwandtschaft und Familie sind für soziale Verbindungen existenzgründend. Anzutreffen in der dritten Welt, aber auch bei Sportteams und – wie Wilber sie betitelt – „verschworenen Gemeinschaften" in großen Unternehmen (vgl. Wilber 2010, S. 22).

| | | | | | | | | |
|---|---|---|---|---|---|---|---|---|
| präpersonale Stufe | | | | | | | | |
| Primärschicht Denken / horizontales Lernen | | | | | | | | |

Abbildung 28: Purpurne Stufe

### Rot: mächtige Götter

„Ich bin's, die rote Spalterin! Das ist mein Name von alters her. Jede und jeder kennt mich und kennt auch die Lust an diesem Kampf. Und darauf bin ich stolz, ja sehr stolz. Bei mir gilt eine klare Devise: Entweder ich oder du! Da kennt man sich aus. Und ich werd' mich schon behaupten. Ich hab immer Recht! Ich baue meine Machtposition schon noch aus: Ihr werdet es alle sehen. Schaut mich nur an!" (Michaelis/Mikula 2007, S. 125).

Götter in unterschiedlichen Ausprägungen, Bestien, aber auch machtvolle Menschen beherrschen das Weltbild. Das Selbst tritt nun erstmals auf und ist machtvoll, impulsiv und heldenhaft. Arbeit und Gehorsam stehen im Austausch mit Schutz durch den Mächtigen. Kinder im Trotzalter und rebellierende Jugendliche befinden sich ebenso auf dieser Stufe wie auch Feudalreiche, New-Age-Anhänger, Narzissten und Stars (vgl. Wilber 2010, S. 22).

| präpersonale Stufe | | | | | | |
|---|---|---|---|---|---|---|
| Primärschicht Denken / horizontales Lernen | | | | | | |

Abbildung 30: Rote Stufe

### Blau: mythische Ordnung

„Mich nennt man die blaue Genaue. Warum? Weil ich mich auf all diese Normen und Regeln, die irgendwer da erfunden hat, so genau einlasse. Ich wollte das zuerst auch nicht, aber ich möchte, dass ihr mich alle lieb habt – deswegen befolge ich sie auch. Es wird mir oft zu eng, dann werde ich innerlich zornig, aber den Zorn darf ich wegen der Regeln nicht zeigen. Dann wird es mir zuviel und mein Puffer ist dann eine richtig böse zynische Zunge." (Michaelis/Mikula 2007, S. 125).

Das Leben ist nun schon zielgerichtet, was von Werten und Normen beeinflusst wird. Eine Nichtbefolgung dieser Vorschriften hat negative Folgen. Das dualistische Denken in „gut versus falsch" ist in starren, hierarchisch geordneten Gesellschaftssystemen vorherrschend. Diese Entwicklungsstufe ist oft im religiösen Fundamentalismus, bei Pfadfindern und in der moralischen Mehrheit des Patriotismus zu finden (vgl. Wilber 2010, S. S22).

| präpersonale Stufe | personale Stufe | | | |
|---|---|---|---|---|
| Primärschicht Denken / horizontales Lernen | | | | |

Abbildung 26: Blaue Stufe

Orange: Errungenschaften der Wissenschaften

„Ich, die Orange, bin die ganz Gescheite, deshalb kämpfe ich darum, immer die Beste zu sein. Jedermann und jedefrau ist meine Konkurrentin. Ich bin einfach die Effizienz in Person. Ich will immer siegen und ich schaue nur auf mich. Nur die Harten kommen zu was – nicht wahr? Da kann ich – wie man so schön sagt – manchmal auch über Leichen gehen. Aber nur wenns's wirklich hart hergeht – eh klar." (Michaelis/Mikula 2007, S. 125).

Wissenschaft entsteht, der Wunsch nach Erklärbarkeit wird immer lauter. Die Naturwissenschaft ist vorherrschend, wie auch das Leistungsprinzip und materieller Gewinn. Das individuelle Weltbild und das Gewinner-Verlierer-Prinzip sind vorherrschend. Nicht überraschend findet man diese Stufe in der aufsteigenden Mittelklasse, in der Wall Street und in der Mode- und Kosmetikindustrie (vgl. Wilber 2010, S 23).

| präpersonale Stufe | personale Stufe | | | |
|---|---|---|---|---|
| Primärschicht Denken / horizontales Lernen | | | | |

Abbildung 31: Orange Stufe

Grün: Das sensible ICH - integrativ

„Ich bin die grüne, sich ständig Wandelnde. Ich kann, wie eine kleine Hexe, viele verschiedene Sichtweisen einnehmen. Bei mir kennen sich die Leute nicht mehr aus. Ich erspüre einfach alle und alles und es ist aufregend für mich. Ich bin verliebt in diese vielen neuen Teile, die ich erfahre." (Michaelis/Mikula 2007, S. 125).

Ein ICH entwickelt sich, das für andere Menschen da ist. Der Gemeinschaftsgedanke steht im Vordergrund. Es kommt zu einer Aktivierung der Spiritualität, zum Streben nach Gleichheit und Multikulturalität, die bei allen Ansätzen von Befreiungstheologie und humanistischer Psychologie, bei Greenpeace und Menschenrechtsbewegungen anzutreffen sind. Diese Entwicklungsstufe stellt auch die letzte personale Stufe dar (vgl. Wilber 2010, S. 23).

| präpersonale Stufe | personale Stufe | |
|---|---|---|
| Primärschicht Denken / horizontales Lernen | | |

Abbildung 32: Grüne Stufe

Gelb: integral

„Ich bin die Gelbe, die Zeugin. Ich schaue mir zu, bei all dem, was ich mache. Aber etwas in mir weiß, dass ich das gar nicht bin. Klingt blöd was? Hab ich mir auch zuerst so gedacht, aber ich find Spaß dran, dass ich es gar nicht mehr missen möchte. Weil ich durch dieses Neue so viel Verschiedenes tue, sagen die Leute jetzt zu mir: Die integral-Babu." (Michaelis/Mikula 2007, S. 125).

Mit dieser Stufe tritt der Mensch in den transpersonalen Bereich ein. Das Erste-Rang-Denken wird vom Zweiten-Rang-Denken abgelöst. Vertikales Denken entwickelt sich und die gesamte bisher erlebte Entwicklung ist genauso nachvollziehbar wie die Erkenntnis, dass jede Entwicklungsstufe für die nachfolgende Voraussetzung ist. Die einzelnen Stufen sind jedoch nicht abgeschlossen, sondern können je nach Situation immer wieder verwendet werden. Funktionalität, Flexibilität und Spontanität sind die grundlegenden Begriffe dieser Stufe. Gleichheitsstreben und natürliche Rangordnungen ergänzen sich, Bildung steht über Macht- und Statusstreben. Es wird anerkannt, dass die bestehende Ordnung ein Ergebnis verschiedener Ebenen ist (vgl. Wilber 2010. S. 25).

| präpersonale Stufe | personale Stufe | transpersonale Stufe |
| --- | --- | --- |
| Primärschicht Denken / horizontales Lernen | | Sekundärschicht Denken /Vertikales Lernen |

Abbildung 33: Gelbe Stufe

Türkis: holistisch

„Die freudenströmende – die mitfühlende – die archetypische Große Mutter, ja das bin ich jetzt. Ich kleide mich in türkis. Die strömende Liebe – einfach so. Ich erkläre nicht mehr. Ich bin ohne Zweifel, ohne Absicht. Jeder und jede ist willkommen. So wie sie und er IST. Alles ist O.K., so wie es sich in der Welt zeigt." (Michaelis/Mikula 2007, S. 125).

Holismus, also die Ganzheit von Wissen und Gefühlen, ist charakteristisch für diese Entwicklungsstufe. Alle Ebenen werden zu einem Ganzen zusammengeführt und das non-duale Denken stellt sich ein. Dieses Denken findet man bei der transpersonalen Psychologie, in Chaos- und Komplexitätstheorien und in den Gedanken von Gandhi und Mandela (vgl. Wilber 2010, S. 25).

| präpersonale Stufe | personale Stufe | transpersonale Stufe |
| --- | --- | --- |
| Primärschicht Denken /horizontales Lernen | | Sekundärschicht Denken /vertikales Lernen |

Abbildung 7: Türkise Stufe

Koralle: formlos–mystische Struktur

„Ich bin die Seinserfüllte. Ich BIN – jener Zustand, der frei ist von Raum und Zeit. Während ich alles, was manifest ist, wahrnehmen kann, ohne mich mit irgendetwas jemals zu identifizieren. Ich trage die Farbe der Koralle und habe die Täuschung der Grenzen durchschaut. Ich bin personales Bewusstsein und fühle mich mit der Welt verbunden im Denken, Fühlen und Handeln. Ich fühle mich ganz, heil und geborgen in der Welt." (Michaelis/Mikula 2007, S. 125).

Hier existieren keine Formen mehr, Zeit und Raum spielen keine Rolle mehr. Das Sein bestimmt hier. Diese Entwicklung wird auch nicht mehr als Stufe gesehen, sondern als die Realität aller Zustände (vgl. Michaelis/Mikula 2007, S. 121).

| präpersonale Stufe | personale Stufe | transpersonale Stufe |
|---|---|---|
| Primärschicht Denken / horizontales Lernen | | Sekundärschicht Denken / vertikales Lernen |

Abbildung 35: Korallene Stufe

Und erst, wenn wir als Mensch uns diesen Babuschka - Wellen bewusst und bewusster hingegeben haben, ja dann ist dieses Menschsein in seiner vollkommenen Möglichkeit ausgeschöpft. Wieviel jeder von uns da noch zu erledigen hat, ist immer offen. Und das ist auch schon das einzig Wichtige.

Und die Reise geht also weiter:

 *Nach einem mühevollen Aufstieg erreiche ich endlich mein Ziel. Dieser Berg mit seinem funkelnden Bergsee, den herrlich grünen Almwiesen und den umliegenden hohen Bergen lädt zum Bleiben ein. Es gefällt mir hier sehr gut und ich genieße diese Landschaft. Ich erhole mich von den Strapazen des Aufstiegs und erforsche dann alle Bereiche dieser herrlichen Landschaft. Alle Wege bin ich nun schon gegangen, jeden Stein und jeden Baum kenne ich, Unruhe macht sich in mir breit. Wie wäre es wohl diese schöne Landschaft von einem Gipfel der umliegenden Berge zu betrachten und was erwartet mich hinter dieser Bergkette? Ich verabschiede mich ganz bewusst von dieser Landschaft und begebe mich wieder auf einen Weg, ohne zu wissen wohin er mich bringen wird.*

Nach der Darstellung der unterschiedlichen Entwicklungsstufen der Persönlichkeit durch das Spiralmodell und der verschiedenen Perspektiven durch das Quadrantenmodell, sowie der Auseinandersetzung mit den grundlegenden Strukturen der Paradigmenvielfalt und der integralen Pädagogik, kann der Weg in die integrale Landschaft hinein fortgesetzt werden. In eine Landschaft, in welcher der Mensch ganzheitlich gesehen wird. Um jedoch stets auf diesem nicht immer leichten Weg bleiben zu können, braucht man Kraft und Zutrauen zu sich selbst, um diese neuen Wege zu beschreiten.

Für diese Stärkung des Selbst gibt es verschiedene Möglichkeiten, so wie es verschiedene Wege zum Ziel gibt, nicht besser und nicht schlechter, sondern einfach anders. Durch das anfangs erwähnte Seminar bin ich auch mit einer Körperwahrnehmungstechnik konfrontiert worden, von der ich noch nie gehört hatte, nämlich Breema®.

Sie sind enttäuscht, da sie noch immer nichts über die Suggestopädie gelesen haben. Gerade für diese integrale Methode brauche ich jedoch ausreichende Kondition in Form von Stärke, Kraft, Selbstwert, Selbstbewusstsein und Vertrauen auf mich selbst, sonst wird sie nicht gelingen. Also bitte noch etwas Geduld, es wird sich auszahlen!

Im nächsten Kapitel wird nun versucht ein grundlegendes Verständnis über Breema® zu vermitteln und zu begründen, warum Breema® ein eigenes Kapitel in dieser Arbeit gewidmet wird.

## Breema®

### Ein Sicherheitsgeländer

*Der Anstieg bis hierher war schon sehr kräfteraubend und nun ist dieser Steg, ein schmaler Holzsteg ohne Sicherungsgeländer über einen tosenden Gebirgsbach, die einzige Möglichkeit um den Weg fortsetzen zu können. Ich setze vorsichtig einen Fuß vor den anderen, spüre wie der Steg durch meine Schritte in ein leichtes Schwingen kommt. Angst steigt in mir auf, ich spüre wie ich mich anspanne und nehme daher das Schwingen noch intensiver wahr. Wie soll ich diese Herausforderung schaffen? Der Begriff Breema® ist auf einmal da, wie ein unsichtbares Sicherheitsgeländer, an dem ich mich festhalten kann.*

*Ich bleibe stehen, atme ganz tief ein im Bewusstsein aller Kräfte, die ich in mir vereine, nehme diesen Augenblick „ich am Steg" für mich im Jetzt wahr und fühle meinen ganzen Körper mit all seinen Muskeln, Knochen und Gelenken in seiner vollen Präsenz anwesend. Ich lasse meine Angst zu, sehe den Steg als meine Unterstützung an, um an das andere Ufer zu gelangen, lasse mich mit meinem Körper auf dieses Schwingen ein und gehe ganz bewusst im Rhythmus meines Atems über diesen Steg. Auch die letzten Schritte werden, obwohl ich schon das sichere Ufer sehe, nicht schneller, sondern ich bleibe im Rhythmus meines Atems, sicher im Vertrauen auf mich.*

Diese Geschichte zeigt Breema® vor allem als Kraftquelle. Neben der Entstehungsgeschichte von Breema® werden nun in diesem Kapitel vor allem die Prinzipien, die in Breema® wirken, dargestellt. Diese Prinzipien begleiten nicht nur alle Körperübungen, sondern vor allem begleiten sie das tägliche Leben.

**Was ist Breema®?**

Der Ursprung von Breema® liegt in der östlichen Hemisphäre. Die Denkweise und die Prinzipien von Breema® wurden von Malichek Mooshan in die westliche Welt eingeführt, der in Oakland auch ein Breema®-Zentrum gründete. Breema® wurde vor allem vom Amerikaner Jon Schreiber weiterentwickelt, der derzeit auch das Zentrum leitet (vgl. Michaelis/Mikula 2007, S. 199).

Es ist ein ganzheitlicher Zugang, der den Körper, den Verstand und die Gefühle integriert. Breema® ist, neben bewusst ausgeführten Körperübungen, vor allem durch seine Grundprinzipien eine unermessliche Schatzkiste für die Wahrnehmung der eigenen Persönlichkeit, als Leitfaden für die Reflexionsarbeit und als Hilfsmittel zu sehen, um mit sich ins Gleichgewicht zu kommen. Durch Breema® gelingt es das Leben wahrzunehmen, ohne dass es durch den Verstand und durch die Gefühle gefiltert worden ist. Das Ziel von Breema® ist es, Verstand, Gefühle und Körper in Gleichklang zu bringen, um damit die Kraft des Lebens zu erleben und frei von Angst, Sorge und Anspannung leben zu können durch das Leben im Jetzt. Wie Schreiber auch ausführt „Präsent zu sein ist unsere natürliche Beziehung zum Dasein" (Schreiber 2001, S. 6).

Breema®-Übungen sind unterschiedlich konzipiert, so gibt es Partnerübungen und sogenannte Selbst-Breema®-Übungen (Self-Breema®-Übungen), mit dem Ziel sich selbst bewusst wahrzunehmen. In Folge dieses neuen Wahrnehmens von sich selbst und von der Natur mit ihren Gesetzmäßigkeiten, fließt Energie zum Körper und man fühlt sich wohl, aktiv und entspannt. Diese Übungen können in verschiedenen Körperpositionen durchgeführt werden und sind somit auch für den Berufsalltag tauglich. Charakteristisch für Breema® sind die Prinzipien, die alles Tun begleiten. Da jedes Breema® Prinzip in jedem anderen wieder enthalten ist, kommt es zu Überschneidungen der einzelnen Prinzipien. Jedes Prinzip versucht auf seine ganz spezifische Art, den Weg „sich selbst wahrnehmen zu lernen" zu vermitteln (vgl. Michaelis et al. 2010, S. 71ff.).

**Die 9 Prinzipien im Alltag**

Wie Schreiber formuliert, ist jeder noch so kleine Moment wichtig, in dem man sich eines der Prinzipien bewusst macht. Durch dieses Bewusstmachen bricht man aus der Gewohnheit aus, alles nur mehr mechanisch zu tätigen und befindet sich in diesem Moment im Jetzt, in seiner eigenen Präsenz. Mit diesem Ausbruch aus der alltäglichen Routine kehrt Lebendigkeit und das Gefühl zu leben zurück (vgl. Schreiber/Berezonsky 2001, S. 59).

Breema® wird durch folgende Prinzipien charakterisiert:

- ❖ Der Körper hat eine bequeme Haltung
- ❖ Keine Beurteilung
- ❖ Bestimmtheit und Sanftheit
- ❖ Keine Kraftanwendung
- ❖ Einziger Augenblick – einzige Aktivität
- ❖ Keine Eile – keine Pause
- ❖ Nichts Extra
- ❖ Gegenseitige Unterstützung
- ❖ Ganze Beteiligung

Auch wenn es sich bei Breema® um eine Körperwahrnehmungsarbeit handelt, so sind diese Prinzipien auch auf alle Alltagshandlungen anzuwenden. Ich möchte aber ausdrücklich darauf hinweisen, dass dieses bewusste Auseinandersetzen bzw. die bewusste Anwendung dieser Prinzipien

im alltäglichen Leben kein einfaches Unterfangen ist und von ständiger Reflexion begleitet werden sollte.

Im Folgenden werden nun die einzelnen Breema®-Prinzipien vorgestellt, die zum besseren Verständnis in Bezug auf ihre Alltagstauglichkeit mit Erfahrungen aus der pädagogischen Praxis verbunden werden. Diese pädagogische Praxis beziehe ich auf eine sehr „schwierige" Lernfördergruppe, bedingt durch soziale und persönliche Defizite seitens der Teilnehmer und Teilnehmerinnen.

*Der Körper hat eine bequeme Haltung*

Der Körper ist nach Breema® im ständigen Veränderungsprozess und besteht aus Materie, Energie, Bewusstsein und Gewahrsam. Dieser Körper soll sich auch nicht als etwas Getrenntes von seiner Umwelt wahrnehmen, um damit nicht in ein permanentes Bewertungsschema zu fallen, sondern sich als Eins mit allem empfinden. Mit dem Bewusstwerden seines eigenen Atems, seiner Bewegung und seiner Körperdimensionen erfährt man die Gegenwärtigkeit des Körpers. Mit dieser Erfahrung des Seins nähert man sich dem Bild des Ganzen an und eine bequeme Haltung des Körpers wird eindrucksvoll sichtbar (vgl. Schreiber/Berezonsky 2001, S. 13).

Mit diesem Prinzip kann man vor allem seine eigene Selbstsorge beachten. Nicht nur für andere da zu sein, sondern auch für sich selbst, ist erlaubt. Vor allem in allen Sozialberufen vergisst man nur allzu schnell sein eigenes Ich, um vollkommen in Anderen aufzugehen. Man verliert sich aus den Augen und kann sein Selbst nicht mehr erkennen. Wie will man aber für andere Menschen sorgen, wenn man für sich selbst nicht sorgt bzw. für sich selbst nicht da ist? Sich vor dem Beginn eines Arbeitstages bewusst die Zeit für sich zu nehmen, kann daher wesentlich mehr bewirken, als alle in dieser Zeit verrichteten arbeitsbezogenen Tätigkeiten. Durch die bewusste Auseinandersetzung mit seinem eigenen Wohlempfinden schmälert man keineswegs die Zuwendung zu Anderen, im Gegenteil, durch dieses Wohlempfinden entsteht mehr Freude im Kontakt mit Anderen, die diese Veränderung natürlich auch spüren (vgl. Michaelis et al. 2010, S. 76).

**PRAXIS:** Um mich für den Tag einzustimmen, mich wahrzunehmen und um mich selbst zu spüren, mache ich Breema® am Morgen. Ich weiß, Sie werden sich denken, wie soll sich das ausgehen, zwischen Frühstück machen, Kinder versorgen und pünktlich in der Arbeit erscheinen. Glauben Sie mir, auch mein Morgen ist zeitlich immer eng. An Tagen, an denen ich kein Breema® mache, weil mir durch verschiedene zusätzliche Tätigkeiten die Zeit schon wieder einmal davonläuft, fühle ich mich ständig unter Zeitdruck, hinter dem Jetzt hinterher laufend. Wenn es aber auch nur 5 Minuten sind, die ich mit Breema®-Übungen verbringe, bemerke ich schon, unter dem Aspekt „ich hab mir heute etwas Gutes getan, ich habe mir „Zeit und Aufmerksamkeit" geschenkt, eine ganz andere Körperhaltung.

Wenn es wieder einmal schnell gehen muss (und das ist bei mir relativ oft der Fall), dann mache ich zuerst eine „Muntermacher-Übung" und im Anschluss daran eine körperzentrierte Übung, die nicht länger als 5 Minuten dauern. Und was sind schon 5 Minuten im Verhältnis zu einem ausgeglichenen Körpergefühl.

Die Übung „Sprudelnde Quelle" verwende ich um „munter" zu werden, indem ich symbolisch gesehen bei mir selbst anklopfe, um mich und meine Lebendigkeit zu spüren.

Die Übung „Das Herz öffnen" verwende ich hingegen um „offen" zu werden, indem ich mich symbolisch gesehen, durch die Körperhaltung bewusst öffne.

Beide Übungen wurden im Kapitel Selbstwert von Michaela Scheucher dargestellt.

*Keine Beurteilung*

Durch diese Trennung von Körper und Außenwelt kommt es immer wieder zu Vergleichen und Beurteilungen. Durch das ständige Vergleichen mit Vergangenheit und Zukunft, mit den eigenen Ideen, Fantasien und Erinnerungen, verliert man nur an Energien. Im Bewusstsein des Jetzt, der Gegenwart verliert sich jedoch dieses ständige Beurteilen und wird in Registrierung und Akzeptierung umgeformt (vgl. Schreiber/Berezonsky 2001, S. 17).

Keine Beurteilung im pädagogischen Kontext zu leben, stellt alle Pädagogen und Pädagoginnen vor große Herausforderungen, lebt doch das gesamte Schulsystem von Vergleich und Selektion (vgl. Michaelis/Mikula 2007, S. 202).

**PRAXIS**: Vor allem dieses Prinzip ist für mich sehr lebensbestimmend geworden, vielleicht auch deswegen, da ich mich aufgrund einer perfektionistischen Veranlagung immer wieder in einem ständigen Vergleichen und Urteilen befunden habe. Sich nicht mehr mit Mappen schleppenden Kolleginnen zu vergleichen, eine Förderstunde nicht mehr zu beurteilen, obwohl sie vollkommen anders verlaufen ist, als geplant war, sondern sie in ihrem Verlauf anzunehmen und auch das Verhalten und die Arbeitsleistung der Teilnehmerinnen und Teilnehmer so anzunehmen, wie sie geschehen ist und nicht, wie ich sie mir vorgestellt habe. Ja, mit so einer Haltung kommt nicht nur Entspannung auf, sondern alles bleibt im Fließen und wird nicht mehr durch urteilende und vergleichende Gedanken gehemmt. Die Teilnehmerinnen und Teilnehmer spüren diese Haltung, ich nehme ihre Verwunderung wahr, wurden sie doch in ihrer Schulzeit permanent nur beurteilt. Sie haben vielleicht durch meine Nichtbeurteilung auch die Möglichkeit, dass sie sich ihrer selbst einmal bewusst werden können und dadurch ihre Spannung, mit all ihren Erscheinungsformen, verlieren. Wie schätzen Sie einen Gruppenteilnehmer ein, der auf Ihren Arbeitsauftrag nicht reagiert? Desinteressiert, zu faul oder sogar respektlos? „Ich weiß ja nicht, wie Sie sich das vorstellen" war die Antwort eines Teilnehmers auf meine Frage, warum er denn nicht mit der Arbeit beginnt. Aus seinem Gefühl heraus, einer Beurteilung nicht zu entsprechen, entsteht seine Passivität. Eine Passivität, die sich durch das nicht Urteilen in eine wunderbare Kreativität verwandelt hat.

*Bestimmtheit und Sanftheit*

Die Verbindung mit dem Körper gibt diese Bestimmtheit, die durch die Berührung am Körper zu spüren ist, wobei keine Kraftanstrengung erforderlich ist, nur das bewusste Sein mit dem Körper. Die Sanftheit ist untrennbar mit der Bestimmtheit verbunden, denn durch das Zulassen der Gefühle spürt man die Echtheit, die sich über die Bestimmtheit wieder ausdrückt, oder anders formuliert „man denkt was man fühlt und fühlt was man denkt"(vgl. Michaelis/Bachmann 2010, S. 67).

**PRAXIS:** Ich bin eine, so glaube ich zumindest aufgrund der Rückmeldungen, beliebte Trainerin. Immer positiv denkend, das Gute in meinem Gegenüber suchend, gibt es vor allem bei klaren Regelverstößen immer wieder ein Problem mit der Bestimmtheit, aus Angst vielleicht nicht mehr so beliebt zu sein. So wurden immer wieder Kompromisse geschlossen, mit der Hoffnung es würde sich etwas verändern. Durch Breema®-Übungen durfte ich aber selbst erfahren, wie gut es dem Körper tut, bestimmt berührt zu werden. Wenn es dem Körper gut tut, dann auch dem Bewusstsein. Die Teilnehmer und Teilnehmerinnen bemerken auch die Authentizität, mit der ich meine Gefühle mit meinem Tun verbinde und akzeptieren daher meine strukturierenden Anleitungen, die mit meinen Gefühlen und meiner Wahrnehmung nun verbunden sind, wesentlich besser.

*Keine Kraftanwendung*

Kraft wird nach dem dualistischen Aspekt verwendet, um etwas zu erreichen, das sich außerhalb von Menschen befindet. Mit dem Prinzip „keine Kraftanstrengung" hebt sich dieses Streben nach etwas Anderem auf, da sich alles in einer Gesamtheit befindet. Wenn sich Körper, Verstand und Gefühle zu einem Eins entwickeln, entspricht es der Natur des Menschen und alles kann ohne Kraftanstrengung getan werden. In dieser Präsenz der Gegenwart und des Seins kann daher jede Situation im Jetzt, angemessen ohne Kraftausübung, gemeistert werden (vgl. Schreiber/Berezonsky 2001, S. 25).

So findet man im pädagogischen Alltag nur allzu oft Menschen vor, die nicht in dieser Ganzheit zwischen Körper, Verstand und Gefühlen leben und dies durch meist ausdrucksstarke Körperhaltungen auch nach außen transportieren. Diese außen wahrgenommene fehlende Ganzheitlichkeit wird aber gespürt und es wird mit dementsprechendem Verhalten darauf reagiert (vgl. Michaelis/Bachmann 2010, S. 66).

**PRAXIS**: Mit meinem vorbereiteten Arbeitsplan gehe ich zwar immer in die Lernförderstunde hinein, wieviel jedoch davon bearbeitet wird, ist für den Erfolg einer Stunde mittlerweile nicht mehr wichtig. Rückblickend auf vergangene Jahre kann ich nun ganz bewusst sagen, dass ich umso mehr auf Widerstand gestoßen bin, je mehr ich an „körperlicher Anstrengung" unternommen habe, meinen Arbeitsplan umzusetzen. Alles war immer in gewisse Kategorien eingeteilt, da die Teilnehmer und Teilnehmerinnen, dort der Arbeitsplan und irgendwo auch meine Person. Wie weit auch mein Selbst anwesend war, muss ich heute und hier stark bezweifeln. Dieses Gefühl des Eins sein mit allem macht diese Arbeit jetzt so mühelos, so leicht. Bitte mich nicht misszuverstehen, natürlich gibt es auch immer wieder Probleme, die jedoch in der Gesamtheit gesehen werden und ich befinde mich mitten darin und muss nicht etwas, was außerhalb ist, bearbeiten.

*Einziger Augenblick - einzige Aktivität*

Dieses Jetzt, an nichts Vergangenes, an nichts Zukünftiges zu denken, ist Mittelpunkt dieses Prinzips. Nur das Jetzt, die Gegenwart, die gefühlt, gespürt und erlebt wird. Durch diese Präsenz fühlt man sich lebendiger und frischer (vgl. Schreiber/Berezonsky 2001, S. 29).

Pädagoginnen und Pädagogen, die oft vor einer Einheit mit einer schwierigen Klasse immer wieder Vergangenes oder Zukünftiges in sich aufrufen, haben nie die Möglichkeit das Jetzt zu fühlen. Die Klasse merkt auch, dass sich die Person nicht in der Präsenz befindet und damit nicht hinter ihrem Verhalten und den geforderten Maßnahmen steht (vgl. Michaelis/Mikula 2007, S. 203).

**PRAXIS**: Letzte Woche hat sich ein schlimmer Vorfall in der Gruppe ereignet. Ein Tisch wurde als Wurfgeschoss verwendet und es gab viel Lärm und Chaos. Alle meine pädagogischen Fähigkeiten haben nichts genützt, um einen Teilnehmer zu beruhigen. Aber es war genau dieser Augenblick und dieser Moment und hatte nichts mit der kommenden Lernförderstunde zu tun. Würde ich Vergangenes in die Gruppe wieder mitnehmen, würde ich Irritationen auslösen, da die Gruppe keine Verbindung von ihrem jetzigen Verhalten zu meinem Verhalten herstellen kann. Und solche Verunsicherungen lassen wieder Spannungen entstehen, die wieder durch Aggressionen abgebaut werden müssen.

*Keine Eile – keine Pause*

Es gibt kein Ende oder einen besagten Neuanfang, alles Geschehene fließt und ist Teil des Lebens. Energiefressendes Nachfragen „Warum so und nicht anders" entfällt durch dieses Prinzip und man lernt es so anzunehmen, wie es ist (vgl. Michaelis/Bachmann 2010, S. 65).

**PRAXIS**: Früher habe ich diesen Arbeitstag nur über die Stunden in dieser Lernfördergruppe wahrgenommen. Alles andere war wie ausgeblendet, wie segmentiert. Weil ich früher alles diesen Lernförderstunden untergeordnet habe, mich den ganzen Vormittag schon auf die schwierigen Stunden am Nachmittag konzentriert habe, konnte auch nicht wirklich etwas fließen, da ich das Leben für diesen Zeitbereich vollkommen unterbrochen habe und daher angespannt und energielos bei dieser Arbeit war. Seit ich diese Stunden bewusst in meine Lebensenergie aufgenommen habe, seitdem ich ohne gedankliche Unterbrechung diesen Tag verlebe, fühle ich mich entspannt, was sich wieder positiv auf das Gruppenklima auswirkt.

*Nichts Extra*

Die aus Ideen, Paradigmen und Erfahrungen entstandene Identität stellt ein Hindernis dar, um sich selbst zu erkennen. Um zu existieren, ist die Gesamtheit des Seins ausschlaggebend und sonst nichts, d.h., es bedarf „kein Extra" um zu existieren, da nur unser Wesen, als innere Autorität, das Gefühl vermittelt, zu SEIN (vgl. Schreiber/Berezonsky 2001, S. 33).

Alles, was man um sich herum hinzufügt sind Extras, die aber nicht notwendig sind und nur unser wahres Wesen verdecken. Wie viel Energie wird auch aufgewendet, um diese Extras zu erhalten und zu bewahren. Aus einem Muss heraus, ohne zu wissen, woher dieses Muss kommt. Daher gibt das Prinzip vor, all diese Extras loszulassen, um sich dem wahren Wesen widmen zu können (vgl. Michaelis et al. 2010, S. 78).

**PRAXIS**: Im Lehr- und Lernbereich ist dieses Prinzip dahingehend hilfreich, dass oft die einfachsten Methoden im Unterricht wirksamer sein können, als eine mit viel Technik erarbeitete Präsentation, da der Mensch hinter all dieser Technik nicht mehr greifbar ist. So erfahre ich immer wieder die volle Aufmerksamkeit, wenn die Teilnehmer und Teilnehmerinnen mich als Person wahrnehmen können. So ist eine einfache Präsentation, pointiert mit eigenen Erlebnissen oder selbstgemachten Fotos, wesentlich interessanter, da die Lernenden dahinter den Lehrenden als Menschen erkennen können.

*Gegenseitige Unterstützung*

Wenn sich der Verstand, der Körper und die Gefühle gegenseitig unterstützen, beteiligt sich auch das Wesen und der Körper nimmt einen harmonischen Ausdruck an. Dieses Prinzip hat das Menschsein zum Thema, unter dem Aspekt einer sozialen Kommunikation nach außen. Diese Unterstützung wird aber immer zweiseitig gesehen, auch der, der unterstützt, erhält durch die gegebene Unterstützung wieder eine Unterstützung (vgl. Michaelis/Bachmann 2010, S. 38).

Auch Schreiber beschreibt dieses Prinzip so, dass die Energie des Körpers alle anderen Teile unterstützt, wie auch diese Teile die Energie, indem sie harmonisch durch den gesamten Körper fließen kann (vgl. Schreiber/Berezonsky 2001, S. 35).

Die von Michaelis und Bachmann verwendete Formulierung – „ Wann immer ich ein Phänomen erkenne und es nicht kommentiere, auch dann findet nach den Breema®-Prinzipien gegenseitige Unterstützung statt" – scheint doch ein möglicher erster Schritt in diese Richtung zu sein, nach diesem Prinzip zu leben (Michaelis/Bachmann 2010, S. 38).

**PRAXIS**: Umgelegt auf die Pädagogik kann dieses Prinzip vor allem bei sehr konfliktbeladenen Situationen hilfreich sein, im Bewusstsein, dass genau diese sehr stressige Situation auch für mich unterstützend sein kann. Alleine schon der Gedanke, dass eine solche Situation, die überhaupt nicht in das vorgefertigte Konzept passt, aber auf eine nicht ersichtliche Weise unterstützend wirken kann, bringt Erleichterung, lässt Entspannung zu und in Folge auch ein verändertes Verhalten. Nach dieser Tischwurfgeschichte war ich für einen Moment wirklich so bestürzt, verzweifelt, aber auch extrem gestresst nach außen hin entsprechen zu müssen, da dieser Vorfall in der Firma nicht unbemerkt geblieben ist. Ich bedanke mich auch in dieser Arbeit nochmals bei meinem wurffreudigen Teilnehmer, hat er mich doch durch sein Verhalten dazu gebracht, mir endlich klar zu werden, was meine eigentlichen Aufgaben sind und was nicht. Danke nochmals!

*Ganze Beteiligung*

Dieses Breema®-Prinzip bedeutet, dass sich Körper, Verstand und Gefühle in ihrer Ganzheit an den Aktivitäten des Körpers beteiligen. In dieser Situation sind alle anderen Gedanken ausgeschlossen und man fühlt sich frei. Durch diese umfassende Beteiligung erlebt man ein intensiveres Erleben der Gegenwart. Mit „allem von dir", wie Schreiber dieses Prinzip sehr einfach beschreibt, sollen alle Tätigkeiten aufgeführt werden (vgl. Schreiber/Berezonsky 2001, S. 39).

**PRAXIS**: Die lieben vorauseilenden Gedanken kennt ja jeder. Man ist nicht wirklich in der Gegenwart und auch nicht woanders. Die Qualität, die dieses Prinzip in der Praxis mitbringt, ist spürbar und erlebbar durch die eigene Präsenz, aber auch durch die Aufmerksamkeit der Teilnehmer und Teilnehmerinnen, denn sie spüren, ob man wirklich „ganz" da ist. Denn nur wer ganz da ist, dem kann man auch zuhören.

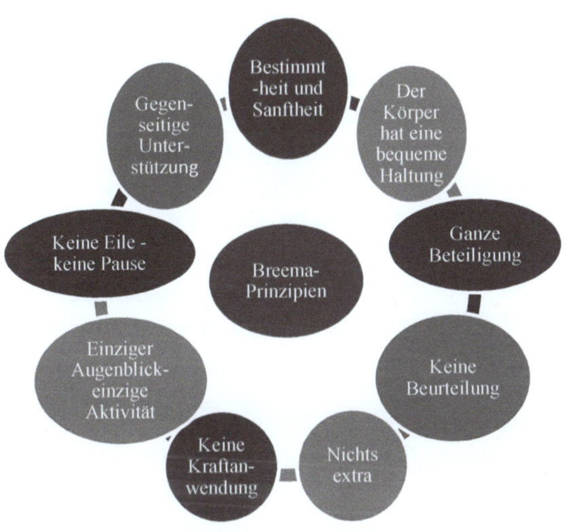


Abbildung 36: Breema®-Prinzipien

Nun ist es endlich soweit. Nach Paradigmenvielfalt, den Grundzügen der integralen Pädagogik, den verschiedenen Entwicklungsstufen der Persönlichkeit und einem Körperwahrnehmungskonzept, das mit seinen Prinzipien das tägliche Leben sehr erleichtert, steht nichts mehr im Weg sich dem Hauptthema dieser Arbeit zu widmen, der Suggestopädie. Jetzt ist nämlich der

Weg vorbereitet worden, denn ohne diese vorangegangene Auseinandersetzung kann man Suggestopädie nur als eine von vielen möglichen Unterrichtsmethoden sicherlich nicht betreiben, zumindest nicht im integralen Verständnis.

## Suggestopädisches Lernen

### Einen neuen Weg beschreiten ...

*Nach den ersten zaghaften Schritten in dieser neuen integralen
Landschaft werde ich nun mutiger und versuche für mich einen
neuen, noch unbekannten Weg zu beschreiten. Mit Vertrauen,
das ich durch den schon zurückgelegten Weg in mir spüre, gehe ich mit viel
Neugierde und Aufregung weiter. Bei einer Wegkreuzung mit vielen Wegwei-
sern entscheide ich mich für den Richtungspfeil „Suggestopädie". Wo wird
mich dieser Weg wohl hinführen? Gespannt setze ich Schritt um Schritt auf
diesem neuen Weg.*

Mit dem Begriff der Suggestopädie bin ich zum ersten Mal im Seminar für
integrale Pädagogik konfrontiert worden. Durch das allgemeine Begriffsverständnis im deutschsprachigen Raum war anfangs meine erste Reaktion von
Abwehr gekennzeichnet, da ich Suggestopädie sofort mit Suggestion und
somit mit Manipulation gleichgesetzt habe. Dieses Kapitel befasst sich daher
zuerst mit der Entstehungsgeschichte und der Weiterentwicklung der Suggestopädie, stellt die Vielfältigkeit der Elemente dar und geht der Frage der Anwendbarkeit im Lehr-Lernkontext nach. Wobei diese Anwendbarkeit mit einigen Beispielen aus der Praxis anschaulich dargestellt wird.

### Entstehungsgeschichte

Der Ursprung der Suggestopädie ist auf den bulgarischen Psychiater und
Psychotherapeut Dr. Georgi Lozanov (1926-2012) zurückzuführen. Durch
die Arbeit mit Patienten und Patientinnen, bei denen Suggestionen und Hypnose verwendet werden, erkennt er, dass Suggestionen ähnlich wirksam
sind wie Hypnose. Diese wissenschaftliche Beschäftigung mit Suggestionen
im theoretischen und praktischen Kontext nennt er Suggestologie. Die Suggestologie beschäftigt sich vor allem mit allen zwischenmenschlichen Beziehungen, die für die Menschen unbemerkt bleiben und ihnen nicht genügend
bewusst sind. Der Begriff der Suggestopädie stellt nun eine Verbindung zwischen Suggestologie und Pädagogik dar und beforscht die Anwendung der
Suggestologie im Bereich der Wissensvermittlung, mit dem vorrangigen Ziel

die Lernleistung zu erhöhen. Diese Methode entwickelte Lozanov in den 60er Jahren des vergangenen Jahrhunderts am Institut für Suggestologie in Sofia. Durch Experimente mit Fakiren, Yogis und Rechenkünstlern erkennt Lozanov, dass diese höchsten Gedächtnisleistungen mit einem mental und körperlich entspannten Zustand einhergingen und folgert schließlich, dass die entspannte und verlangsamte Lehrstoffdarbietung in Verbindung mit einem entspannten körperlichen Zustand zu einer gesteigerter Lern- und Gedächtnisleistung führen (vgl. Dostal, 2011, S. 9).

Wie Schuster/Gritton ausführen, sind bekannte Elemente zur Beschleunigung des Lernens, wie körperliche Entspannungsübungen, mentale Konzentrationsfähigkeit, suggestive ICH-Stärkung der Lernenden, die Förderung der Gedächtnisleistung und ein dynamisch vorgetragener Input unter musikalischer Begleitung auch in der westlichen Welt bekannt, Lozanov hat diese Elemente jedoch zum ersten Mal auf eine besondere Art zu einer effektiven integrierten Lehr- und Lernmethode miteinander verbunden (vgl. Schuster/Gritton 1986, S. 9).

Die Urform der Suggestopädie Lozanovs wird vor allem im angloamerikanischen Sprachraum nicht nur angenommen, sondern durch namhafte Wissenschaftler auch mit unterschiedlichsten Ausprägungen weiterentwickelt. So wird die von Lynn Dhority entwickelte Methode, bei der neueste Erkenntnisse der Gehirnforschung, der amerikanischen Linguistik und der humanistischen Psychologie miteinbezogen worden sind, sogar von der UNESCO als Lehr- und Lernmethode weiterempfohlen. Im Gegensatz dazu stößt diese neue Lehr- und Lernmethode im deutschsprachigen Raum eher auf Ablehnung (vgl. Dostal, 2011, S. 98).

Gründe für die ablehnende Haltung sind sicherlich, dass Suggestion im deutschen Sprachgebrauch negativ besetzt ist, verbindet man mit Suggestion doch sofort Manipulation und negative Beeinflussung. Lozanov bezieht sich jedoch auf die englische Verwendung dieses Begriffs. So bedeutet „to suggest" aus dem Englischen übersetzt so viel wie „anbieten", aber auch „vorschlagen". So versteht er unter „suggestiv" alle intuitiven, emotionalen und kreativen Formen, um einen Lernstoff aufnehmen und verankern zu können (vgl. Bröhm-Offermann 1989, S. 9f.).

Neben dieser begrifflich bedingten ablehnenden Haltung ist aber auch das vorherrschende politische System im damaligen Bulgarien, mit dem Ziel die menschliche Produktivität zu steigern, ebenso zu erwähnen, wie auch, aus empirischer Hinsicht, die fehlende Überprüfbarkeit der Ergebnisse Lozanov's, die von seinen Kritikern immer wieder angeführt wird (vgl. Edelmann 2000, S. 77).

Trotz der Kritik an der Suggestopädie Lozanov's haben jedoch die verschiedenen Ausprägungen im wissenschaftlichen Kontext ihre Berechtigung. Laut Expertenausschuss der UNESCO kann davon ausgegangen werden, dass die suggestopädische Methode konventionellen Methoden überlegen und für viele Unterrichtsfächer und Lernarten geeignet ist. Weiters konnte man auch bei zahlreichen Studien im nichtsprachlichen Bereich in den 80iger Jahren des letzten Jahrhunderts nachweisen, dass suggestopädische Unterrichtsmethoden in der Lage sind, die Unterrichtsqualität signifikant zu verbessern (vgl. Schuster/Gritton 1986, S. 54).

Die Vielseitigkeit der Suggestopädie spiegelt sich auch in der Verwendung unterschiedlicher Bezeichnungen wider. Neues Lernen, sanftes Lernen, akzeleriertes Lernen, ACT-Ansatz, integrative learning, Superlearning und noch viele Bezeichnungen mehr zeigen nur einen kleinen Ausschnitt von unterschiedlichen suggestopädischen Ausprägungen.

Sucht man ein einheitliches Erscheinungsbild der Suggestopädie im deutschsprachigen Raum, wird man enttäuscht werden, da die einzelnen Vertreter ihr Wissen wiederum bei unterschiedlichen Lehrern erhalten haben. Durch die Gründung der „Deutschen Gesellschaft für suggestopädisches Lehren und Lernen" 1987 (DGSL) wird nicht nur eine Plattform für diese unterschiedlichen Ausprägungen suggestopädischen Lehrens und Lernens geschaffen, sondern es wird durch das Setzen von Standards und Richtlinien so auch ein Rahmen der Professionalität geschaffen (vgl. Dostal, 2011, S. 102f.).

Zur Verbreitung dieses neuen Ansatzes trägt sicherlich das publikumswirksame Buch der amerikanischen Journalistinnen Ostrander und Schroeder maßgeblich bei, die ein sogenanntes „Superlearning" versprechen. Nach anfänglicher Euphorie muss man jedoch erkennen, dass ein paar, mit einer Fremdsprache besprochene Kassetten, nicht den erwünschten Erfolg erzielen. Der große Erfolg dieses Buches ist nur darauf zurückzuführen, dass das Lernen nur im Zusammenhang mit Problemen, Angst und Frust gesehen wird. Der einzige Vorteil dieser mangelhaft aufbereiteten Lernmethode ist jedoch, wie Wester ausführt, das klare Zeichen, dass das Lernen auch Freude und Spaß darstellen kann (vgl. Wester, 1990, S. 15).

Wie schafft nun die Suggestopädie diese Verbindung aus Lernen, Spaß und Freude? Ein Charakteristikum ist sicherlich die Abfolge verschiedener Phasen, die nun im nächsten Punkt dargestellt werden.

**Phasen der Suggestopädie**

Die Suggestopädie arbeitet mit verschiedenen Phasen, wobei die Abfolge der einzelnen Phasen flexibel gestaltet werden kann. Diese Phasen stellen ein wichtiges Charakteristikum der Suggestopädie dar, die man aufgrund der verschiedenen Ausprägungen in unterschiedlicher Form, Bezeichnung wie auch Gewichtung vorfindet. So spricht Lozanov von der Vorbereitungsphase, der Präsentationsphase und der Übungsphase, während Dostal diese verschiedenen Phasen mit Centering, Dekodierung, Aktivierung und Integration bezeichnet (vgl. Schuster/Gritton 1986, S. 117 und vgl. Dostal, 2011, S. 104).

Zur besseren Übersichtlichkeit verwende ich im Folgenden die Bezeichnungen von Schuster/Gritton, da sie sich sehr intensiv mit der Suggestopädie von Lozanov auseinandergesetzt haben und versuche auf gewisse Unterschiede einzelner Vertreter dieses suggestopädischen Methodenansatzes zu verweisen, wobei bei dieser Vielfältigkeit kein Anspruch auf Vollständigkeit gestellt werden kann.

*Vorbereitungsphase*

Schon in der ersten Phase kann man unterschiedliche Zugänge erkennen. So sind für Lozanov nur „mindcalming"-Übungen wichtig, welche die Schüler und Schülerinnen von ihren einengenden Problemen und Sorgen loslösen, um sie für den kommenden Sachinhalt aufnahmebereit zu machen (vgl. Schuster/Gritton 1986, S. 123).

Auch für Dostal ist diese Vorbereitungsphase, sie spricht von „Centering", der Zeitraum in dem sich die Lernenden auf das Kommende mental einstimmen können (vgl. Dostal 2011, S. 104).

Im Gegensatz dazu umfasst diese Phase bei Bröhm-Offermann neben der mentalen Entspannung auch die physische, wobei der Methodeneinsatz kreativ und vielseitig sein kann. Während die psychische Entspannung durch Bewegung bzw. durch die progressive Muskelentspannung hergestellt werden kann, werden im Bereich der mentalen Entspannung vor allem Lernbarrieren abgebaut und eine vertrauensvolle Lernumgebung aufgebaut, in der die Lernenden ermutigt werden ihre Potentiale auszutesten (vgl. Bröhm-Offermann 1989, S. 14)

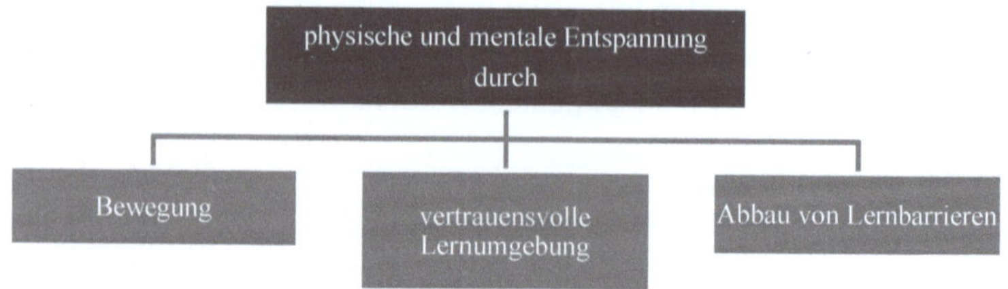


Abbildung 37: Vorbereitungsphase

**PRAXIS**: Im Rahmen meiner Tätigkeit als Lerntrainerin in arbeitsmarktpoliti-schen Maßnahmen mit Jugendlichen, die große soziale wie auch persönliche Defizite aufweisen, kann ich immer wieder die Wichtigkeit dieser Vorberei-tungsphase erkennen. Wobei es dabei kein starres Schema gibt, sondern immer den Versuch, sich in die jeweilige Situation einzufühlen und dement-sprechend zu handeln. Aus meiner Erfahrung heraus beginnt die Entspan-nung meist über den Körper. So kann freie Bewegung im Raum mit Musik einmal sehr gut wirken, das andere Mal braucht die Gruppe jedoch eine kör-perliche Entspannung in Form einer Breema®-Übung. So versuche ich mit der Breema®-Übung „Sprudelnde Quelle", die ich unter 5.3.1 beschrieben habe, einerseits Aktivität zu fördern, andererseits aber überschüssige ag-gressive Energien zu beruhigen. Schon dieser Überraschungsmoment, am Anfang einer Lerneinheit etwas vollkommen anderes zu machen als fachspe-zifischen Unterricht, dient dazu, den gewünschten Modus an Aufmerksam-keit seitens der Teilnehmer und Teilnehmerinnen zu erhalten. Große Wertig-keit besitzen solche Entspannungsübungen in dieser Vorbereitungsphase auch für mich als Lehrende, kann ich mich doch mit der jeweiligen Gruppen-dynamik besser verbinden.

Erst wenn dieser erste körperliche Spannungszustand abgebaut ist, kann die mentale Entspannung folgen, wobei hier vor allem der Abbau von Lernbarri-eren vorrangig ist.

*Präsentationsphase*

Nach Schuster/Gritton wird auch diese Präsentationsphase wieder in ver-schiedene Sequenzen unterteilt. Nach einer Kurzvorschau (advance organi-zer) und Kurzwiederholung folgt die Inhaltspräsentation (1.aktives Lernkon-zert), die wieder mit einer Wiederholung (2.passives Lernkonzert) abschließt (vgl. Schuster/Gritton 1986, S. 133ff.).

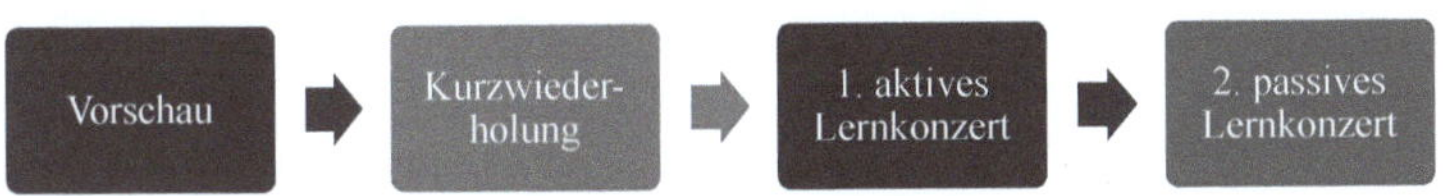


Abbildung 38: Präsentationsphase

Vor allem auf die Vorschau wird besonders Wert gelegt, da dadurch Sicherheit vor dem neuen Inhalt gebildet wird. Es soll hier den Lernenden vor allem gezeigt werden, was sie schon wissen und nicht, was sie noch alles lernen müssen. Nach dieser Vorschau wird nun der Inhalt im Rahmen des 1.aktiven Lernkonzerts auf dramaturgisch dramatische Art vermittelt, wobei im Hintergrund eine zum Thema passende Musik spielt, mit dem Ziel, dass sich bei den Lernenden eine möglichst große Anzahl an Assoziationen bilden. Diese Assoziationen, d.h. die Verbindung des Inhalts mit einem einprägsamen Bild, kann entweder durch vorgefertigtes Material oder durch die Kreativität der SchülerInnen erfolgen. Vielfältiger Methodeneinsatz ist dabei ebenso wichtig, wie das breite Spektrum der menschlichen Kreativität. Im Anschluss daran wird für die Schüler und Schülerinnen im Rahmen des 2. passiven Lernkonzerts bei langsamer Hintergrundmusik nochmals der Inhalt in einer entspannten Atmosphäre wiederholt, vor allem um ihnen nochmals die Möglichkeit der Imagination zu geben, ohne sich dabei jedoch auf das Gesagte bewusst zu konzentrieren. Dieser entspannte geistige Zustand ist charakteristisch für die suggestopädische Methode. Wie auch Studien zeigen, kommt es zu einer 30%igen Steigerung des Lernerfolgs unter Verwendung von Barockmusik (vgl. Schuster/Gritton 1986, S. 133ff.).

Da bei dieser Darbietungsform vorrangig der akustische Wahrnehmungskanal aktiv ist, nehmen die Lernenden trotz des entspannten Zustands die dargebotenen Informationen wesentlich aufmerksamer wahr. Nach diesem 2.Lernkonzert schließt sich bewusst noch eine Ruhephase an, um die Informationen besser verarbeiten zu können (vgl. Bröhm-Offermann 1989, S. 23).

Diese Phase verlangt aber vom Lehrer oder der Lehrerin vor allem ein großes künstlerisches und kreatives Potential, da nicht nur die einzelnen Lernkonzerte von seiner Gestaltung abhängen, sondern auch die Aufbereitung der Texte in eine für diese Lernkonzerte passende Form.

Während bei Lozanov die Lernkonzerte vom Lehrer selbst gestaltet worden sind, gibt es verschiedene Ausprägungen, bei denen auch die Möglichkeit besteht, mit vorgefertigten Tonträgern zu arbeiten, damit die Präsentation des Stoffes durch geschulte Sprecher vermittelt wird. Die Kritik daran, dass sich diese Methode sehr auf die Persönlichkeit des Lehrenden bezieht, wird dadurch entkräftet, dass die Position des Lehrers und der Lehrerin erst in der aktiven Phase wichtig wird, und es nicht entscheidend ist, ob die Präsentation durch den anwesenden Lehrenden selbst oder durch einen Tonträger erfolgt. Die Präsentationsmethode über moderne Tonträger wird eher als Fortschritt gesehen, da nun alle Lehrenden diese suggestopädische Methode anwenden können und nicht nur die, die auch das gewisse künstlerische Potential haben (Hinkelmann et al. 1989, S. 21).

Dass diese Technisierung dem Grundgedanken der Suggestopädie widerspricht, bedenken diese Vertreter des technisierten Lehrens nicht, denn wie Lozanov ausführt, ist vor allem die Person des Lehrers/ der Lehrerin von besonderer Bedeutung. Oder wie bei Schuster/Gritton zu lesen ist, kann man den suggestopädischen Ansatz im Lehr - und Lernverhältnis nur dann Erfolg versprechend einsetzen, wenn der Lehrende sich als eine positive Person darstellt, die authentisch bleibt, den Teilnehmerinnen und Teilnehmern nicht mit Ironie oder Sarkasmus begegnet, Fehlern keine besondere Aufmerksamkeit schenkt und sich in theaterpädagogische Bereiche begibt durch die teilweise Verwendung von Pseudoidentitäten (vgl. Schuster/Gritton 1986, S. 106). Ob dies ein Tonträger auch erfüllen kann, ist zu bezweifeln.

*Übungsphase*

Die Übungsphase bietet den Schülern und Schülerinnen die Gelegenheit das zuerst gelernte Wissen nun ganz bewusst anzuwenden. Auch diese Übungsphase kann sich wieder aus verschiedenen Unterphasen zusammensetzen, wie der Aktivierungsphase, der Ausarbeitungsphase und der Testphase (vgl. Schuster/Gritton 1986, S. 139).

Die Aktivierungsphase dient dazu, den Lernstoff durch unterschiedlichste Methoden zu festigen, während in der Ausarbeitungsphase der Stoff durch verschiedenste Übungen, aber auch Spiele und szenische Darstellungen, angewendet wird. In der Testphase kann der Lernende überprüfen, wieviel er gelernt hat, wobei diese Testphase von den Schülern und Schülerinnen selbst gestaltet wird. Weiters ist gerade diese Phase wichtig für das Gruppenklima, da Interaktionen und Kommunikation im Mittelpunkt stehen (vgl. Bröhm-Offermann 1989, S. 23).

In dieser Phase können aber auch noch zusätzlich theoretische und analytische Kenntnisse vermittelt werden, wobei es bei dieser Vermittlung, wie auch bei Fehlerkorrekturen, vom Feingefühl des Lehrenden abhängt, wann er oder sie was und wie zusätzlich in die Gruppe einbringt (vgl. Hinkelmann et.al. 1989, S. 87ff.).

Abbildung 39: Übungsphase

*Suggestopädischer Kreislauf*

Diese Abfolge der einzelnen Phasen stellt einen Zyklus dar, der auch suggestopädischer Kreislauf genannt wird, der vom Ganzen beginnend, den Inhalt durch verschiedene Methoden ständig intensiviert. Dieses Wiederholungsschema fällt durch die unterschiedlichen Methoden nicht auf und wird meist als sehr angenehm empfunden, da ja schon Verankertes und Bekanntes nur in einem neuen Kleid erscheint. Wobei diese einzelnen Phasen, je nach suggestopädischem Ansatz, unterschiedlich starke Bedeutung in ihrer Anwendung haben (vgl. Dostal, 2011, S. 104).

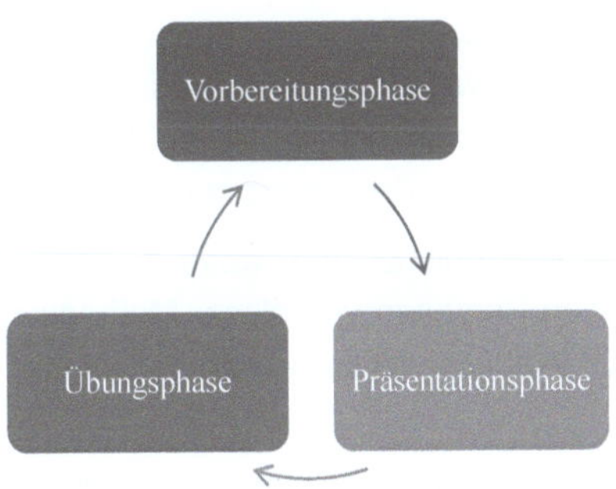


Abbildung 40: Phasen der Suggestopädie/ suggestopädischer Kreislauf

Voraussetzung für einen suggestopädischen Unterricht sind neben diesen verschiedenen Phasen aber auch charakteristische suggestopädische Elemente, wie die Anwendung von Suggestion und Desuggestion, die Berücksichtigung verschiedener Bewusstseinszustände, der Einsatz von Musik, die Rhythmisierung von Spannung und Entspannung, der multisensorische Einsatz, die Einbeziehung beider Gehirnhälften, die Wahrnehmung der Atmosphäre von Raum und Beziehung, die Stärkung der Persönlichkeit und die Wertschätzung des Menschen (vgl. Dostal, 2011, S. 139).

Im Folgenden werden nun diese einzelnen Elemente des suggestopädischen Unterrichts dargestellt.

**Elemente der Suggestopädie**

Wie unter Punkt 6.2 ausgeführt, gibt es eine Vielzahl an unterschiedlichen Ausprägungen. Trotz dieser Vielfältigkeit weisen diese unterschiedlichen Ansätze immer gewisse charakteristische Elemente auf, die, je nach Ausprägung, nicht nur teilweise verschiedene Begrifflichkeiten, sondern auch unterschiedliche Gewichtung in ihrer Anwendung aufweisen.

*Suggestion und Desuggestion*

Wie schon in der geschichtlichen Entwicklung der Suggestopädie angeführt, hat das deutsche Begriffsverständnis von „Suggestion" weitgehend diese abwehrende Haltung herbeigeführt, da der Begriff manipulativ verstanden wird. Um dieser ablehnenden Haltung zuvorzukommen, um einen objektiven Zugang zur Suggestopädie zu ermöglichen, verweise ich nochmals ausdrücklich darauf, dass der von Lozanov verwendete Begriff „to suggest" im englischen Sprachraum sehr positiv besetzt ist, versteht man darunter „anzeigen", oder auch „vorschlagen". Lozanovs Ausgangspunkt im Bereich der Suggestopädie ist ganz klar das Bewusstmachen von Einflussfaktoren und weist jeglichen Manipulationsansatz von sich, da er jeglichen unbewussten Einfluss immer mit dem Bewusstsein in Beziehung setzt (vgl. Dostal, 2011, S. 113).

Um den Vorwurf der Manipulation entkräften zu können, ist es wichtig im Vorfeld alle betroffenen Personen von dieser Methode zu informieren. Suggestopädie steht für Wahlmöglichkeit, nicht für Zwang (vgl. Bröhm-Offermann 1989, S. 13).

Überall dort, wo große Lernbarrieren aufgebaut sind, ist vor der Suggestion die Desuggestion dieser Barrieren notwendig, um die Teilnehmer und Teilnehmerinnen wieder offen für das Lernen zu machen.

Unter Desuggestion versteht man den Abbau von Hemmungen und Hindernissen für das Lernen. Lozanov unterscheidet die kritisch-logische Barriere, die intuitiv-affektive Barriere und die ethische Barriere. So werden bei der kritisch-logischen Barriere alle Informationen abgewendet, die jeglicher Logik entbehren, bei der intuitiv-affektiven Barriere werden alle Informationen zurückgewiesen, die Unsicherheit und mangelndes Vertrauen signalisieren und bei der ethischen Barriere werden Inhalte verweigert, die mit den bestehenden ethischen und kulturellen Normen nicht im Einklang stehen.

Diese oft stark ineinander verwobenen Barrieren sind jedoch für ein erfolgreiches Lernen aufzulösen. Wobei Suggestion und Desuggestion in einer Beziehung stehen. Diese Hemmnisse und Hindernisse, die auch als Glaubenssätze oder beliefs bezeichnet werden, stellen für den Einzelnen Sicherheit dar, werden doch Aktivitäten gesetzt, um diese Glaubenssätze immer wieder zu bestätigen. Unter solchen beliefs sind Aussagen wie „Ich habe das noch nie verstanden", „Ich habe das noch nie geschafft" zu verstehen.

Die Abkehr von solchen beliefs ist mit Unsicherheit gekoppelt und daher auch nur sehr schwer durchführbar. Gerade im Lehr-Lernkontext steht man immer wieder sogenannten destruktiven beliefs gegenüber, die sich auf Selbstwert, Leistungsfähigkeit, negative Einstellungen zu sich selbst oder bestimmte Inhalte beziehen und einer generellen Angst. Diese destruktiven beliefs gilt es daher abzubauen (vgl. Dostal, 2011, S. 116ff.).

Stellt man sich nun eine Gruppe mit lernunwilligen und lernfernen Menschen vor, die alle auf eine außerordentlich kreative Schullaufbahn zurückblicken können, sind die schlechten Schulerfahrungen in der Überzahl vorhanden. Welche Formen der Desuggestion auch immer wieder angewendet werden, es braucht sehr viel Zeit, sehr viel Einfühlungsvermögen und Geduld seitens des Lehrenden (vgl. Baur 1990, S. 53).

Dass sich diese Geduld auch lohnt, beschreibt Bröhm-Offermann aus ihrer Praxis, in der Lernende durch das Ansprechen ihrer Lernbarrieren diese überwinden können, wieder Freude haben ihre Potentiale auszutesten und sich das auch im Bereich der Verhaltensauffälligkeiten positiv auswirkt, da zeitraubende Disziplinierungsmaßnahmen entfallen (vgl. Bröhm-Offermann 1989, S. 14).

**PRAXIS**: Im Rahmen der Vorbereitungsphase spreche ich immer wieder die Schulerfahrungen meiner Teilnehmer und Teilnehmerinnen an. Mit Brainstorming, Diskussion oder Mindmaps, um nur einige Methoden zu erwähnen, werden die Teilnehmer und Teilnehmerinnen aufgefordert sich über ihre Schulzeit Gedanken zu machen. „Hat mich nicht interessiert", und „Geht so, außer Mathe, das war fürchterlich" sind dann die ersten Aussagen. In Bezug auf das Schulfach Mathematik erhalte ich zu fast 90% eine ablehnende Antwort, die wie folgt begründet wird: „Hab es noch nie verstanden", „Bin ausgelacht worden", „Habe immer mehr Zeit zum Nachdenken gebraucht, als die anderen", „Es sagt jeder, dass ich es nicht schaffen kann" oder „Kann es mir nicht vorstellen".

Durch das Ansprechen der Probleme löst sich zwar die Barriere nicht sofort auf, aber es ist der erste Schritt sie vielleicht zu überwinden, da diese negativen Erfahrungen endlich einmal zum Thema gemacht werden und die Teilnehmer und Teilnehmerinnen erkennen können, dass sie mit ihren negativen Schulerfahrungen nicht alleine sind.

Neben der Aufforderung, diese Schulerlebnisse bewusst für sich selbst aufzulösen, schließe ich immer ein Gedankenspiel daran an, wie es wohl gewesen wäre, wenn diese Schulerfahrungen nicht gemacht worden wären. Wobei ich die tiefe Verankerung dieser Erfahrungen daran erkenne, dass sich die meisten meiner Teilnehmer und Teilnehmerinnen eine solche Situation nur schwer vorstellen können, bzw. sie an diesen Glaubensgrundsätzen festhalten, da sie ihnen auch eine gewisse Sicherheit geben. Erkennen zu müssen, dass man vielleicht doch besser sein könnte, als man es über lange Jahre immer wieder erfahren hat, ist für viele eher unangenehm, da ihre üblichen Entschuldigungsgründe auf einmal nicht mehr greifen. Gerade dieser Art der Desuggestion kommt jedoch große Bedeutung zu, da sie eine Art Türöffner darstellt. Daher muss diese Desuggestion der Lernbarrieren immer wieder angewendet werden, um so diese starken Barrieren einzureißen.

Das weite Begriffsverständnis von Lozanov in Bezug auf Suggestion zeigt sich vor allem in seiner Aussage, dass Suggestion in jeder Kommunikation immer konstant vorhanden ist. Suggestion erfolgt verbal wie auch nonverbal aus der Umwelt heraus, bzw. sie kann direkt oder auch indirekt sein. Die direkte verbale Suggestion wie z.B. „ Heute wird euch das Lernen Spaß machen" stößt meist auf Lernbarrieren bei den Lernenden, daher ist mit dieser Art der Suggestion sehr sorgfältig umzugehen und sie sollte nur nach physischer und mentaler Entspannung eingesetzt werden. Im Gegensatz zur direkten verbalen Suggestion lässt sich die indirekte verbale Suggestion aber durch verschiedene Formen, wie die immer wahre Aussage (Truismus), die

Aufforderung zum Nichtstun bzw. Nichtwissen, Einfachbindungen (Binds) fokussierende Fragen, Ja-Haltungen (Yes-Sits), Doppelbindungen (Double Binds) und durch zusammengesetzte Suggestion relativ leicht im Unterricht einsetzen (vgl. Schuster/Gritton 1986, S. 71ff.).

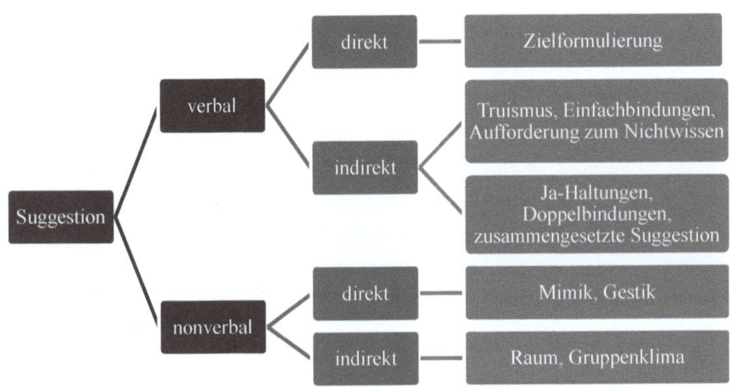


Abbildung 41: Arten der Suggestion

Die immer wahre Aussage, auch Truismus genannt, stellt Aussagen in einem zeitlichen Kontext dar, die nicht verneint werden können, da sie von den Lernenden erlebt werden, wie z.B. „Der Schnee fühlt sich auf der Haut kalt an" oder „An manchen Tagen fühlt man sich besser, an anderen Tagen schlechter".

Die Aufforderung zum Nichtstun bzw. Nichtwissen ist für die Schüler und Schülerinnen auch mit einem großen Maß an Entspannung verbunden, da ganz klar auf Nichtwissen hingewiesen wird, bzw. man auch durch das Nichtstun wesentlich mehr erreicht, als durch extreme Aktivität. Bei den Einfachbindungen oder Binds haben die Lernenden eine Auswahlmöglichkeit, wobei alle angebotenen Alternativen auf dasselbe Ziel hinführen. Als Beispiel sind hier Formulierungen anzuführen wie „Wollt ihr jetzt den Test schreiben oder später?", „Machen wir heute 5 oder 10 Seiten aus dem Geschichtebuch?" Die Absicht von fokussierenden Fragen ist es, dass das Bewusstsein diese Fragen nicht beantworten kann. Die Fragestellung bei fokussierenden Fragen lautet meist „Könnt ihr euch vorstellen, Präsident Roosevelt im 2. Weltkrieg zu sein?" Bei den Ja-Haltungen oder Yes-Sits, werden Fragen an die Lernenden gestellt, die sie nur mit „Ja" beantworten können, wie auch die abschließende suggestive Frage, die sie zumindest innerlich mit „Ja" beantworten. Solche Yes-Sits wären z.B. „Heute ist Dienstag, richtig?" Jetzt ist es 13 Uhr, richtig?" Heute ist das Wetter schön, richtig?" Heute wollt ihr besonders aufmerksam sein?"

Doppelbindungen oder Double Binds weisen eine gewisse Komplexität auf und können erst nach intensiver Auseinandersetzung mit der eigenen Person beantwortet werden. Eine derartige Doppelbindung könnte wie folgt aussehen. „Denkt an eine unangenehme Situation in der Schule. Lernbarrieren führen dazu, dass man nicht bereit ist, Neues für sich aufzunehmen. Ihr könnt Lernbarrieren niederreißen, um Neues aufnehmen zu können". Eine zusammengesetzte Suggestion besteht aus einer wahren Aussage, die nur mit Ja beantwortet werden kann und der eigentlichen Suggestion „Heute werden wir ein Spiel spielen und ihr werdet merken, dass Euch Lernen Spaß macht".

Bei der indirekten Suggestion spielen Augenkontakt, Mimik und Gestik in Bezug auf den Lehrenden und die Lehrende sowie die Gestaltung der Lehr-Lernumgebung eine Rolle. Aber auch gruppendynamische Aspekte, wie Gruppenerfolg und Gruppendruck und die farbliche Gestaltung der Unterrichtsräume, stellen Möglichkeiten der nonverbalen indirekten Suggestion dar (vgl. Schuster/Gritton 1986, S. 71ff.).

Um die positive Bedeutung der Suggestion nach Lozanov noch zu unterstreichen, wird Suggestion mit einem angenehmen Gefühl gleichgesetzt, das z.B. durch eine angenehme Stimme, aber auch durch die Sprechgeschwindigkeit selbst, durch Gestik, Blickkontakt, Auftreten des Lehrers oder der Lehrerin wie auch durch das bestehende LehrerIn-SchülerIn-Verhältnis hervorgerufen wird (vgl. Hinkelmann et al. 1989, S. 19).

*Einsatz von Musik*

Ein besonderes Charakteristikum des suggestopädischen Unterrichts stellt die Verwendung von Musik dar. Im heutigen Lehr- und Lernsystem ist der Einsatz von Musik sicherlich noch immer gewöhnungsbedürftig, bedenkt man doch diese vielen Aussagen, „sich nur in Stille konzentrieren zu können".

Musik hat wissenschaftlich nachgewiesen einen positiven Einfluss auf die Gehirnaktivitäten und wird auch als Mozart-Effekt betitelt. Der Einsatz von Musik entspricht einerseits dem Unerwarteten, wobei die rechte Gehirnhälfte stimuliert und dadurch die Imagination unterstützt wird, andererseits fördert Musik die Entspannung und somit den Lerneffekt (vgl. Dostal, 2011, S. 109f.).

Unterschiedliche Positionen zur Frage, welche Musik wann und wie eingesetzt wird, findet man in der suggestopädischen Fachliteratur.

Schuster/Gritton verwenden für die 1.Konzertphase klassische Musik, da sie die Lernenden im Aktivitätslevel hält. So sind Beethovens Symphonie Nr.5, Haydns Symphonien, Rimsky-Korsakov und Tschaikowsky zu erwähnen. In der passiven Präsentationsphase wird Barock und vorklassische Musik verwendet, denn aufgrund des Rhythmus von 60 Schlägen pro Minute kommt es zu einer Synchronisation mit den Herzschlägen und zu einer Verlangsamung der Atmung (vgl. Schuster/Gritton 1986, S. 158).

Auch Dostal verwendet für die verschiedenen Phasen des Lernens spezielle Musik. So schlägt sie Mozart, Beethoven und Haydn für den fachspezifischen Input vor und Barockmusik von Vivaldi, Telemann und Bach für die Wiederholungsphase. Wobei sie jedoch darauf hinweist, dass nicht die Art der Musik diesen Effekt auslöst, sondern die durch die Musik ausgelösten Erregungen und Stimmungen (vgl. Dostal, 2011, S. 109f.).

Neben dieser Bevorzugung der klassischen Musik, die besonders geeignet erscheint diese Erregungen und Stimmungen für einen besseren Lerneffekt auszulösen, kann jedoch jede Art von Musik verwendet werden. So verweisen Schuster/Gritton auf die sogenannte meditative Musik, die zu einzelnen Entspannungsübungen gehört werden kann, oder auch auf Musik, die sich auf den fachspezifischen Inhalt bezieht (vgl. Schuster/Gritton 1986, S. 158).

Als Beispiel wäre hier Musik aus Spanien zu erwähnen, als ein idealer Begleiter für den Geografie-Unterricht, wenn das Thema Spanien am Unterrichtsplan steht

Baur geht noch weiter, indem er von einem individualisierten Zugang ausgeht. So weist er daraufhin, dass jede Musik verwendet werden kann, die als harmonisch, gleichmäßig und spannungsarm empfunden wird. Welche Musik diesen Effekt auslösen kann, kann nur durch Erfahrung erkannt werden (vgl. Baur 1990, S. 60).

Grundsätzlich soll jedoch keine Vokalmusik verwendet werden, da man durch den Text abgelenkt werden würde. Wie häufig Musik verwendet wird, obliegt den Lehrenden, wobei in der passiven Konzertphase unbedingt Musik gespielt werden soll (vgl. Schuster/Gritton 1986, S. 158).

Musik ist eine ganz bewusst eingesetzte Methode und man sollte sich daher immer fragen, warum man gerade an dieser Stelle Musik einsetzen möchte, damit Musik nicht als reine Beschallung empfunden wird, sondern als ein ganz bewusstes suggestopädisches Element, das immer situationsbezogen verwendet werden soll (vgl. Dostal, 2011, S. 112).

**PRAXIS**: Dass die Verwendung von Musik noch immer nicht als Selbstverständlichkeit gesehen wird, oft sogar als Zeichen gesehen wird, dass man eigentlich gar nicht wirklich arbeitet, ist vor allem anfangs aus manchen Aussagen der Teilnehmer und Teilnehmerinnen zu entnehmen. „Wann arbeiten wir heute einmal?", „Wir dürfen bei Mathe heute wirklich Musik hören?". Auch hat sich die Verwendung von klassischer Musik in meinen Teilnehmergruppen nicht in dieser Weise bewährt, wie ich es mir erwartet hätte. Schon mit den ersten Takten gingen alle sofort auf eine abwehrende Haltung. „Was ist das für eine Dudelei?" „Das tut mir in den Ohren weh" oder „Da kann ich mich nicht konzentrieren" sind nur einige Aussagen. Obwohl ich selbst gern klassische Musik höre, sind auch für mich nicht alle Musikstücke für das Lernen geeignet.

Mit der Verwendung der Musik, die dem Geschmack der Jugendlichen entspricht, kann ich aber auf eine wesentlich bessere Arbeitsleistung und auch Motivation hinweisen. „Habe gar nicht bemerkt, wie schnell die Zeit vergeht", „Hab mich voll gut konzentrieren können", oder „War lässig, habe deshalb die Arbeit auch als easy empfunden" sind Aussagen der Lernenden, die somit die Wirkung von Musik eindrucksvoll dokumentieren. So werden die verwendeten Musiktitel in der Gruppe besprochen, was wiederum den Effekt der Entspannung, das Gefühl der Mitbestimmung unterstützt und gleichzeitig auch wieder einen Türöffner in Richtung Lernen darstellt. So entwickelt sich um den Reggae-Sänger Bob Marley nicht nur eine Diskussion über seine Musikrichtung, sondern auch etwas über das Land, die Zeitverschiebung, die Sprache, Kultur und die Entfernung, um nur einige Bereiche zu erwähnen. Auch Mathematik hat dabei ihren Platz, indem man nicht nur die Flugzeit ausrechnen kann, die Auslastung eines 380 Airbus oder die Kosten eines Flugtickets.

Klassische Musik kann im Verlauf dieser Methode auch verwendet werden, vorrangig ist jedoch die gemeinsame Auswahl von Musik, die die Lernenden anspricht und ihnen dadurch auch Vertrauen gibt. Mit diesem ersten Einstieg über die musikalische Schiene hat man den ersten, sehr kleinen Schritt auf dieser langen Wanderung gemacht.

*Rhythmisierung von Spannung und Entspannung*

Unter Rhythmisierung versteht man im suggestopädischen Unterricht ein Wechselspiel zwischen Spannung und Entspannung bzw. zwischen aktiver und passiver Phase. Auf eine stark fokussierte Einheit folgt eine defokussierte Einheit. Durch dieses ständige Wechseln entsteht ein abwechslungsreicher Unterricht und unterstützt somit die Aufnahmefähigkeit der TeilnehmerInnen (vgl. Dostal, 2011, S. 125).

Diese Rhythmisierung findet man nicht nur in der Abfolge der Vorbereitungsphase, Präsentationsphase und Übungsphase wieder, sondern auch innerhalb der einzelnen Phasen (vgl. Schuster/Gritton 1986, S. 13).

Dostal spricht wie Lozanov auch von einem suggestopädischen Kreislauf, der eine Abfolge von verschiedenen Sequenzen darstellt, um ein ganz bestimmtes Ziel durch den Einsatz verschiedenster Methoden und unter dem Aspekt der intensiven Zeitnutzung zu erreichen (vgl. Dostal, 2011, S. 126).

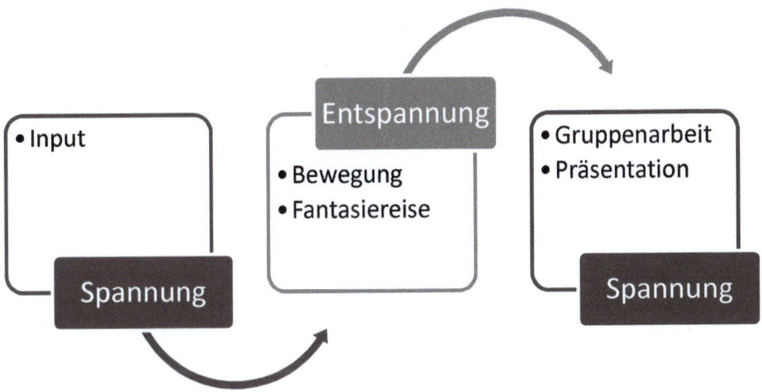


Abbildung 42: Rhythmisierung von Spannung und Entspannung

*Multisensorische Methoden*

Ein weiteres Charakteristikum des suggestopädischen Unterrichts ist der Einsatz verschiedenster Methoden, die multisensorisch ausgerichtet sind, um damit alle Sinne anzusprechen. Ganz im Sinne der Ganzheitlichkeit der Suggestopädie werden aber nicht nur der visuelle, auditive, kinästhetische, olfaktorische und der gustatorische Sinn angesprochen, sondern auch die Emotionen auf den verschiedenen Bewusstseinsebenen (vgl. Dostal, 2011, S. 130).

PRAXIS: Mathematik ist wieder einmal angesagt und die Gesichter der Teilnehmerinnen und Teilnehmer zeigen das „Interesse" sehr deutlich. Jeder bekommt nun einen Zettel in die Hand gedrückt mit der Aufgabe, in einem klar definierten Raum nach rechteckigen und quadratischen Formen zu suchen, sie am Zettel zu vermerken und eines dieser gefundenen Objekte als Anschauungsbeispiel zum Gruppentisch mitzunehmen. Bilder, Landkarten und Tische, aber auch abgeschlossene Monitore werden als Beispiel präsentiert. Neben dem Spaßeffekt, es wird nämlich dabei viel gelacht und jeder will das noch ausgefallenere Objekt in die Gruppe einbringen, setzen sie sich jedoch schon in diesem Tun mit all ihren Sinnen in Bezug auf die Aufgabenstellung permanent auseinander. Visuell durch das aufmerksame Schauen, auditiv durch meine Erzählungen über die charakteristischen Merkmale eines Rechtecks und Quadrats, kinästhetisch durch die Bewegung, olfaktorisch z.B. durch das Riechen an einem nassen Tafelschwamm und gustatorisch durch das Essen eines Stücks Schokolade.

*Bewusstseinszustände*

Ein besonderes Kennzeichen des suggestopädischen Lehrens und Lernens ist auch die Verwendung von zwei unterschiedlichen Bewusstseinszuständen.

Im Beta-Zustand, der zwischen 14 und 30 Herz liegt, befindet sich der Mensch im vollen Bewusstsein, ist mit seiner Aufmerksamkeit nach außen gerichtet und lebt bewusst sein tägliches Leben. Befindet er sich in einem entspannten Zustand, sind die Beta-Wellen niedrig, ist er gestresst, sind sie hoch. Hier findet auch im lerntechnischen Kontext die Informationsaufnahme statt, wie auch die Übungssequenz und die kritische Auseinandersetzung.

Zwischen 8-13 Herz befindet sich der Alpha-Zustand, der durch Entspanntheit bis hin zu leichtem Schlaf gekennzeichnet ist. Der Wechsel zwischen den einzelnen Frequenzbereichen ist natürlich, lässt sich jedoch mit den ausbildungsorganisatorischen Regeln nicht immer in Übereinstimmung bringen. So stellen die 50 Minuten-Einheiten und die Ausgestaltung der Räumlichkeiten für diese Bewusstseinszustände oft Hindernisse dar.

Im Fokus des suggestopädischen Lernens ist nun die gezielte Abfolge von Alpha- und Beta- Zuständen, mit der Absicht einen effizienten Unterrichtsablauf gestalten zu können. Durch das Zulassen von Alpha-Zuständen ist nicht nur die Verankerung des Neuen effektiver, sondern es stellt auch eine Quelle des Energietankens für Schüler und Schülerinnen und Lehrpersonal dar (Dostal, 2011, S. 105ff.).

*Der lehrende Mensch*

Die Person des Lehrenden stellt unter all diesen unterschiedlichen Elementen das herausforderndste dar. Muss sich doch der Lehrende mit seiner ganzen Persönlichkeit in den Unterricht einbringen.

Umso verständlicher wird es nun, warum ich das Kapitel der Suggestopädie erst nach dem der Paradigmen, der integralen Pädagogik, der Persönlichkeit mit Spiral- und Quadrantenmodell und dem Kapitel mit Breema® anschließe. Sind sie doch notwendige Voraussetzungen, um als Lehrende diese Suggestopädie verwenden zu können, da man Kraft und Zutrauen zu sich selbst braucht, um diesen neuen Weg beschreiten zu können.

So muss sich die lehrende Person nicht nur mit der suggestopädischen Methode identifizieren, sondern benötigt auch eine positive Ausstrahlung, um diese Methode vermitteln zu können.

Nur durch ständige Reflexionsarbeit in Bezug auf die einzelnen Merkmale der integralen Pädagogik, wie unter Kapitel 3.2 beschrieben, aber auch durch die ständige Auseinandersetzung mit seiner/ ihrer eigenen Persönlichkeit, mit Unterstützung der Breema®-Körperwahrnehmung und deren Prinzipien, kann die Suggestopädie Erfolg versprechend angewendet werden mit dem Ziel, den Lernenden nicht nur fachspezifisches Wissen zu vermitteln, sondern ihnen Freude und Spaß am Lernen im ganzheitlichen Begriffsverständnis zu vermitteln.

Durch die verstärkte Vorbereitungszeit kann man sich als lehrende Person auch wesentlich persönlicher, intensiver und schülerorientierter in den Unterricht einbringen. Erfolgserlebnisse werden daher auch intensiver erlebt. Diese positive Ausstrahlung ist jedoch auch maßgeblich für das Verhalten der Lernenden. Durch dieses positive Verhalten seitens des/ der Lehrenden erfahren die Schüler und Schülerinnen nicht nur Respekt und Wertschätzung, sondern auch Vertrauen. Lernen wird als etwas Angenehmes dargestellt, das die Lernenden auch wirklich übernehmen wollen. Wobei der verbale Ausdruck mit der Körperhaltung, Mimik und Gestik übereinstimmen muss. Negative Situationen können natürlich vorkommen, sollten jedoch verbal oder nonverbal angesprochen und dadurch in positive Energie aufgelöst werden. Wichtig für den Lehrer und die Lehrerin ist es, allen Lernenden mit positiver Einstellung gegenüber zu stehen. So werden von einem/ einer suggestopädisch Lehrenden eine ausgeprägte Persönlichkeit erwartet, weiters eine gute Beobachtungsgabe, Einfühlungsvermögen, Kontaktfähigkeit, Geistesgegenwart, absolute Sicherheit, Geduld, eine wohlklingende Stimme und ein gepflegtes Äußeres (vgl. Bröhm-Offermann 1989, S. 22).

Auch Schuster/Gritton legen großen Wert auf die Persönlichkeit des/ der Lehrenden. So muss ein Lehrer und eine Lehrerin eine positive Person verkörpern, welche die eigenen Fähigkeiten nicht als Vergleichsmaßstab nimmt, die in allen Situationen authentisch bleibt, welche die Teilnehmerinnen und Teilnehmer keine Ironie und keinen Sarkasmus spüren lässt, auf Fehler keine besondere Aufmerksamkeit lenkt und offen ist für theaterpädagogische Sequenzen (vgl. Schuster/Gritton 1986, S. 106).

Ähnlich argumentiert Dostal, da sie auch auf die Wichtigkeit des Lehrers und der Lehrerin hinweist. Ausgehend vom Prinzip der Gleichwertigkeit zwischen Lehrenden und Lernenden wird eine Lernatmosphäre geschaffen, wobei es auf die Lehrperson ankommt, diese zwischenmenschliche Beziehung zu gestalten, die das effektivste Mittel gegen seelischen und körperlichen Stress darstellt (Dostal, 2011, S. 123).

Ein unbedingtes Muss der Suggestopädie ist, dass der oder die Lehrende vollkommen hinter diesem Konzept steht. Sich von traditionellen Glaubenssätzen zu befreien wie unter Kapitel 2 in Bezug auf die Paradigmen und offen für Neues zu sein, mit der Akzeptanz des nicht sofort ersichtlichen Erfolgs, denn Neues braucht seine Zeit um angenommen zu werden. Auch den Mut zu haben nicht nur erprobte suggestopädische Erfahrungswerte umzusetzen, sondern auch den permanenten fließenden Wandel in der Anwendung der Grundprinzipen zuzulassen. Um Suggestopädie umsetzen zu können, ist daher die Auseinandersetzung mit den grundlegenden Gedanken der integralen Pädagogik notwendig. Wie weit die Suggestopädie in ihren unterschiedlichen Ansätzen mit den Grundsatzüberlegungen der integralen Pädagogik übereinstimmt, wird im folgenden Punkt erörtert.

### Ist die Suggestopädie eine Methode der integralen Pädagogik?

Als Lozanov in Bulgarien in den 60er Jahren seine Wissenschaft der Suggestion in Form der Suggestologie entwickelte, war mit der Entwicklung der Suggestopädie die Absicht verbunden, die Lernleistung effektiv zu erhöhen, wobei integrale Ansätze in seinen Überlegungen nicht vorhanden waren. Trotz allem, auch wenn die Intention einer integralen Verbindung nicht vorlag, stellt sich jedoch die Frage, wie weit die Suggestopädie ein Bestandteil der integralen Pädagogik ist.

Zur besseren Übersichtlichkeit verwende ich hier die Form der Gegenüberstellung in einer Tabelle.

| Integrale Pädagogik | Suggestopädie |
| --- | --- |
| • Offene, nicht zeitlich begrenzte Lernformen | • Verschiedene Phasen des Lernens und Lehrens<br>• Suggestion und Desuggestion<br>• Einsatz von Musik<br>• Spannung und Entspannung |
| • Achtsamkeit und Anerkennung des Andersseins | • Freiwilligkeit<br>• offener Umgang mit Fehlern<br>• Multisensorischer Einsatz |
| • Persönlichkeitsentwicklung der Lernenden und Lehrenden | • Persönlichkeitsentwicklung der Lernenden und Lehrenden |
| • Kommunikation | • Kommunikation stellt einen zentralen Bestandteil dar |
| • Respekt | • Schüler und Lehrende sind gleichwertig |
| • Reflexionsarbeit | • Große Bedeutung des/der Lehrenden |
| • Körper, Verstand und Gefühle sind ein Ganzes | • Verschiedene Bewusstseinszustände, Körperwahrnehmung und Gefühle werden zugelassen |

Abbildung 43: Gegenüberstellung von integraler Pädagogik und Suggestopädie

Aus dieser Gegenüberstellung lässt sich gut erkennen, dass sich die Suggestopädie mit ihren charakteristischen Elementen mit den Ansätzen der integralen Pädagogik vereinbaren lässt.

Zum besseren Verständnis wird nun schließlich die Suggestopädie aus den verschiedenen Perspektiven des Quadranten-Modells betrachtet.

## Das Quadranten-Modell und die Suggestopädie

Wie weiter oben dargestellt, kann das Quadrantenmodell wie eine Matrix über Themen gelegt werden, umso ein Thema aus den verschiedenen Perspektiven zu betrachten. In den folgenden Tabellen wird nun die Suggestopädie in der Theorie bzw. in der Praxis dargestellt.

❖ Suggestopädie in der Theorie

| Subjektiver Innenbereich | Subjektiver Außenbereich |
|---|---|
| Persönlichkeitsbildung | Lerninhalte |
| Förderung der Bewusstseinsprozesse | Sachkompetenz |
| Lerntyp | Leistung |
| Vertrauensaufbau, Gefühle | Beurteilung |
| sich selbst wahrnehmen | Objektive Beobachtung |
| Suggestion/Desuggestion | |
| Bewusstseinszustände | |
| Lernbarrieren erkennen | |
| Individualität, Selbstbewusstsein | |
| Selbstständigkeit | |
| Begegnungsfähigkeit | |
| **Kollektiver Innenbereich** | **Kollektiver Außenbereich** |
| Wir-Kompetenzen | Suggestopädische Methoden |
| Werthaltungen und Normvorstellungen | Räume |
| Kultur und Religionshintergrund | Technische Hilfsmittel |
| Rollenverhalten, Teamfähigkeit | Zeitfaktor |
| Kommunikation | Curriculum |
| Paradigmen | Erwartungshaltung und Normen der Gesellschaft |
| Achtvoller Umgang miteinander | |
| Keine Beurteilung | Institutionen (AMS, Jugendwohlfahrt, Maßnahmen) |
| Kreativität | |
| Respekt vor dem Anderssein | |

Abbildung 44: Theorie der Suggestopädie im Quadrantenmodell

❖ Suggestopädie in der Praxis

| Subjektiver Innenbereich | Subjektiver Außenbereich |
| --- | --- |
| Wahrnehmungsübungen durch Breema®-Übungen | Abklärung des Wissens |
| Lernbiografie erarbeiten | Individuelle Lerninhalte festlegen |
| Ich bin Ich | Verhaltenskodex erstellen |
| Bewusstseinsphasen | Bereiche der Selbstständigkeit festlegen |
| Vertrauensaufbau | Persönliche Musikbox erstellen |
| Gefühle zulassen | |
| Fantasiereisen | |
| Entspannung und Spannungsübungen | |
| Lernbarrieren erkennen | |
| Wer bin ich - Individualität | |
| Begegnungsfähigkeit | |
| Selbstbewusstsein | |
| **Kollektiver Innenbereich** | **Kollektiver Außenbereich** |
| Gruppendynamische Spiele | Vorgabe der Projektleitung |
| Wir-Kompetenzen, Peer Tutoring | Suggestopädische Methoden Räume |
| Gestaltpädagogik | Technische Hilfsmittel |
| Gruppendynamische Spiele | Zeitfaktor |
| Kommunikationsbeispiele | Curriculum |
| Achtvoller Umgang miteinander | Gruppenzusammensetzung |
| Keine Beurteilung, | Erwartungshaltung und Normen der Gesellschaft |
| Kreativität | |
| Respekt vor dem Anderssein | Institutionen (AMS, Jugendwohlfahrt, Maßnahmen) |
| Meditation, Rhythmisierung | |
| Breema®-Prinzipien | |

Abbildung 45: Suggestopädie in der Praxis

Nach all diesen fundierten, theoretischen Erläuterungen betreffs der Suggestopädie wird es Zeit, wieder mal nachzuspüren, wie denn die eigene Wanderung weitergehen könnte. Wie schaut sie aus, diese persönliche Wanderung?

 *Nein, auf diesem Weg verlasse ich mich auf keine technischen Hilfsmittel, auf kein GPS, auf keinen Kompass. Ich verlasse mich auf mein ICH, ich achte auf meine Umwelt, die ich mit all meinen Sinnen wahrnehme. Jede Situation empfinde ich als einzigartig und reagiere auch unmittelbar darauf. Ich fühle mich mit meinem ganzen Körper und Geist in jedem Augenblick mit allen Gegebenheiten, die mir dieser neue Weg zeigt, verbunden und ich unterstütze damit alles, auch mich. Pflanzen, mögen sie auch noch so unscheinbar sein, erfahren meine Wertschätzung. Den Weg beschreite ich ohne immer nach der nächsten Rast Ausschau zu halten, da mich dieser Weg nicht ermüdet. Ein kalter Gebirgsbach ladet ein, meine Füße darin zu erfrischen, ich fühle diese herrliche Frische, die durch meinen ganzen Körper strömt, nehme diese Vielfältigkeit der Steine, Pflanzen und Tiere wahr und fühle mich als Teil des Ganzen. Ich genieße dieses Verweilen und freue mich auf den vor mir liegenden Weg, nicht auf das vermeintliche Ziel des Gipfels, denn dahinter werde ich wieder neue Wege erkennen, die wieder zu neuen Gipfeln führen.*

Im nächsten Kapitel werden nun die Forschungsmethoden beschrieben, die ich für die Praxisbeispiele und auch für die Beantwortung meiner Forschungsfragen herangezogen habe.

## Empirische Forschungsmethode

Bedingt durch mein Arbeitsthema und durch die persönliche Disposition der Teilnehmerinnen und Teilnehmer, habe ich mich für qualitative Forschungsmethoden entschieden. Im Folgenden wird das ero-epische Gespräch dargestellt, das ich als Befragungsform für die Lernenden gewählt habe, und das Forschungstagebuch.

### Das ero-epische Gespräch

Das ero-epische Gespräch gehört zu den qualitativen Forschungsmethoden in der Feldforschung und wurde vom Soziologen Reinhold Girtler konzipiert.

*Zur Person Girtlers*

Reinhold Girtler ist Soziologe und Kulturanthropologe und gilt als Pionier vor allem in Bezug auf die teilnehmende Beobachtung im Rahmen der qualitativen Feldforschung. Berühmt ist Girtler vor allem durch seine Forschungsarbeit in den Randgruppen der Gesellschaft geworden. So beforschte er Obdachlose, Prostituierte und Kriminelle. Um diese Gesellschaftsbereiche beforschen zu können, entwickelte er die Form des ero-epischen Gesprächs (vgl. Girtler 2001, S. 11ff.).

*Entstehung des ero-epischen Gesprächs*

Wie Girtler ausführt, hat auch er immer wieder das narrative Interview als Standardmethode in der qualitativen Feldforschung verwendet (vgl. ebd., S. 148).

In der qualitativen Forschung versucht man über das Interview bedeutsame Aspekte einer Lebensbiografie zu erfahren. Wobei ein Interview unterschiedlich strukturiert sein kann: so kann ein Interview mit einem Leitfaden in eine ganz bewusste Richtung lenken oder aber, wie beim narrativen Interview, vom Beforschten eine freie Erzählung erwarten. Trotz dieses freien Erzählmodus kann sich eine Nachfragephase anschließen, um unklare Äußerungen aufzuklären. Mit der Bilanzierungsphase, also der Interpretation der eigenen Erzählung, schließt dieses narrative Interview ab (vgl. Burkard/Weiß 2008, S. 203).

Girtler weigert sich nun vehement den Begriff „Interview" zu verwenden, obwohl er ihn selbst, wie er meint, „in unüberlegter Weise" auch verwendet hat. Der Begriff „Interview" hat sich aus der Journalistensprache entwickelt und bezieht sich nur auf die Befragung von bekannten Personen. Für ihn stellt das Interview reine Informationsbeschaffung dar, ohne, wie er meint, soziale und kulturelle Zusammenhänge zu erfassen. So stellt auch der Begriff „narratives Interview" keinen Ersatz für eine bewusst gesetzte, gleichwertige Gesprächsform dar, da im Rahmen eines narrativen Interviews, wenn vielleicht auch unbewusst, durch die Haltung als Interviewer der Interviewte zur Beantwortung von Fragen gedrängt wird (vgl. Girtler 2001, S. 148).

Girtler verweist in diesem Zusammenhang auf die „Odyssee" von Homer, in der aus gegenseitigen Fragen Erzählungen entstehen und übernimmt aus dieser Erzählkunst den Begriff ero-episch. Ero-episch lässt sich aus dem Begriffen „Erotema" und „Epos" ableiten. „Erotema" steht für den Begriff „Frage" und „Epos" für den Begriff „Erzählung". So sollen Fragen und Erzählungen in einem Gespräch ineinandergreifen (vgl. ebd., S.150).

*Charakteristik eines ero-epischen Gesprächs*

Das ero-epische Gespräch stellt eine Gesprächsform dar, wobei sowohl die Forschenden wie auch die Beforschten Fragen stellen und von beiden Seiten auch Erzählungen eingebracht werden können. Es gibt keine Über- und Unterordnung, sondern nur eine Situation mit gleichwertigen Gesprächspartnern, wobei beide Gesprächspartner Lernende sind. Gerade die persönlichen Geschichten eines Menschen stellen für Girtler die Basis seiner Forschungen dar, da ein Mensch ohne private Sphäre nicht ganzheitlich gesehen werden kann. Das Charakteristikum eines ero-epischen Gesprächs ist auch, dass es ohne hierarchische Anordnung erfolgt (vgl. ebd., S.148).

*Verlauf eines ero-epischen Gesprächs*

Eingeleitet wird ein ero-episches Gespräch meist mit einer Erzählung des Forschers/der Forscherin, warum er/sie z.B. etwas beforschen will. Über diese eigene Erzählung will er/sie nicht nur seine/ihre Absichten transparent darstellen und die Beforschten motivieren selbst auch etwas zu erzählen, sondern vor allem auch Vertrauen gewinnen.Wichtig beim ero-epischen Gespräch ist vor allem die Umgebung, in der das Gespräch stattfindet. So sollte die Umgebung eine gewisse Vertrautheit und Gemütlichkeit ausstrahlen (vgl. ebd., S.152f.).

Voraussetzung für ein derartiges Gespräch ist eine Kommunikationssituation, die auf Vertrauen und Wertschätzung aufgebaut ist. Zu diesem Vertrauensprinzip gehört auch die Verwendung der Sprache, die für die jeweilige Gruppe charakteristisch ist. Mit der Phase der Vertrautheit ist es auch möglich eine Diskussionsgruppe zusammenzuführen. Grundsätzlich soll der Forscher dem/der Beforschten das Gefühl geben, dass er dem Forscher und der Forscherin von sich aus etwa erklären kann. Nicht die Forschenden stehen hier in der Position der Experten und Expertinnen, sondern der/die Beforschte (vgl. ebd., S.162).

Das ero-epische Gespräch zielt auf die Erzählung des Gesprächspartners / der Gesprächspartnerin ab, die durch eine nicht einengende Fragestellung seitens des Forschers/der Forscherin unterstützt werden soll, im Gegensatz zum narrativen Interview, wo es nur eine Nachfragephase gibt bzw. das leitfadengestützte Interview, das den Beforschten / die Beforschte in eine gewisse Richtung drängt. So sind zur Erhaltung des Erzählverlaufs sowohl Suggestivfragen als auch diktierende Fragen in Form von bewusst falsch formulierten Unterstellungen möglich. Durch Nachfragen seitens des Forschers/der Forscherin werden dadurch noch weitere Bereiche angesprochen, die der Beforschte/die Beforschte sonst nicht erwähnt hätte (vgl. Girtler 2001, S. 160).

Welche Fragen bei diesem ero-epischen Gespräch gestellt werden, gibt - im Gegensatz zum narrativen Interview - die jeweilige Gesprächssituation vor. Während bei den anderen Interviewmethoden die eigene Meinung des Forschers/der Forscherin keinen Platz hat, sind für Girtler Fragen wie auch Meinungsäußerungen möglich, welche die Ansicht des Forschers/der Forscherin widerspiegeln, ohne jedoch erziehen oder maßregeln zu wollen (vgl. ebd., S.149).

Girtler verbindet auch das ero-epische Gespräch mit der teilnehmenden Beobachtung, wobei auch nur das Gespräch stattfinden kann, falls zum Beispiel die teilnehmende Beobachtung nicht möglich ist (vgl. ebd., S.153).

*Protokolle*

Bei einem ero-epischen Gespräch ist für Girtler die Verwendung eines Aufnahmegeräts von Vorteil, da man sich als Forscher und Forscherin dem Gespräch wesentlich intensiver widmen kann, als wenn man sich Notizen machen würde. Der Vorteil dieser technischen Aufnahmen besteht auch darin, dass nicht nur der gesamte Gesprächsverlauf in Form der gesprochenen Wörter exakt wiedergegeben wird, sondern auch die verschiedenen Betonungen und die von sich gegebenen Laute zu hören sind. Er weist explizit darauf hin, dass der Forscher/die Forscherin selbst diese aufgezeichneten Gespräche abschreiben soll, da er/sie sich schon beim Abschreiben/Zuhören nochmals die Gesprächssituation nicht nur vergegenwärtigen, sondern sich auch schon Gedanken darüber machen kann. Es soll dabei so wortgetreu wie möglich protokolliert werden. Um Gedanken und Bemerkungen effizient festhalten zu können, schlägt Girtler auch ein Layout mit Seitenrand vor, an dem die Notizen vermerkt werden können (vgl. ebd., S.168).

*Begründung für diese Forschungsmethode*

Zielgruppe dieser Arbeit sind Jugendliche zwischen 15 und 20 Jahren, die sich außerhalb des Pflichtschulbereichs befinden und aufgrund der mangelnden Basisqualifikation, der Defizite in den sozialen und persönlichen Kompetenzen und der teilweise vorhandenen psychischen und physischen Probleme den Anforderungen am Arbeitsmarkt nicht entsprechen. Da es sich bei diesen Jugendlichen um Menschen handelt, die eine nicht den gesellschaftlichen Normen entsprechende Lebens- wie auch Lernbiografie aufweisen und mit diesen vielfältigen Verhaltensauffälligkeiten auch sicherlich am Rand unserer Gesellschaft einzuordnen sind, habe ich mich für das ero-epische

Gespräch als Forschungsmethode entschlossen, da Informationen nur aufgrund einer persönlichen Beziehung und einer gewissen Vertrauensbasis zu erhalten sind.

Trotz meiner Tätigkeit als Trainerin kann ich von einer gleichwertigen und respektvollen Gesprächssituation ausgehen, da mein pädagogischer Zugang von Wertschätzung geprägt ist. Da ich alle Teilnehmerinnen und Teilnehmer schon mehrere Monate kenne, kann ich auch von einer gewissen Vertrauensbasis ausgehen. So wurden alle GesprächspartnerInnen im Vorfeld über meine forschende Arbeit informiert, es wurde ihnen eine Einverständniserklärung (siehe Anhang) vorgelegt, die sie nach ihrer freien Entscheidung unterschrieben haben. Allen Teilnehmern und Teilnehmerinnen wurde von mir der Entstehungsverlauf meiner Bachelorarbeit aufgezeigt und ihnen auch bewusst gemacht, dass ich durch ihre Erzählungen immer wieder mit ihren schulischen Problemen konfrontiert worden bin, in Form von Versagensängsten, Überforderung, Stress, starrem Regelsystem, Mobbing, Desinteresse, aber auch Langeweile.

Bei alleiniger Forschung über eine Fragebogenkonstruktion wären wichtige Bereiche dieser Jugendlichen, aufgrund der schlechten Deutschkompetenzen bzw. der mangelnden Motivation zu schreiben, nicht zur Sprache gekommen.

Ein leitfadengestütztes bzw. narratives Interview kann ich aus den Überlegungen Girtlers, wie unter 7.1.4. dargestellt, ebenso verneinen, da nicht nur die Vertrauensbasis schwächer wäre, sondern gerade mit diesen Gesprächspartnern viele Bereiche unerwähnt geblieben wären.

**Das Forschungstagebuch**

*Was versteht man unter Forschungstagebuch?*
Ein Forschungstagebuch stellt eine regelmäßige Aufzeichnung von Ereignissen im Zusammenhang mit dem zu beforschenden Thema dar. Nicht nur die konkrete Schilderung einer Situation, eines Verhaltens sind Inhalt eines Forschungstagebuchs, sondern auch Emotionen und Befindlichkeiten zwischen Forscher und Beforschten. Ein Forschungstagebuch kommt in vielfältigen Erscheinungsformen vor, von losen Blättern in einem Ordner, über Heftformat bis zur elektronischen Dokumentenform (vgl. Anastasiadis/Bachmann 2012, S. 174 f.).

Für diese Arbeit habe ich mich für handschriftliche Aufzeichnungen entschieden, da sie umgehend nach den einzelnen Lernförderstunden in meine Arbeitsmappe eingetragen werden und dadurch nicht an Aktualität verlieren.

*Begründung für diese Forschungsmethode*

Das Forschungstagebuch ist eine ideale Methode den persönlichen Entwicklungsprozess darzustellen, da ich nicht nur alle Situationen im Zusammenhang mit dem Forschungsbereich aufschreibe, sondern mich anhand der Aufzeichnungen einer permanenten Selbstreflexion unterziehe. In Verbindung mit der integralen Pädagogik ist bei dieser Forschungsmethode vor allem das Hineinnehmen der eigenen Befindlichkeit, der Emotionen, der Werthaltungen und der Interessen hervorzuheben, die schließlich als Grundlage für die Selbstreflexionen dienen. Durch die Aufzeichnung dieser persönlichen Bereiche gelingt natürlich eine Selbstreflexion (vgl. ebd., S. 173).

Im Bereich der praktischen Erfahrungen sind die Ergebnisse aus diesem Forschungstagebuch in diese Arbeit eingeflossen.

Im folgenden Kapitel werden nun anhand der empirischen Ergebnisse die Forschungsfragen dieser Arbeit beantwortet.

## Ergebnisse

*Nach dieser ersten langen Wanderung sitze ich nun entspannt, vielleicht auch ein wenig müde, an einem herrlichen, in der Sonne glitzernden Bergsee, in dem sich die umliegenden Berggipfel widerspiegeln. Ich atme ganz tief ein, nehme diese klare, reine Bergluft in mir auf und spüre wie sie mich belebt. Vieles, was ich erlebt habe, zieht wie ein Film an mir vorbei. Manchmal halte ich diesen inneren Film an und betrachte eine bestimmte Situation nochmals genau. Ich sehe mein Verhalten und meine Umgebung, spüre nach, ob dieses Bild für mich stimmig ist, wenn nicht, überlege ich, was mich beeinflusst hat mich so zu*

*verhalten. Mit all meinen Erfahrungen, die ich inzwischen auf dieser Wanderung machen konnte, fühle ich mich aber sehr sicher für den Weg, der noch vor mir liegt.*

### Allgemeines

Meine erste Forschungsreise in dieser integralen Landschaft geht nun mit den Ergebnissen über den Einsatz der Suggestopädie in arbeitsmarktpolitischen Maßnahmen zu Ende. Einerseits sind die Teilnehmerinnen und Teilnehmer beforscht worden, die durch ihre kognitiven, sozialen und persönlichen Defizite als bildungsfern angesehen werden können und eine ablehnende Haltung dem Lernen gegenüber einnehmen, andererseits ging es auch um die Entwicklung meiner eigenen Persönlichkeit in Bezug auf die Auseinandersetzung mit suggestopädischen Unterrichtsmethoden.

Aufgrund dieser Ausgangslage ergeben sich Überlegungen, inwieweit die Verwendung suggestopädischer Methoden einen Einfluss auf das Lernverhalten der Teilnehmer und Teilnehmerinnen hat und wie sie sich auf die Persönlichkeit der Lernenden und Lehrenden auswirkt. Aus diesen Überlegungen heraus haben sich folgende Fragestellungen entwickelt:

- **Kann die Suggestopädie eine Erhöhung der Lernfreude bei den Teilnehmerinnen und Teilnehmern bewirken?**
- **Können suggestopädische Lernmethoden zu einer Stärkung der Persönlichkeit der Lernenden beitragen?**
- **Werden die Lehrenden durch den Einsatz von suggestopädischen Methoden selbstreflexiver?**

### Ergebnisdarstellung

Für die Beantwortung der ersten zwei Fragestellungen werden die Ergebnisse aus den ero-epischen Gesprächen verwendet. Dabei werden die Aussagen der Teilnehmer und Teilnehmerinnen sinngemäß in deutscher Schriftsprache wiedergegeben, wobei einige Aussagen im Originalwortlaut verfasst werden. Der Originalwortlaut scheint in den Protokollen auf, wobei die einzelnen Aussagen bzw. Antworten mit fortlaufenden Zahlen durchnummeriert worden sind (vgl. Egger 2012, S. 118).

Begriffe wie soziale Beziehung, Mobbing/Gewalt, Wertschätzung, Musik, Entspannung und Spaß/Freude werden den einzelnen Textsequenzen zugewiesen. Die Teilnehmer und Teilnehmerinnen werden im Fließtext mit TN1, TN2, TN3, TN4, TN5, TN6 und TN7 bezeichnet und ihre jeweilig verwendeten Aussagen, auf die im Text Bezug genommen wird, werden mit der dazugehörigen Nummerierung in Klammer versehen.

Zur Beantwortung der 3.Fragestellung werden die im Text dargestellten Selbsterfahrungen herangezogen.

*Kann die Suggestopädie eine Erhöhung der Lernfreude bei den Teilnehmerinnen und Teilnehmern bewirken?*

Im Zuge der Forschung kann ich immer wieder feststellen, dass Freude am Lernen im schulischen Kontext nicht wirklich vorhanden ist. So sagt TN4 ganz klar, dass sie im schulischen Kontext nie Spaß empfindet (127) und TN3 nur im Sesselkreis dieses Gefühl erlebt, da sie sich dabei nicht ausgeschlossen fühlt (99).

Wobei der Mangel an Freude und Spaß auf das Desinteresse und die damit verbundene Langeweile zurückzuführen ist, die immer wieder zentrale Punkte in den Lernbiografien darstellen. So wird von TN1 aufgrund der Langeweile und des mangelnden Interesses mit verschiedenen Gegenständen in der Klasse herumgeworfen (19, 21, 31, 49, 52, 55, 57), TN3 erzählt sehr aufgeregt über einige Geschichten, die in der Klasse aus Langeweile vorgefallen sind, zumindest haben TN1 und TN3 an diesen Aktionen Freude erfahren können (116). TN6 vergleicht die Schule mit permanentem Frust und Langeweile (145). Das Desinteresse seitens der Lernenden wird aber auch durch mangelndes Verständnis hervorgerufen, so sagt TN2, dass er bei interessanten Themen sehr motiviert mitarbeitet (87), wenn er jedoch bei Verständnisschwierigkeiten nicht unterstützt wird, auch an diesen Themen das Interesse verliert (88).

Mit dem Einsatz der verschiedenen, charakteristischen Elemente des suggestopädischen Unterrichts, vor allem durch den Einsatz von Musik, aber auch durch die Rhythmisierung von Spannung und Entspannung, durch Desuggestion und Suggestion, durch den multisensorischen Einsatz, durch die Wahrnehmung der Atmosphäre von Raum und Beziehung und die Wertschätzung gegenüber den Lernenden, erkenne ich bei den Probanden eine gewisse Öffnung in Bezug auf das Lernen. Vor allem der Einsatz von Musik ist ein Art Türöffner im Hinblick auf das Lernen. Durch bekannte Tonfolgen können sich die Teilnehmer und Teilnehmerinnen entspannen und werden für den fachspezifischen Input offener. So werden in meinen Lernförderstunden, wie unter Punkt 6.4.2. dargestellt, vor allem anfangs Musikstücke verwendet, die den Teilnehmern und Teilnehmerinnen bekannt sind bzw. auf die wir uns in der Gruppe gemeinsam einigen können. So empfinden TN2 und TN7 die Musik als entspannend (140, 157), TN1 meint im Zusammenhang mit Musik, dass Mathe sogar einmal lustig war (155). TN6 sieht das Besondere an der Musik darin, dass die Musik davon ablenkt, was man eigentlich nicht gerne macht und daher die Lernförderstunde für ihn wesentlich stress-freier und entspannender verläuft, wobei es auf die Art der Musik ankommt, da sie den Lernenden vor allem in den ersten Übungssequenzen gefallen muss (156). Gerade diese Aussage von TN6 ist sehr bezeichnend, durch das Vergessen dieser negativen Fokussierung erarbeitet er Bereiche, die er nie für möglich gehalten hätte und bekommt dadurch natürlich ein Erfolgserleb-nis, das ihn wieder zu nächsten Aufgabenstellungen bringt.

Auch der Einsatz von Spielen lenkt von der negativen Fixierung auf das Ler-nen ab, beide Gehirnhälften werden angeregt und es entsteht ein entspann-ter Zustand, in dem trotz allem gelernt wird. So sagt TN4, dass sie sich durch die Spiele sehr entspannt fühlt und vor allem aufnahmebereiter ist, da es einmal etwas anderes ist (120) und TN6 kann durch diese aufbereitete Dar-stellung Mathe wesentlich schneller begreifen (145).

Bei der Arbeit mit Desuggestion und Suggestion muss ich jedoch immer wie-der erkennen, dass, mit einem einmaligen Ansprechen der verschieden Lehr-Lernsituationen aus der schulischen Vergangenheit, diese negativen Erfah-rungen nicht so entwertet werden können, um einen freien und offenen Zu-gang zum Lernen zu ermöglichen. Vieles hat sich in den Teilnehmerinnen und Teilnehmern so manifestiert, dass daher wiederholtes Ansprechen die-ser negativen Erfahrungen notwendig ist.

Aufgrund dieser Aussagen kann die Frage, inwieweit die Suggestopädie die Lernfreude erhöhen kann, zwar mit Ja beantwortet werden, jedoch unter dem Vorbehalt, dass suggestopädische Methoden nur in der Gesamtheit der in-tegralen Pädagogik gesehen werden dürfen. Die einzelnen Elemente leisten zwar alle ihren Beitrag, aber erst die Persönlichkeit der Lehrenden, die durch ein integrales pädagogisches Verständnis geprägt ist, stellt das ausschlag-gebende Element dar, das alle anderen Elemente zu einem Ganzen formt, zu einem Ganzen, in dem sich die Teilnehmer und Teilnehmerinnen in einem Raum befinden, wo sie Wertschätzung und Anerkennung erleben, wo sie so sein dürfen wie sie sind, wo auf ihre Bedürfnisse eingegangen wird, wo Emo-tionen gelebt werden dürfen, wo Fehler erlaubt sind und wo eine gleichwer-tige Beziehung zwischen Lehrenden und Lernenden mit gegenseitiger Un-terstützung herrscht, da auch der Lehrende vom Lernenden etwas lernen kann. Ja, in einem solchen Raum, wo all diese Elemente der Suggestopädie im großen Kontext mit dem integralen Verständnis eingebettet sind und die-ses Integrale gelebt und gelehrt wird, da erhöht sich die Lernfreude merkbar.

*Können suggestopädische Lernmethoden zu einer Stärkung der Persönlichkeit der Lernenden beitragen?*

Keine Anerkennung und Wertschätzung ihrer eigenen Persönlichkeit durch die Lehrenden erfahren die Befragten im schulischen Alltag meist in Form von schlechter bzw. keiner Kommunikationsbereitschaft der Lehrenden. So erzählt TN2, dass er sich vom Lehrer nie wahrgenommen gefühlt hat (89) und mit TN2 wurde nie geredet (95). Auf Fehler wird meist mit einer Bloßstellung des Nichtwissens reagiert, wie TN4 (130) und TN5 (146) erzählen. Dieses Bloßstellen verstärkt nicht nur die Angst vor Fehlern, wie bei TN5 zu erkennen ist (147), sondern ist auch meist für TN6 ein Anlassgrund zur Verweigerung und aggressivem Verhalten (148).

Auch wird auf verschiedene Verhaltensauffälligkeiten seitens der Lehrenden mit keiner oder nicht adäquater Kommunikation geantwortet. So kommt es zum Ausschluss aus der Gruppe (149), aber auch zu unqualifiziertem Schreien, wie TN1 erzählt, das jedoch nie etwas bewirkt (51), bis hin zum Einsatz von Polizei (57). Bei all diesen Situationen wird jedoch nie wirklich mit den Beteiligten gesprochen. Oft wird jedoch von den Befragten gerade das Gespräch als mögliche Lösung dieser angespannten Situation erwähnt. So meint TN1 „Ma ,müsst nur normal reden", (53) nach den Beweggründen fragen (54), oder wie TN2 auch von einer Lehrperson erzählt, die mit ihm einfach ganz normal geredet hat und bei der er auch ein normales Verhalten hat (93). So sieht TN6 auch das Gespräch als Problemlösungsansatz und nicht den Ausschluss aus einer Gruppe (149, 151).

Dass eine auf Vertrauen und Wertschätzung basierende Beziehung zwischen LehrerIn und SchülerIn sehr wohl zu einer positiven Leistung führen kann, zeigt die Aussage von TN2, dass er zur Englischlehrerin einen „guaten Draht ghobt hot, do hot alles guat funktioniert", da sie vor allem mit TN2 normal geredet hat und ihm wertschätzend begegnet ist (93).

Weiters kann ich bei den Gesprächen immer wieder eine starke Präsenz von Glaubensgrundsätzen, den sognannten beliefs erkennen. „Aus dir wird nie wos" hat sich bei TN2 so manifestiert, dass er rückwirkend dem Lehrer sogar Recht gibt mit dem Hinweis, dass er schließlich nur deshalb auf Bewährung ist, da er diese arbeitsmarktpolitische Maßnahme besucht (92). Seine relativ guten kognitiven Fähigkeiten will TN2 gar nicht wirklich wahrhaben, da er mit dieser Erkenntnis ein Gefühl der Unsicherheit verbindet (144). Auch TN3 ist von der SPF-Einstufung (Sonderpädagogischer Förderbedarf) überzeugt, da

TN3 die gestellten Aufgaben nicht in der vorgeschriebenen Zeit erledigen konnte (108).

Aus diesen Aussagen lässt sich ableiten, dass die Schule ihrer Aufgabe, die Persönlichkeitsentwicklung der Schüler und Schülerinnen zu fördern, in keiner Weise nachkommt. Auf dieser Ausgangsbasis aufbauend stellt sich natürlich die Frage, ob suggestopädische Lernmethoden die Persönlichkeit stärken können. Um diese Frage klar beantworten zu können, reicht der Beobachtungszeitraum von doch nur 4 Monaten sicherlich nicht aus. Kleine Anzeichen sind jedoch vorhanden, die darauf schließen lassen, dass durch konsequenten Einsatz suggestopädischer Methoden im Zusammenhang mit einem integralen pädagogischen Verständnis die Persönlichkeit der Lernenden positiv beeinflusst werden kann.

So stellt die Suggestion im Rahmen der integralen Pädagogik ein wertvolles Element dar, wobei ich darauf hinweisen muss, dass es immer wieder eingesetzt werden muss, umso die Lernenden zu ihrem Selbstwert, zu ihrer Einzigartigkeit und somit zu ihrer Persönlichkeit hinzuführen.

Auf die Interessen, Bedürfnisse und Gefühle der Teilnehmer und Teilnehmerinnen einzugehen, ist daher ebenso wichtig, wie sie darin zu bestärken, dass sie mehr können als sie von sich selbst glauben.

So stellen vor allem die Übungssequenzen der suggestopädischen Methode einen weiten Bereich dar, die Persönlichkeit mit langsamen und vorsichtigen kleinen Schritten zu stärken, da den Teilnehmerinnen und Teilnehmern vor allem Vertrauen entgegengebracht wird, sie sich in einem Feld bewegen, auf dem sie ihre eigenen Ideen verwirklichen können, wo es erlaubt ist auch Fehler zu machen, die gemeinsam erarbeitet werden und wo Freude ein ständiger Begleiter ist. Das Vertrauen, immer einen Ansprechpartner in der Person der Trainerin zu haben, immer wahrgenommen zu werden in ihrer einzigartigen Persönlichkeit, bereitet den Boden auf, auf dem Persönlichkeit wachsen kann.

*Werden die Lehrenden durch den Einsatz von suggestopädischen Methoden selbstreflexiver?*

Diese Fragestellung wird nun anhand meiner Aufzeichnungen im Forschungstagebuch beantwortet, wobei viele Entwicklungen bei den Praxiserfahrungen in den vorangegangenen Kapiteln schon miteingeflossen sind.

Ich lese mir wieder meine, teilweise sehr kryptischen, Aufzeichnungen in meinem Forschungstagebuch durch. Während sich anfangs die Aufzeichnungen nur auf die Methode selbst konzentrierten, verändern sich schließlich diese Eintragungen zusehends in Richtung persönlicher Gedanken, Wahrnehmungen und Gefühle.

Im Verlauf der Anwendung dieser Methode im Zusammenhang mit Ansätzen der integralen Pädagogik vollzog sich ein ständiges Verändern im Tun und Denken. Mit dieser ständigen Veränderung bin ich vor allem anfangs nur sehr schlecht zu Recht gekommen, versetzte sie mich doch dauernd in einen gewissen Unsicherheitsmodus unter dem Aspekt „was werde ich wieder Neues über mich erfahren?", da ich nicht nur schöne, sondern oft auch schmerzliche Erkenntnisse erfahren musste. Sich der Reflexion und Selbstreflexion zu öffnen, ist jedoch der einzig mögliche Weg diese Methode nicht nur anzuwenden, sondern sie auch wirklich zu verinnerlichen und sie zu leben, da diese Methode mehr als nur eine Methode darstellt, da sie unweigerlich mit der gesamten Persönlichkeit des Lehrenden und der Lehrenden verbunden ist.

Nicht nur, dass ich mich aufgrund dieser Methode in meiner eigenen Vorbereitung intensiver mit den Teilnehmern und Teilnehmerinnen auseinandergesetzt habe, unter dem Aspekt, was braucht jeder einzelne um verstehen zu können, welche Persönlichkeiten sind zu entdecken, warum gibt es dieses Verhalten, sondern durch die verschiedenen Elemente der Suggestopädie in Bezug auf die integrale Pädagogik hat sich auch bei mir ein Entwicklungsprozess in Gang gesetzt, der nicht immer schmerzfrei ablief und noch immer abläuft, der mich aber, und das kann ich jetzt schon ganz bewusst sagen, auf einem für mich passenden Weg gehen lässt. Auf einem Weg, der immer wieder sehr achtsam und vorsichtig in Stand gehalten werden muss, da er nur allzu leicht in der Hektik der Zeit wieder zerstört werden kann.

Neben den intensiveren Vorbereitungsarbeiten, wobei der Zeitaufwand zur Freude und zum Spaß bei dieser Arbeit in keiner Relation steht, ist vor allem die Veränderung der eigenen Persönlichkeit durch ständige Reflexion, wie auch Selbstreflexion deutlich zu spüren. Suggestopädische Elemente bedürfen, um sie passend einzusetzen, permanenter Reflexion der Umgebung, aber auch permanenter Selbstreflexion der eigenen Persönlichkeit in Bezug auf die integrale Denkweise.

So erkenne ich vor allem die Wichtigkeit der Vorbereitungsphase, wobei es kein starres Schema gibt, sondern vielmehr mit ständiger Aufmerksamkeit adäquat auf die jeweilige Situation zu reagieren ist. Benötigt die Gruppe heute eine Entspannungsübung oder eine Aktivitätsübung?, „Wie spreche

ich heute Lernbarrieren wieder an? und „Wie viel Zeit gebe ich dieser Vorbereitungsphase? „Wie beeinflusst mich das mechanistische Paradigma in meinen Methoden und Verhalten in der Präsentationsphase? „Drückt der Zeit-
faktor wieder unwiderruflich auf die Qualität meiner Arbeit? und „Wie viel Freiheit kann ich, darf ich oder muss ich den Teilnehmerinnen und Teilnehmern
einräumen?" All diese Fragen sind nur mit einer ständigen reflexiven Arbeit
verbunden. Einer Arbeit, die auch nicht immer angenehme Ergebnisse für
mich beinhaltet. Wie viel an Leistungsdenken steckt noch in mir, das mir die
Sicht für persönliche Leistungsfähigkeit nimmt? Wie viel Machtdenken steckt
noch in mir, das die Möglichkeit zum Nachgeben oder meine Kompromissfä-
higkeit hemmt? Wie viel Egoismus steckt in mir, der anderen keinen Raum
lässt? Mit dieser Auseinandersetzung entsteht aber langsam doch eine Veränderung, die nicht nur in mir spürbar wird durch mehr Achtsamkeit, mehr
Präsenz, weniger Beurteilung und mehr Ruhe, sondern die auch durch mehr
Aufmerksamkeit seitens der Lernenden zu spüren ist. Sie empfinden diese
nun immer stärker werdende Authentizität, fühlen sich dabei sicher in dieser
sanften Bestimmtheit und nehmen auch diese Möglichkeit des einzigen Au-
genblicks wahr, ohne Angst zu haben von längst vergangenen Situationen
wieder eingeholt zu werden und spüren auch diese Basis, um sich entfalten
und in ihrer Einzigartigkeit wachsen zu können.

Abschließend kann daher diese 3.Frage mit einem ganz klaren Ja beantwortet werden, da man nur durch die ständige reflexive Arbeit mit sich und der
Umwelt den charakteristischen Elementen der Suggestopädie unter dem Aspekt der integralen Pädagogik gerecht werden kann.

## Zusammenfassung

Es war eine sehr aufregende Wanderung, die ich zurückgelegt habe, denn
so viele Stationen waren für mich neu, manche in einer neuen Perspektive
sichtbar. So stellt die Einführung in die verschiedenen Paradigmen eine Art
Tor dar für diese weite integrale Landschaft, um sich anschließend mit dem
Begriff „integral" im Zusammenhang mit der Pädagogik auseinanderzusetzen. Auch wenn der Arbeitstitel das Thema „Suggestopädie" zum Inhalt hat,
ist diese Auseinandersetzung mit der integralen Pädagogik essentiell, um für
diese Methode nicht nur das nötige Verständnis zu erhalten, sondern sie
auch effektiv einzusetzen. Im Zuge der Erforschung der integralen Landschaft wird man jedoch ständig mit seiner eigenen Persönlichkeit konfrontiert. Umso wichtiger ist daher auch eine Auseinandersetzung mit dem

Thema Persönlichkeit, da sie in Bezug auf diese Lehrmethode einen sehr wichtigen Teil bildet. Um diese Wichtigkeit zu unterstreichen, wird daher auch Breema®, ein Konzept für Körperarbeit, dargestellt mit dem Ziel, sich nicht nur seines eigenen Körpers bewusster zu werden, sondern auch anhand der verschiedenen Breema®-Prinzipien den Lebensalltag im integralen Verständnis wahrzunehmen und zu leben. Erst nach der Auseinandersetzung mit den Paradigmen, der integralen Pädagogik und der Persönlichkeit unterstützt durch Breema®, wird das Hauptthema dieser Arbeit, die Suggestopädie, dargestellt, umso bei der Umsetzung dieser Methode die Wichtigkeit des integralen Verständnisses zu unterstreichen. Mit dem charakteristischen Phasenverlauf wie auch den suggestopädischen Elementen wird die Suggestopädie anhand von Beispielen aus der Praxis dargestellt. Die empirische Aufbereitung dieses Themas wird durch qualitative Forschungsmethoden in Form des ero-epischen Gesprächs wie auch des Forschungstagebuchs dargestellt. Anhand dieser Forschungsmethoden kann ich die eingangs formulierten Forschungsfragen auch weitgehend positiv beantworten. So kann die Suggestopädie aufgrund dieser unterschiedlichen Elemente nicht nur die Lernfreude erhöhen, sondern dient auch zur Weiterentwicklung der Persönlichkeit. Trotz des kurzen Beobachtungszeitraums sind bei den Lernenden kleine Anzeichen der Persönlichkeitsveränderung, wie verstärktes Selbstbewusstsein, Verantwortung zu übernehmen, aber auch zu seinen Fehlern zu stehen, zu erkennen. Darüber hinaus erlebe ich diese Persönlichkeitsstärkung ganz intensiv bei mir selbst. Daran anschließend ist daher auch die 3.Frage positiv zu beantworten, da man nur durch permanente reflexive Arbeit mit sich und der Umwelt, den charakteristischen Elementen der integralen Pädagogik wie Achtsamkeit, Nichtbeurteilung oder Wahrnehmung, um nur einige zu nennen, gerecht werden kann, was schließlich wieder zu einer Persönlichkeitsentwicklung beiträgt.

# Literatur


Allmendinger, Jutta/Ludwig-Mayerhofer, Wolfgang/Spitznagel, Eugen (2012): Arbeitslosigkeit. In: Albrecht, Günter/Groenemeyer, Axel (Hrsg.): Handbuch sozialer Probleme. Wiesbaden: VS-Verlag, S. 320-363.

Altenthan, Sophia / Betscher-Ott, Sylvia / Gotthardt, Wilfried / Hobmair, Hermann / Höhlein, Reiner / Ott, Wilhelm / Pöll, Rosemarie / Schneider, Karl-Heinz (2008): Alternative Erziehung: Montessori- und Waldorf-Pädagogik. In: Hobmair, Hermann (Hrsg.): Pädagogik. Troisdorf: Bildungsverlag EINS GmbH.

Altner, Nils (2006): Achtsamkeit und Gesundheit. Immenhausen bei Kassel: Prolog-Verlag.

Altner, Nils (2009): Achtsam mit Kindern leben. München: Kösel-Verlag.

AMS Österreich (2014): Alter hat Zukunft. Informationen für ältere Arbeitsuchende (45+). 7. Auflage. Horn: Druckerei Berger.

Anastasiadis, Maria/Bachmann, Gerhild (2012): Das Alltägliche einfangen: Das Tagebuch – ein Weg zur reflektierenden Forschungs- und Schreibpraxis. In: Stiegler, Hubert/Reicher, Hannelore (Hrsg.): Praxisbuch Empirische Sozialforschung in den Erziehungs- und Bildungswissenschaften. 2.Auflage. Innsbruck/Wien/Bozen: StudienVerlag, S. 173-184.

APA (2010, 13. Jänner): Jugend ohne Zukunft: 10.000 Schulabbrecher pro Jahr. Die Presse [on-line]. Verfügbar unter: http://diepresse.com/home/bildung/schule/532680/Jugend-ohne-Zukunft_10000-Schulabbrecher-pro-Jahr [1.07.2014].

APA (2014, 22. April): Leitl: 57 Millionen Einsparungen in Bildung "locker erreichbar". Der Standart [on-line]. Verfügbar unter: http://derstandard.at/1397521277465/Leitl-57-Millionen-Einsparungen-in-Bildung-locker-erreichbar [1.07.2014].

Bacher, W. (2010): Bildungschancen von Kindern mit Migrationshintergrund Ist-Situation, Ursachen und Maßnahmen. Wirtschafts- und Sozialpolitische Zeitschrift 33. S. 29–49

Bachmann, Gerhild/Michaelis, Daniela/Tscherny, Martina (2010): Wege in die Zufriedenheit im Lehrberuf – Ergebnisse einer empirischen Begleitforschung zum Bremma Training mit Lehrer/innen. In: Michaelis, Daniela/Bachmann, Gerhild (Hrsg.): Lebenslanges Lernen - freudlvoll und integral. Stuttgart: ibidem Verlag, S. 69-88 .

Baumann, P. (2012): Einblicke in die Kunst Karate-Do. 1. Aufl., Norderstedt: Books on Demand Verlag.

Baur, Rupprecht S. (1990): Superlearning und Suggestopädie. Grundlagen – Anwendung. Kritik – Perspektiven. Berlin/München: Langenscheid

Becker, Martina (2008): Selbstwert erleben und seelische Gesundheit. In: Becker, Martina/Von Carlsburg, Gerd-Bodo/Wehr, Helmut (Hrsg.): Seelische Gesundheit und gelungenes Leben. Perspektiven der Humanistischen Psychologie und Humanistischen Pädagogik. Frankfurt am Main: Peter Lang GmbH, S. 17-28.

Becker, N. (2011): Die neurowissenschaftliche Herausforderung der Pädagogik. 1. Aufl., o.O. Julius Klinkhardt Verlag.

Blattl, Thomas.(2012): Kommunikation und Führungsstil in einer Firma aus integraler Perspektive. In: Michaelis, Daniela (Hrsg): Bildung integral. Integrale Modelle für eine innovative Lehr-und Lernkultur. Stuttgart: ibidem Verlag, S. 163-212.

Böhm, Winfried (2010): Wörterbuch der Pädagogik. Stuttgart: Alfred Kröner Verlag.

Bröhm-Offermann, Birgit (1994): Suggestopädie. Sanftes Lernen in der Schule. 3.Auflage. Lichtenau/ Göttingen: AOL Verlag und Verlag Die Werkstatt.

Bucher, A. (2009): Wie glücklich sind Deutschlands Kinder? Eine glückspsychologische Studie im Auftrag des ZDF. Diskurs Kindheits- und Jugendforschung 4, S. 241-260

Burkard, Franz-Peter/Weiß, Axel (2008): dtv - Atlas Pädagogik. München: Deutscher Taschenbuch Verlag.

Carroll, Lewis (1865): Alices Abenteuer im Wunderland. In: http://zitate.tagesspiegel.de/filmzitate/alice-im-wunderland/2/ [10.10.2013].

Childre, Doc/Martin, Howard (2010): Die Herzintelligenz-Methode. Kirchzarten bei Freiburg: VAK Verlag.

Csikszentmihalyi, M. (2013,): Flow: Das Geheimnis des Glücks. 16. Aufl., Stuttgart: Klett-Cotta Verlag.

Dauber, Heinrich (2008): Erziehung-Therapie-Spiritualität. In: Hüther, Gerald/Roth, Wolfgang/von Brück, Michael(Hrsg.): Damit das Denken Sinn bekommt. Freiburg: Herder Verlag, S.149-163.

Dauber, Heinrich (2008): Traditionslinien und Querverbindungen humanistischer Pädagogik und Psychologie. In:http://www.heinrichdauber.de/uploads/media/Tabelle_Traditionslinien_HP.pdf [8.5.2014].

Dauber, Heinrich (2009): Grundlagen Humanistischer Pädagogik. Leben lernen für eine humane Zukunft. Klinkhardt: Deutschland.

Deshimaru-Roshi, T. (1978): Za-zen. Die Praxis des Zen. Deutsche Erstausgabe, Heidelberg/Leimen: Werner Kristkeitz Verlag.

Dhanani, Armin (2012): Nachholbedarf im österreichischen Bildungsvergleich. In: Michaelis, Daniela (Hrsg.): Bildung integral. Integrale Modelle für eine innovative Lehr-und Lernkultur. Stuttgart: Ibidem- Verlag. Schriftreihe zur integralen Pädagogik Band 3.

Dhority, Lynn (1989): Moderne Suggestopädie. Der ACT- Ansatz ganzheitlichen Lehrens und Lernens. 2.Auflage. Bremen: PLS Verlagsgesellschaft mbH.

Dörpinghaus, Andreas / Poentisch, Andreas / Wigger, Lothar (2009): Einführung in die Theorie der Bildung- Darmstadt: WBG (Wissenschaftliche Buchgesellschaft).

Dostal, Claudia (2011): Qualitätsverbesserung des Schulunterrichts durch "lerntypenorientierte Suggestopädie". Stuttgart: ibidem Verlag.

Dudenredaktion (2001): Fremdwörterbuch. Mannheim/Leipzig/Wien/Zürich: Dudenverlag.

Edelmann, Walter ( 2000): Suggestopädie/Superlearning. Ganzheitliches Lernen-das Lernen der Zukunft?. Heidelberg: Roland Asanger Verlag.

Egger, Rudolf (2012): Qualitative Sozialforschung in den Erziehungswissenschaften. In: Stiegler, Hubert/Reicher, Hannelore (Hrsg.): Praxisbuch Empirische Sozialforschung in den Erziehungs- und Bildungswissenschaften. 2.Auflage. Innsbruck/Wien/Bozen: StudienVerlag, S. 111-128.

Eichelberger, Harald (o. J.): Die Bedeutung der Reformpädagogik. In: http://www.eichelberger.at/11-reformpaedagogik/21-die-bedeutung-der-reformpaedagogik [30.11.2014].

Ellebracht, Heiner/Lenz, Gerhard/Osterhold, Gisela (2009): Systemische Organisations- und Unternehmensberatung. Praxishandbuch für Berater und Führungskräfte. 3. Überarbeitete Auflage. Wiesbaden: Gabler Verlag.

Erdogan, S. (2011): Sen Do - Drei-dimensionale Kampfkunst. 1. Aufl., Norderstedt: Books on Demand Verlag.

Erhardt, K. (2010): Geschichte der japanischen Kampfkünste (Budo). Philosophie, Entstehung, Entwicklung. In.: http://ebookbrowse.com/geschichte-jap-kampfkunst-pdf-d93527689. S. 14. [30.04.2013].

Fauliot (2003): Die Kunst zu siegen, ohne zu kämpfen. Geheimnisse und Geschichten über die Kampfkünste. München: Goldmann Verlag.

Felbinger, Andrea/ Mikula, Regina (2012): Wissenschaftliches Schreiben - Vom Exzerpt zum eigenen Text. In: Stiegler, Hubert/Reicher, Hannelore (Hrsg.): Praxisbuch Empirische Sozialforschung in den Erziehungs- und Bildungswissenschaften. 2.Auflage. Innsbruck/Wien/Bozen: StudienVerlag, S. 45-56.

Filipak, K. (2001): Die chinesische Kampfkunst. Spiegel und Element traditioneller chinesischer Kultur. Leipzig. Leipziger Universitätsverlag.

Friedl, Livia Eva/Maas, Carina Maria (2012): Erkenne Dich selbst! - Bedeutung der Persönlichkeitsbildung in der Leher/innen-Ausbildung. In: Michaelis, Daniela (Hrsg): Bildung integral. Integrale Modelle für eine innovative Lehr-und Lernkultur. Stuttgart: ibidem Verlag, S. 71-162.

Friehs, Barbara (2008): Bildungssysteme im europäischen Vergleich. Österreich, Deutschland, Frankreich, Griechenland. Innsbruck: StudienVerlag.

Fuhr, Reinhard/Dauber, Heinrich (2002): Einführung: Auf dem Weg zu einem integralen Ansatz für pädagogische Praxisentwicklung und Forschung. In: Fuhr, Reinhard/Dauber, Heinrich (Hrsg.): Praxisentwicklung im Bildungsbereich - ein integraler Forschungsansatz. Bad Heilbrunn: Julius Klinkhardt Verlag, S. 15-30.

Fuhr, Reinhard/Gremmler-Fuhr, Martina (1988): Faszination Lernen. Transformative Lernprozesse im Grenzbereich von Pädagogik und Psychotherapie. Köln: Moll & Eckhardt.

Fuhr, Reinhard/Gremmler-Fuhr, Martina (2002): Kommunikation und Persönlichkeitsentwicklung. In: Fuhr, Reinhard/Dauber, Heinrich (Hrsg.): Praxisentwicklung im Bildungsbereich - ein integraler Forschungsansatz. Bad Heilbronn: Julius Klinkhardt, S. 303-342.

Fuhr, Reinhard/Gremmler-Fuhr, Martina (2004): Kommunikationsentwicklung und Konfliktklärung. Göttingen: Hogrefe Verlag.

Funke, Günter (1993): Wider die Tyrannei der Werte. Menschliches Leben in der Spannung von Selbstwert und Fremdwert. In: Längle, Alfried (Hrsg.): Wertbegegnung. Phänomene und methodische Zugänge. Wien: Merkur Versicherung, S. 8-21.

Girg, Ralf (2007): Die integrale Schule des Menschen. Praxis und Horizonte der Integralpädagogik.. Regensburg: S.Roderer Verlag.

Girtler, Roland (2001): Methoden der Feldforschung. 4.Auflage.Wien/Köln/Weimar: Böhlau Verlag.

Greff, A. (2010): Bruce Lee und die ultimative Kampfkunst. Norderstedt: Books on Demand Verlag.

Gremmler-Fuhr, M. (2006): Transformative Lernprozesse im Erwachsenenalter. Entwicklung eines Orientierungskonzepts für die Anleitung und Unterstützung relationaler Lernprozesse. 1. Aufl., Kassel: Kassel University Press.

Gumplmaier, Helga (2007): Mit dem Jobverlust sinkt das Selbstwertgefühl. In: http://www.forumgesundheit.at/portal27/portal/forumgesundheitportal/content-Window?action=2&viewmode=content&contentid=10007.688997#m127356       4 [04.12.2014]

Habecker, M. (2007): Ken Wilber – die integrale (R)EVOLUTION. Einführung in Theorie und Praxis eines neuen spirituellen Abenteuers. 2. Aufl., Frankfurt: Info3-Verlag

Hannover, Bettina (2012):. Persönlichkeit. In: Horn, Klaus-Peter/Kemnitz, Heidemarie/Marotzki, Winfried/ Sandfuchs, Uwe (Hrsg.): Klinkhardt Lexikon Erziehungswissenschaft. Bad Heilbrunn: Julius Klinkhardt.

Hartz, Peter/Petzold, Hilarion G. (2014): Wege aus der Arbeitslosigkeit. Wiesbaden: Springer VS.

Hermanns, Harry (2004): Interviewen als Tätigkeit. In: Flick, Uwe; von Kardorff / Ernst und Steinke, Ines (Hrsg.): Qualitative Forschung: Ein Handbuch. Reinbek: Rowohlt, S.360-368.

Hinkelmann, Gunhild/ Hinkelmann, Klaus G./ Ferreboeuf, Martine (1989): Leichter Lehren. Leitfaden für den Unterricht mit Superlearning und Suggestopädie. 2.Auflage. Bremen: PLS Psychologische Lernsysteme.

Hopf, Christl/Weingarten, Elmar (Hrsg.) (1984): Qualitative Sozialforschung. Stuttgart: Ernst Klett Verlage GmbH und Co. KG.

http://de.wikipedia.org/wiki/Achtsamkeit [abgerufen am 11.05.2015].

http://de.wikipedia.org/wiki/Integrale_Theorie [abgerufen am 10.11.2014]

http://www.ams.at/_docs/001_uebersicht_aktuell.pdf [abgerufen am 08.04.2015].

Huber, M. (2008): Budo-Pädagogik. Kampfkunst in Erziehung, Therapie und Coaching. In: Fußmann, A. (Hrsg.). 1. Aufl., Augsburg: Ziel Verlag.

Integrales Forum, e.V. Geschäftsstelle c/o Raymond Fismer (o.J.):Die vier Quadranten. In: http://integralesleben.org/home/il-integrales-leben/grundlagen-des-integralen/quadranten/ [23.06.2014].

Integrales Forum, e.V. Geschäftsstelle c/o Raymond Fismer (o.J.): Spiral Dynamics.: In: http://integralesleben.org/il-home/il-integrales-leben/grundlagen-des-integralen/linien-der-entwicklung/spiral-dynamics/ [18.11.2014].

Iwwerks, B. (2003): Kampfkunst in der stationären Kinder- und Jugendhilfe. Durch Karate-Do soziale Verantwortung vermitteln und (Selbst-)Sicherheit fördern. o.O. Grin Verlag.

Jorga, I. (2012): Traditionelles Fudokan Karate - Mein Weg. Grundlegende psychologische und physikalische Prinzipien des Karate. In: König, K. (Hrsg.). 2. Aufl., Norderstedt: Books on Demand Verlag.

Kienzl, Ute (2010): Humanistische Pädagogik und Persönlichkeitsentwicklung. Geschichte, theoretischer Hintergrund und Ziele eines Erasmus Intensiv Programms zur Integralen Pädagogik. In: Michaelis, Daniela/Bachmann, Gerhild (Hrsg.): Lebenslanges Lernen - freudlvoll und integral. Stuttgart: ibidem Verlag, S. 89-106.

Kittl, Helga (2005): Vom Text zur Interpretation - Von der Urliste zur Datenanalyse. In: Stigler, Hubert/ Reicher, Hannelore (Hrsg.): Praxisbuch Empirische Sozialforschung in den Erziehungs- und Bildungswissenschaften. Innsbruck: Studienverlag

König, Eckhard/ Zedler, Peter (1998): Theorien der Erziehungswissenschaft. Einführung in Grundlagen, Methoden und praktische Konsquenzen. Weinheim: Deutscher Studien Verlag.

Kretschmann, Rudolf (2006): Stressmanagement für Lehrerinnen und Lehrer. Weinheim, Basel: Beltz-Verlag.

Krishnamurti, J. (1995): Der Flug des Adlers. Reden und Gespräche. Deutsche Erstausgabe, Frankfurt am Main: Fischer Verlag.

Krishnamurti, Jiddu (1988): Erziehung zur Kunst des Lebens. Heidelberg: Lambert Schneider Verlag.

Krüger, Heinz-Hermann / Helsper, Werner (Hrsg.) (2004): Einführung in Grundbegriffe und Grundfragen der Erziehungswissenschaften. Wiesbaden: VS Verlag für Sozialwissenschaften / GWV Fachverlag GmbH.

Küstenmacher, Marion / Haberer, Tilmann/ Küstenmacher, Werner Tiki (2010): Gott 9.0: Wohin unsere Gesellschaft spirituell wachsen wird. Gütersloher Verlagshaus.

Lahninger, Paul (2010): Leiten präsentieren moderieren. 7. Auflage. Münster: Ökotopia Verlag.

Lamnek, Siegfried (2010): Qualitative Sozialforschung. 5. Auflage. Weinheim: Beltz-Verlag.

Legatum Institute (2013): Wohlstand - Die reichsten Länder der Welt. Die Presse [on-line]. Verfügbar unter: http://diepresse.com/home/wirtschaft/international/517546/index [1.07.2014].

Leidl-Krapfenbauer, Ilse/Richter, Martina (2015): Arbeitslosenversicherung I. In. http://www.voegb.at/cms/S08/S08_4.1.2.a/1342534390892/service/skripten-und-bro-schueren/sozialrecht/sr-10-arbeitslosenversicherung-i [13.03.2015].

Lenzen, Dieter/Rost, Freidrich (2007): Pädagogische Grundbegriffe. 12. Auflage. Reinbeck bei Hamburg: Rowohlt Taschenbuch Verlag.

Liebsch, A. (2005): Gewaltprävention und Kampfsport. Wie friedlich ist Kampfkunst wirklich. 1. Aufl., Hannover. Grin Verlag.

Lieser, Caroline (2014): Systemisches Coaching und Stärkung von Selbstwert anhand systemischer Methoden. In: Lieser, Caroline(Hrsg.): Praxisfelder der systemischen Beratung. Wiesbaden: Springer VS, S. 13-32.

Lorenz, A. (1998): Die ethischen und spirituellen Grundalgen der ostasiatischen Kampfkünste als Ausgangspunkt für sozialpädagogische Arbeit am Beispiel des Aikido. 1. Auflage. Grin Verlag.

Mayring, Philip (2002): Einführung in die qualitative Sozialforschung. 5. Auflage. Weinheim: Beltz-Verlag.

Meierl, Bettina (2012): Das Gehirn-Herz-Bonding in der integralen Pädagogik. In: Michaelis, Daniela (Hrsg.): Bildung integral. Integrale Modelle für eine innovative Lehr- und Lernkultur. Stuttgart: ibidem Verlag, S. 15-60.

Michaelis, D./Mikula, R. (2007): Integrale Pädagogik: Die Babuschkas tanzen in die Pädagogik hinein. Metamodell Lernen und TIP(s) integraler Lernpraxis. 1.Aufl., Stuttgart: ibidem-Verlag

Michaelis, Daniela / Suntinger, Katja (2010): Aspekte einer integralen Vorschulpädagogik. Selbstreflexion in der Ausbildung von Kindergärtner/innen. In: Michaelis, Daniela/Bachmann, Gerhild (Hrsg.): Lebenslanges Lernen - freudvoll und integral. Stuttgart: ibidem-Verlag.

Michaelis, Daniela /Mikula, Regina (2007): Die Babuschkas tanzen in die Pädagogik hinein. Metamodell Lernen und TIP(s) integraler Lernpraxis. Stuttgart: ibidem-Verlag.

Michaelis, Daniela/Bachmann, Gerhild (2010): Ressourcen bei Lehrer/innen fördernn. In: Michaelis, Daniela/Bachmann, Gerhild (Hrsg.): Lebenslanges Lernen - freudlvoll und integral. Stuttgart: ibidem Verlag, S. 49-68.

Michaelis, Daniela/Bachmann, Gerhild (2010): Selfcare im schulischen Alltag. In: Michaelis, Daniela/Bachmann, Gerhild (Hrsg.): Lebenslanges Lernen - freudlvoll und integral. Stuttgart: ibidem Verlag, S. 33-88.

Michaelis, Daniela/Suntinger, Katja (2010): Aspekte einer integralen Vorschulpädagogik. Selbstreflexion in der Ausbildung von Kindergärtner/innen. In.: Michaelis, Daniela/Bachmann, Gerhild (Hrsg.): Lebenslanges Lernen - freudlvoll und integral. Stuttgart: ibidem Verlag, S. 107-130.

Musolff, Hans-Ulrich / Hellekamps, Stephanie (2006): Geschichte des pädagogischen Denkens. Hand-und Lehrbücher der Pädagogik. München: Oldenbourg Wissenschaftsverlag GmbH.

Nießeler, Andreas (2005): Bildung und Lebenspraxis, Anthropologische Studien zur Bildungstheorie. In: Böhm, Winfried/ Brinkmann, Wilhelm/ Oelkers, Jürgen/ Soetard, Michael/ Winkler, Michael (Hrsg.): Erziehung Schule Gesellschaft, Band 36, Bildung und Lebenspraxis, Anthropologische Studien zur Bildungstheorie. Würzburg: Ergon Verlag

Nitobe, I. (2009): Bushido. Der Weg des Kriegers. 1. Aufl., Neunkirchen: Rabaka-Publishing Verlag.

Nöpel, F. (2004): Kampfkunst als Lebensweg. In: Markowetz, F. (Hrsg.); Schlosser-Nathusius U. (Hrsg.). Heidelberg: Werner Kristkeiz Verlag.

Ojdanic`, A. (2010): Karate - Die Geschichte einer fernöstlichen Kampfkunst. Wien. Fachbereichsarbeit.

Otto, J. (2010): Volksmund ausgewählter Länder der Erde. 1. Aufl., Strausberg: Books on Demand Verlag.

Pestalozzi, H. (1809): Über die Idee der Elementarpädagogik und den Standpunkt ihrer Ausführungen in der Pestalozzischen Anstalt zu Iferten. eine Rede, gehalten vor der Gesellschaft der schweizerischen Erziehungsfreunde in Lenzburg. In: Über die Idee der Elementarbildung (Lenzburger Rede) und 5 Schriften Um 1810. Zürich 1979: Orell Füssli Verlag, S 1–324

Reble, Albert (1993): Comenius: Aus der „Großen Didaktik". In: Reble, Albert: Geschichte der Pädagogik. Dokumentationsband. 3. Auflage. Stuttgart: Klett-Cotta, S. 116-132.

Ritschl, Karsten (2007): Integrale Erwachsenenbildung. Ein Konzept für vielperspektivisches Lernen. Berlin: Verlag für integrale Weiterbildung.

Rittelmeyer, Christian (2012): Bildung Ein pädagogischer Grundbegriff. Stuttgart: W. Kohlhammer GmbH.

Satir, Virginia (1999): Kommunikation, Selbstwert, Kongruenz. Konzepte und Perspektiven familientherapeutischer Praxis. 6. Auflage. Paderborn: Junfermann Verlag.

Schiffer, Eckard/Schiffer, Heidrun (2004): LernGesundheit. Lebensfreude und Lernfreude in der Schule und anderswo. Weinheim/Basel: Beltz Verlag.

Schnotz, Wolfgang (2011): Pädagogische Psychologie. 2.Auflage. Weinheim: Beltz Verlag.

Schreiber, Jon (2008): BREEMA® und die neun Prinzipien der Harmonie. Oakland: Breema® Center Publishing

Schreiber, Jon (2010): Freedom comes from Understanding. Insights for Meaningful Life. Oakland, California: Breema® Center Publishing.

Schreiber, Jon (2011): Waking up to this Moment. The Essential Meaning of Breema®. Oakland, California: Breema® Center Publishing.

Schreiber, Jon / Berezonsky, Denise (2003): Selbst-Breema®. Übungen für ein harmonisches Leben. München, Bad Kissingen, Berlin, Düsseldorf, Heidelberg: Richard Pflaum Verlag GmbH &Co.KG.

Schuster, Donald,H./Gritton, Charles, E. (1986): Suggestopädie in Theorie und Praxis. Bremen: PLS Psychologische Lernsysteme.

Schweiger, Gottfried (2011): Menschenbilder in der Arbeitsmarktpolitik. In http://www.uni-salzburg.at/fileadmin/multimedia/Zentrum_fuer_Ethik_und_Armutsfor-schung/documents/Texte/Schweiger-MenschenbilderArbeitsmarktpolitik.PDF [26.12.2014].

Seifried, Jürgen (2009): Unterricht aus der Sicht von Handelslehrern. Konzepte des Lehrens und Lernens. Frankfurt am Main: Peter Lang GmbH.

Stavemann, Harlich H. (2011): ...und ständig tickt die Selbstwertbombe. Selbstwertprobleme erkennen und lösen. Weinheim: Beltz Verlag.

Steinegger, D. (2013): Analyse waffenloser Schlag- und Stoßtechniken. Graz. Diplomarbeit.

Steiner, Mario/Wagner, Elfriede (2007): Dropoutstrategie. Grundlagen zur Prävention und Reintegration von Dropouts in Ausbildung und Beschäftigung. In: http://www.esf.at/esf/wp-content/uploads/2011/02/DO-Strategie-Endbericht.pdf [abgerufen am 08.10.2014].

Surma, Silke (2012): Selbstwertmanagement. Psychische Belastung im Umgang mit schwierigen Kunden. Wiesbaden: Gabler Verlag.

Tenorth, Heinz-Elmar/Tippelt, Rudolf (Hrsg.) (2007):. Beltz Lexikon der Pädagogik. Weinheim/Basel: Beltz Verlag.

The Breema® Center (2015): Having a Taste Opens Us to Life. In: http://www.breema.com/images/uploads/pdf/SB1.pdf [27.11.2014].

Waibel, Eva Maria (2009): Erziehung zum Selbstwert. Persönlichkeitsförderung als zentrales pädagogisches Anliegen. Augsburg: Brigg Verlag.

Waibel, Eva Maria (2014): Erziehung zum Selbstwert oder Was hat der Selbstwert mit personalen Werten zu tun? In: http://www.eva-maria-waibel.at/wp-content/uploads/Artikel-Erziehung-zum-Selbstwert.pdf [19.08.2014].

Walter, G. (2004): Kampfkunst als Lebensweg. In: Markowetz, F. (Hrsg.); Schlosser-Nathusius U. (Hrsg.). Heidelberg: Werner Kristkeiz Verlag.

Weinreich, Wulf Mirko (2005): Integrale Psychotherapie. Ein umfassendes Therapiemodell auf der Grundlage der Integralen Philosophie nach Ken Wilber. Leipzig: Araki-Verlag.

Wester, Joachim (1990): Superlearning: schneller lernen ohne Stress. 2.Auflage. Wiesbaden: Englisch.

Wilber Ken (2011): Eine kurze Geschichte des Kosmos. Frankfurt am Main: S. Fischer Verlag.

Wilber, K. (2010): Ganzheitlich handeln : Eine integrale Vision für Wirtschaft, Politik, Wissenschaft und Spiritualität. 7. Aufl., Freiamt: Arbor-Verlag

Wilber, K. (2011): Integrale Spiritualität. Spirituelle Intelligenz rettet die Welt. 4. Aufl., München: Kösel Verlag.

Wilber, Ken (2010): Ganzheitlich handeln. Eine integrale Vision für Wirtschaft, Politik, Wissenschaft und Spiritualiät. 4.Auflage. Freiamt: Arbor Verlag.

Wilber, Ken (2011): Eine kurze Geschichte des Kosmos. 9.Auflage. Frankfurt: Fischer Taschenbuch Verlag.

Wilber, Ken (2012): Integrale Psychologie. 4. Auflage. Freiamt: Arbor Verlag.

Wilber, Ken/Patten, Terry/Leonard, adam/Morelli, Marco (2013): Integrale Lebenspraxis. Körperliche Gesundheit, emotionale Balance, geistige Klarheit,spirituelles Erwachen 3.Auflage.Berlin: Kösel Verlag.

Wolters, J. (2008): Budo-Pädagogik. Kampfkunst in Erziehung, Therapie und Coaching. In: Fußmann, A. (Hrsg.). 1. Aufl., Augsburg: Ziel Verlag.

# Abbildungsverzeichnis


Abb. 1: Spiralmodell nach Don Beck / Christopher Cowan (1995).

Abb. 2: Quadrantenmodell, nach Wilber

Abb. 3: Traditionslinien und Querverbindungen, nachDauber

Abb. 4: Schema der Antinomien pädagogischen Handelns nach Helsper

Abb. 5: Fragebogenergebnisse, nach Friehs

Abb. 6: Selbst-Breema® Übung, nach Schreiber

Abb. 7: Selbst-Breema® Übung, nach Schreiber

Abb. 8: Selbst-Breema® Übung, www.breema.com

Abb. 9: Die vier Quadranten

Abb. 10: Spiralmodell nach Don Beck / Christopher Cowan (1995).

Abb. 11: Vertikale Entwicklung des Bewusstseins

Abb. 12: Modell zur Stärkung des Selbstwertes

Abb. 13: Die innere Kraft

Abb. 14: Anteil der Schulabbrecher in Prozent (APA 2010, 13. Jänner)

Abb. 15: Die Spirale der Entwicklung (nach Beck/Cowan 1995)

Abb. 16: Vier Quadranten mit Entwicklungsstufen, nach Wilber

Abb. 17: Ausbildungsstufen im Jeet Kune Do, (Greff 2010, S.76)

Abb. 18: Spiralmodell in der Kampfkunst von Blau bis Türkis

Abb. 19: Quadrantenmodell in der Kampfkunst

Abb. 20: Handlungsorientiertes Lernen, (Huber 2008, S. 32)

Abb. 21: Stundenbild der Hapkido Einheit vom 9.1.2015

Abb. 22: Paradigmenspirale

Abb. 23: Elemente der integralen Pädagogik

Abb. 24: Grundstruktur des Quadrantenmodells

Abb. 25: Persönlichkeit und das Quadrantenmodell

Abb. 26: Quadrantenmodell und die Pädagogik

Abb. 27: Beige Stufe

Abb. 28: Purpurne Stufe    168

Abb. 29: Rote Stufe

Abb. 30: Blaue Stufe

Abb. 31: Orange Stufe

Abb. 32: Grüne Stufe

Abb. 33: Gelbe Stufe

Abb. 34: Türkise Stufe

Abb. 35: Korallene Stufe

Abb. 36: Breema®-Prinzipien

Abb. 37: Vorbereitungsphase

Abb. 38: Präsentationsphase

Abb. 39: Übungsphase

Abb. 40: Phasen der Suggestopädie/suggestopädischer Kreislauf

Abb. 41: Arten der Suggestion

Abb. 42: Rhythmisierung von Spannung und Entspannung

Abb. 43: Gegenüberstellung von integraler Pädagogik und Suggestopädie

Abb. 44: Theorie der Suggestopädie im Quadrantenmodell

Abb. 45: Suggestopädie in der Praxis

# Herausgeberin

Michaelis Daniela Mag. Dr. phil; Grundausbildung VS Lehrerin, ab 1985 forscht und lehrt sie an der Uni Graz, Institut für Erziehungs- und Bildungswissenschaft; bis 2013.

Autorin verschiedener Bücher und vieler Aufsätze im Fachbereich Erziehung und Bildung (siehe www.herzblick.at). Gründerin und Herausgeberin der Schriftenreihe "Integrale Pädagogik" im Ibidem Verlag, seit 1994 eigene psychotherapeutische Praxis in Graz, seit 2000 Begleitung von Menschen mit existenzanalytischen Fragen, Meditation und spirituelle Praxis, seit 2004 mehrere Ausbildungskurse zum BREEMA practitioner in Jahresgruppen; Kooperation mit dem breema center in oakland california USA, seit 2014 Gründung und Leitung einer systemisch- integralen Coachingausbildung. Privat: Mutter zweier erwachsener Söhne; 3 Enkelsöhne und eine Enkeltochter

# Autor/innen

Burghardt, Anja Theresa Bachelor of Arts (BA), Elementarpädagogin, Integral Coach i.A. und Erziehungs- und Bildungswissenschaftlerin. Bereits seit vielen Jahren im Kinder- und Jugendbereich tätig, woraus sich bald der Wunsch entwickelte, vor allem im Bereich der Bildung neue Denk- und Arbeitsweisen kennenzulernen und umzusetzen. Integrale Pädagogik als ganzheitlicher Bildungsansatz erfasst den Menschen als Individuum, somit wird er bestmöglich gefördert und unterstützt. Absolvierung des Studiums in Wien, Graz und zukünftig auch in Linz.

Scheucher, Michaela Bachelor of Arts (BA), seit 25 Jahren staatlich geprüfte Masseurin und Heilmasseurin, Ausbildungen in Cranio-sacraler Ausgleichstherapie und Touch for Health, Bachelorstudium der Bildungs- und Erziehungswissenschaften an der Karl - Franzens - Universität Graz, Integraler Coach i. A., Breema®-Practitioner i. A., berufliche Erfahrungen als Trainerin und Beraterin in arbeitsmarktpolitischen Projekten, zur Zeit im Masterstudium Weiterbildung an der KF Graz.

Okorn, Michael Bachelor of Arts (BA), seit 13 Jahren intensives Studium der Kampfkünste. Nach einiger Zeit Karatetraining als Einstieg, erfolgte der Wechsel zum Hapkido. Besonderes Interesse an den geistigen und seelischen Hintergründen forcierte sich bereits im Jugendalter. Daraus ergaben sich Jahre der Arbeit und Forschung am eigenen Selbst

Leitung mehrerer Hapkido Kurse für Erwachsene und Kinder in Graz und Bruck/Mur, sowie Leitung mehrerer Anfängerschwimmkurse für Kleinkinder.

Studiert zurzeit Philosophie, Inklusive Education und Sozialpädagogik an der Universität Graz. Außerdem mehrere Weiterbildungen im Sport Bereich.

Leodolter, Gundula Bachelor of Arts (BA), Dipl. Sozial- und Berufspädagogin, Dipl. Legasthenie- und Dyskalkulietrainerin, Bachelorstudium der Bildungs- und Erziehungswissenschaften an der Karl-Franzens- Universität Graz, Integraler Coach i.A. Zurzeit im Masterstudium Weiterbildung an der KF Graz

# Sie haben die Wahl:

Bestellen Sie die Schriftenreihe
*Integrale Pädagogik*
**einzeln** oder im **Abonnement**

per E-Mail: vertrieb@ibidem-verlag.de | per Fax (0511/262 2201)
als Brief (*ibidem*-Verlag | Leuschnerstr. 40 | 30457 Hannover)

---

### Bestellformular

☐ Ich abonniere die Schriftenreihe *Integrale Pädagogik*
ab Band # _____

☐ Ich bestelle die folgenden Bände der Schriftenreihe *Integrale Pädagogik*

# _____; _____; _____; _____; _____; _____; _____; _____; _____; _____

**Lieferanschrift:**

Vorname, Name ...........................................................................................................

Anschrift ...................................................................................................................

E-Mail.................................................... | Tel.: ......................................................

Datum .................................................... | Unterschrift ..........................................

---

**Ihre Abonnement-Vorteile im Überblick:**

- Sie erhalten jedes Buch der Schriftenreihe pünktlich zum Erscheinungstermin – immer aktuell, ohne weitere Bestellung durch Sie.
- Das Abonnement ist jederzeit kündbar.
- Die Lieferung ist innerhalb Deutschlands versandkostenfrei.
- Bei Nichtgefallen können Sie jedes Buch innerhalb von 14 Tagen an uns zurücksenden.

*ibidem*-Verlag

Melchiorstr. 15

D-70439 Stuttgart

info@ibidem-verlag.de

www.ibidem-verlag.de
www.ibidem.eu
www.edition-noema.de
www.autorenbetreuung.de